重庆工商大学经济学院"重庆市经济学拔尖人才培养示范基地"与国家一流专业建设点系列成果

电商环境下
在线销售模式选择研究

DIANSHANG HUANJING XIA
ZAIXIAN XIAOSHOU MOSHI XUANZE YANJIU

石国强　朱姝婧　王 勇 ○ 著

西南财经大学出版社
Southwestern University of Finance & Economics Press

中国·成都

图书在版编目(CIP)数据

电商环境下在线销售模式选择研究/石国强,朱姝婧,王勇著.--成都:
西南财经大学出版社,2024.7.
ISBN 978-7-5504-6182-6

Ⅰ.F713.365.2

中国国家版本馆 CIP 数据核字第 2024BL3973 号

电商环境下在线销售模式选择研究
石国强　朱姝婧　王　勇　著

责任编辑:李特军
责任校对:冯　雪
封面供图:董潇枫
封面设计:何东琳设计工作室
责任印制:朱曼丽

出版发行	西南财经大学出版社(四川省成都市光华村街55号)
网　　址	http://cbs.swufe.edu.cn
电子邮件	bookcj@swufe.edu.cn
邮政编码	610074
电　　话	028-87353785
照　　排	四川胜翔数码印务设计有限公司
印　　刷	成都国图广告印务有限公司
成品尺寸	170 mm×240 mm
印　　张	12.75
字　　数	251 千字
版　　次	2024 年 7 月第 1 版
印　　次	2024 年 7 月第 1 次印刷
书　　号	ISBN 978-7-5504-6182-6
定　　价	88.00 元

前言

随着互联网技术的快速发展，在线零售业迎来了一个爆发式增长的过程，出现了"京东""亚马逊""阿里巴巴"等诸多大型的在线零售商，而这些大型在线零售商的出现也快速吸引了大量的消费者。因此，许多制造商越来越倾向于通过在线零售商销售商品。制造商通过在线零售商销售商品有两种典型的销售模式：一种是代售模式，另一种是批发模式。两种销售模式最关键的区别为市场定价权归属不同，批发模式下在线零售商拥有市场定价权，而代售模式下制造商拥有市场定价权。两种不同的模式会带来不同的市场价格、市场销量、服务水平，影响其他运作的决策，最终会影响在线供应链中参与者的利润。因此，在电商环境下，本书研究了不同销售模式下直销渠道、第三方在线渠道、物流服务等的运作策略，以及直销渠道、第三方在线渠道、在线零售商自营二手商品时溢出效应、物流服务四种重要因素对销售模式选择的影响。另外，本书还研究了代售模式和批发模式同时使用，即混合模式出现时，代售模式、批发模式、混合模式三种模式的选择问题。本书试图为制造商和在线零售商在不同销售模式下的运营，以及双方的销售模式选择提供一定的理论建议。本书是国家自然科学基金项目"'电商—平台—物流'价值链的决策方法研究"（71672015）的部分研究成果，在此感谢国家自然科学基金的支持。另外，西南财经大学出版社的各位编辑也为本书的出版做了大量的工作，在此一并表示感谢。

石国强

2024 年 1 月

目录

1 绪论

1.1 研究背景及问题的提出

随着互联网技术的发展和网络用户的增加，在线购物凭借其便利、节约时间、产品种类繁多等诸多优势吸引了大量的消费者；因此，在线零售业迎来了一个快速发展的时期。比如，eMarketer（2018）关于 2016 年至 2021 年全球范围内在线零售的研究报告指出，在线零售总额在 2017 年达到了 15. 127 8 万亿人民币的规模，占整个零售业的 10. 2%，并且预测其将以超过 8.6% 的年速度递增；根据中国互联网信息中心（CNNIC，2021）发布的第 47 次《中国互联网络发展状况统计报告》，2020 年，中国在线零售额达到了 117 601 亿元人民币，比上年增长了 10.9%，占社会消费品零售总额的比重为 24.9%。随着在线零售行业的发展，世界各地出现了许多在线零售商（电商企业），比如美国的亚马逊（Amazon）、易贝（eBay）、易集（Etsy）等；中国的京东、天猫、拼多多、唯品会、苏宁易购、云集等；欧洲的 Otto、John Lewis、Zalando、E. leclerc 等；非洲的 Jumia、Kilimall、Mall for Africa、Zando 等；拉丁美洲的 Mercadolibre、Linio、B2Brazil、Mercantil、QuimiNet. com 等；还有印度的 Flipkart。其中，中国在线零售商的发展尤为迅速，中国在线零售商的第一梯队包括京东、天猫、拼多多，三大在线零售商都突破了万亿级规模的交易额；位于第二梯队的有苏宁易购、唯品会等，其交易额为千亿级的规模；除了以上大型的在线零售商，市场上还存在着成千上万的小型在线零售商。

许多在线零售商，如京东、亚马逊等，往往提供一个在线平台，通过该平台，不但在线零售商可以向在线消费者销售商品，而且制造商也被允许向在线消费者直接销售商品，然后将收益的一部分作为平台使用费支付给在线零售商（Abhishek 等，2016；Tian 等，2018；Wei 等，2020a）。因此，在线零售商和制造商有两种销售模式可以选择：一种是批发模式（reselling format），一种是代售模式（agency selling format）（张旭梅 等，2020；田宇 等，2020；Zhang 和 Zhang，2020）。在批发模式下，在线零售商从制造商处采购商品，并确定市场价格将该商品销售给在线消费者；在代售模式下，制造商通过在线零售商的在线平台直接向在线消费者销售商品，然后将收益的一部分作为平台使用费支付给在线零售商，其中，市场价格由制造商确定（Geng 等，2018；Wang 等，2020；Liu 和 Ke，2020）。比如太平洋咖啡（一家美式咖啡集团）在京东上的销售模式是代售模式，而雀巢咖啡在京东上的销售模式是批发模式；百草味和三只松鼠在京东上的销售模式是批发模式，而百事可乐和可口可乐在京东上的销售模式是代售模式（Wei 等，2020a）。再比如，苹果（Apple iPhone）在亚马逊上的销售模式是代售模式，而小米手机在亚马逊上的销售模式是批发模式（Wei 等，2020a）。又比如，联想电脑在亚马逊上的销售模式是批发模式，然而，联想电脑在京东上的销售模式是代售模式（Wei 等，2020b）。

两种销售模式最关键的区别为：市场定价权归属不同，批发模式下在线零售商拥有市场定价权，而代售模式下制造商拥有市场定价权（Zennyo，2020）。两种不同的模式会带来不同的市场价格、市场销量、服务水平，影响其他运作的决策，最终会影响在线供应链中参与者的利润。由此，产生了两方面的问题：一方面，在不同的销售模式下相关的运作如何决策，有什么不同；另一方面，在线零售商和制造商又应该选择何种销售模式。另外，随着在线零售业的发展，许多在线零售商允许制造商同时通过两种销售模式销售商品，那么混合模式、代售模式、批发模式，三种模式如何影响制造商和在线零售商的利润，以及整个供应链的效率？从长期发展来看，在线零售商是否应该允许混合模式的存在，或者应该选择哪种模式更有利？基于以上分析，本书研究了以下五个方面的问题：

①许多制造商既通过直销渠道又通过在线零售商销售商品。其中，一些制造商在已经拥有直销渠道的情况下，还通过在线零售商提供的渠道销售商品，比如耐克（Nike）、苹果（Apple）、戴尔（Dell）分别拥有直销渠道 www.nike.com、www.apple.com、www.dell.com，其又在京东上通过批发模式向在线消费者销售商品；或者，比如联想电脑拥有自己的官方商城 www.

lenovo.com，仍然在京东上通过代售模式销售其电脑。另外，也有一些制造商原来并不拥有直销渠道，在通过在线零售商销售商品之后不断发展壮大，随着网络技术的发展，才新开辟了直销渠道，如三只松鼠公司与京东以批发模式合作，后来逐渐发展壮大，随后新开通了直销渠道，即通过APP 直接销售商品（www.3songshu. com）。从中可以发现，在实际运营中，许多制造商既通过直销渠道又通过在线零售商销售商品。在直销渠道开通的情况下，在批发模式下，直销渠道可以缓解双重边际效应（Chiang 等，2003；Cai，2010）；在代售模式下，代售模式的特征也可以缓解双重边际效应，但是需要制造商向在线零售商支付平台使用费（Abhishek 等，2016）。因此，两种销售哪种更好呢？另外，通过比较发现，一些制造商的直销渠道维护得非常好，比如戴尔公司为了增加直销渠道对消费者的吸引力，推出了"自己组装电脑的 DIY"选项，并对网站进行了很好的维护；相反，某些公司的直销网站就没有很好的维护，只是一个价格的显示，通过网站显示的流量也可以发现其顾客访问量非常少。那么，直销渠道应该保留吗？基于以上分析，本书第 3 章在考虑直销渠道开通的情况下，主要研究了以下问题：第一，制造商和在线零售商分别偏好选择何种销售模式，以及两者的选择是否存在帕累托改进区域（双赢的区域）？第二，在两种销售模式下，如果制造商开通了直销渠道，直销渠道是否应该保留？如果制造商没有开通直销渠道，其是否应该引入直销渠道？两种不同的销售模式是否会影响该决策？第三，如果代售模式被选择，那么，在线零售商应该如何设置平台费率？

②在在线零售商的平台上，制造商除了可以通过代售模式或批发模式销售商品之外，还可以在代售模式或批发模式之外增加另外一个渠道作为渠道补充。因为在在线零售商的平台上，还存在着大量的第三方零售商，其也被称为独立零售商（Jiang 等，2011；Mantin 等，2014）。制造商可以将商品批发给第三方零售商，然后第三方零售商通过在线零售商的平台将商品直接销售给在线消费者，并向在线零售商支付平台使用费（Wang 等，2020）。下文称该渠道为第三方在线渠道。比如在京东上雀巢咖啡的销售模式是批发模式，另外，雀巢咖啡还引入了第三方在线渠道，即通过第三方零售商——咖天下[①]销售咖啡；京东使用代售模式销售联想电脑，同时

---

①　https://mall.jd.com/view_search-653455-5682872-99-1-20-1.html.

联想还通过第三方零售商——华北①销售电脑；亚马逊使用代售模式销售金士顿的闪存优盘，同时，金士顿还通过第三方零售商——A Grade Seller②销售闪存优盘。同时，也有一些制造商没有引入第三方在线渠道，比如京东使用代售模式销售太平洋咖啡，但是太平洋咖啡并没有引入第三方在线渠道。那么，在代售模式下，制造商直接销售商品，如果制造商引入第三方在线渠道，制造商将不得不与第三方零售商共同竞争在线消费者，那么制造商还应该引入该渠道吗？在批发模式下，在线零售商转售制造商的商品，如果制造商引入第三方在线渠道后，和第三方零售商竞争的是在线零售商，那么制造商应该引入第三方在线渠道吗？Mantin 等（2014）认为在线零售商可以使用第三方零售商作为与制造商进行讨价还价的工具，但是在两种销售模式下引入第三方零售商作为销售渠道时，第三方零售商对于制造商分别有什么作用呢？在两种销售模式下的不同作用会使制造商有不同的行为，从而使在线零售商产生不同的反应，以上会影响到制造商和在线零售商的利润，最终影响其销售模式的选择。另外，第三方在线渠道和本书第 3 章中的直销渠道同为在线渠道，但是两者之间具有差异：第一，直销渠道只是制造商的一个外部选项，在线零售商无法通过直销渠道获取利润，然而，第三方在线渠道涉及制造商、第三方零售商、在线零售商，三者通过不同的形式从该渠道获取利润；第二，在直销渠道中，制造商决策市场价格，然而，在第三方在线渠道中，第三方零售商决策市场价格。因此，本书第 4 章主要研究了以下问题：第一，在不同的销售模式下，制造商引入第三方在线渠道的决策及第三方在线渠道对于制造商的作用；第二，基于第三方在线渠道的引入决策，制造商和在线零售商应该分别选择何种销售模式，是否在某些条件下双方会选择相同的销售模式，即是否存在帕累托改进区域；第三，在不同的销售模式下，作为弱势的第三方零售商又应该采取何种发展策略。

③随着在线销售的快速发展，线上销售对线下销售产生了巨大的影响。Abhishek 等（2016）、Yan 等（2018）将线上销售对线下销售的影响统称为溢出效应，其中负的溢出效应指线上销售会减少线下的需求，在实际中，大部分商品表现为此种情况，比如，服装、鞋帽、计算机、手机、

---

① https://mall.jd.com/index-139640.html? from=pc.

② https://www.amazon.com/s? i = merchant - items&me = A3DNJBFMOY1W7K&rh = p _ 4% 3AKingston&dc&language=zh&marketplaceID = ATVPDKIKX0DER&qid =1606393907&ref=sr_nr_p_4_1.

家用电器等行业；正的溢出效应指在线销售的增加反而会促进线下的需求，比如电影以及音乐 DVD、书籍等（Smith 和 Talang，2010；Hilton 和 Willey，2010）。另外，随着在线销售的快速发展，线上二手商品的交易也得到了快速的发展。其中，凭借着吸引的大量消费者，许多在线零售商为了获取更多的利润也开始自营二手商品，比如，亚马逊自营翻新的二手手机①，国美在其平台上通过国美管家销售二手电子电器类商品等②，苏宁通过苏宁二手优品销售二手电子类产品③。特别地，随着消费者环保意识的增强，以及为了打消消费者对于二手商品质量的顾虑，在线零售商在网络上不仅仅展示二手商品的细节，还以其信誉为担保展示二手商品的质检报告等信息，可以预见，二手商品和新品的竞争会越来越激烈。综上，溢出效应会影响销售模式的选择（Abhishek 等，2016）。然而，当在线零售商自营二手商品时，二手商品既与制造商在线上竞争，又影响制造商的线下销售。那么，销售模式的选择会变成一个更加复杂的问题。因此，本书第 5 章在考虑在线零售商自营二手商品以及存在溢出效应的情况下，主要研究了以下问题：第一，在代售模式或批发模式下，溢出效应是如何影响制造商的线上利润和线下利润的，二手商品又会对该过程产生什么影响？第二，在代售模式或批发模式下，溢出效应又是如何影响在线零售商从新品和二手商品中获取收益的？第三，关于销售模式的选择，制造商和在线零售商分别会做出何种决策？

　　④除了以上渠道之间的互动会影响销售模式选择之外，作为在线零售重要支撑的物流服务也是一个重要的影响因素。对于在线零售业来说，物流服务具有举足轻重的作用（Qin 等，2020）。这是因为，对于在线购物来说，物流服务是其重要组成部分，物流服务水平的高低直接影响到消费者是否能够及时获得商品、商品能否保持完好，并进一步影响到消费者的购买欲望和忠诚度，因此，物流服务是除了价格之外，影响市场需求的又一个重要因素。物流服务的成本是最重要的支出之一，其包括库存、快递等成本，占收益的 25% 以上（Kapner，2014）。在多数的物流服务运作中，

---

① https://www.amazon.cn/dp/B07JZRL7N5/ref=sr_1_1? __mk_zh_CN=%E4%BA%9A%E9%A9%AC%E9%80%8A%E7%BD%91%E7%AB%99&dchild=1&keywords=%E7%BF%BB%E6%96%B0%E6%89%8B%E6%9C%BA&qid=1615795221&sr=8-1.

② http://item.gome.com.cn/A0006679597-pop8013530923.html.

③ https://product.suning.com/0070172258/10690139597.html? safp=d488778a.SFS_list.0.a0cab3caa1&safc=prd.0.0&safpn=10010.

代售模式下由制造商承担物流成本并决策物流服务水平，批发模式下由在线零售商承担物流成本并决策物流服务水平，如京东和亚马逊组成的在线供应链；但是也有与之不同的，比如，澳大利亚的在线零售商 Kogan，在代售模式下物流成本由其承担，并决策服务水平（www.kogan.com）。并且，有学者研究发现在批发模式下，制造商和零售商都偏好承担物流服务成本（Li 等，2016）。那么，在不同的销售模式下，制造商和在线零售商对于物流服务的承担会有相应的偏好和选择，从而产生不同的物流服务水平，双方会如何权衡物流服务水平决策权和物流服务成本的支出，最终又如何影响双方的利润以及销售模式的选择？因此，本书第 6 章在考虑物流服务的情况下，主要研究了以下问题：第一，在代售模式下，双方偏好由哪一方承担物流服务，在批发模式下，又如何？以上选择对于物流服务水平有什么影响？第二，在线零售商和制造商分别偏好选择哪一种销售模式？双方是否会在某些条件下偏好相同的销售模式，即是否存在帕累托改进区域（双赢区域）？第三，代售模式下，在线零售商又如何设置平台费率？

⑤随着在线零售业的发展，许多制造商不仅通过批发模式销售商品，还通过代售模式销售商品，即通过混合模式销售商品，比如，数码电子类产品的平台费率比较高，所以在线零售商会有自营数码电子类的旗舰店，也为数码电子类制造商提供平台服务，允许其在平台上直接销售商品。然而，也有制造商仅通过批发模式或代售模式销售商品。那么，对于制造商和在线零售商来说，混合模式、批发模式、代售模式，哪种模式更好呢？因此，本书第 7 章主要研究了以下问题：第一，制造商和在线零售商分别选择或偏好哪种模式？第二，制造商和在线零售商是否有帕累托改进区域，双方的帕累托改进区域主要受哪些因素的影响，如何影响？第三，针对整个供应链的效率来讲，混合模式、代售模式、批发模式，哪种模式更能够提高该效率？

综上所述，本书以在线零售为背景，结合以上的具体问题和实践，主要研究了不同销售模式下直销渠道的保留问题、第三方在线渠道的引入策略和其对制造商的作用、当在线零售商自营二手商品时溢出效应对制造商线上线下利润的影响以及对在线零售商从新品和二手商品中获利的影响、物流服务成本的承担问题，在以上基础上分别研究了制造商和在线零售商关于销售模式的选择；双方是否存在帕累托改进区域（双赢区域）；面对混合模式的出现，在线零售商和制造商的选择和偏好。在运营实践方面，本书有助于帮助在线供应链的相关管理者进一步理解不同的销售模式对于直销渠道的保留、第三方在线渠道的引入和功能、线下实体渠道的保护、物流服务成本承担的决策等问题的影响，以及在考虑以上影响因素时，可以正确地做出销售模式的选择。在理论方面，本书对于渠道选择、销售模式选择、物流服务运作、多渠道运营等相关研究进行了补充和扩展。综上所述，本书不仅对在线运营具有重要的现实意义，而且对相关研究是一个有益的补充。

1.2 研究框架与内容

关于销售模式选择的主体，有些文献认为相对于制造商，在线零售商在销售模式选择上拥有更大的市场权力，所以研究了在线零售商的销售模式选择，比如 Tian 等（2018）、Abhishek 等（2016）、Zhang 和 Zhang（2020）、Wei 等（2020a；2020b）等；然而，也有些文献认为在线零售商做出决策之前，制造商需要向在线零售商申请选择何种销售模式（Zennyo，2020），或者认为选择的主体取决于在线零售商和制造商的市场权力（比如有些品牌制造商可能拥有更大的市场权力），所以研究了制造商的销售模式选择，比如，Zennyo（2020）、Liu 等（2020）、Chen 等（2020）、张旭梅等（2020）等；也有很多文献既研究了在线零售商的销售模式选择，也研究了制造商的销售模式选择，比如 Geng 等（2018）、田宇等（2021）等。基于以上分析，本书所有的研究既考虑了制造商的选择，也考虑了在线零售商的选择。

基于以上的研究思路，本书的内容共有 8 章，具体如下：

第 1 章，绪论。首先介绍了研究的背景，并基于研究背景提出了研究问题；其次，根据研究问题阐述了研究的思路、框架以及研究的内容；再次，介绍了本书的研究方法；最后，概况提炼了本书的创新及贡献。

第 2 章，回顾国内外研究，并总结与评述。本章分五个部分进行阐述，第一部分回顾关于销售模式选择的文献；第二部分综述涉及在线零售商的渠道选择的研究；第三部分回顾涉及在线零售的物流服务的研究；第四部分整理溢出效应的研究；第五部分对相关研究进行总结与评述。

第 3 章，考虑直销渠道开通的情形下在线销售模式选择的研究。首先，在不同的销售模式下，分别分析了制造商和在线零售商的价格决策；其次，分别研究了制造商和在线零售商关于销售模式的选择，以及双方的帕累托改进区域（双赢区域）；再次，研究了不同销售模式下，制造商是否保留（或引入）直销渠道；最后，研究了当代售模式被选择时，在线零售商平台费率的设置策略，以及对比研究了整个供应链在不同销售模式下的效率。

第 4 章，制造商第三方在线渠道的引入策略及其对在线销售模式选择的影响研究。首先，分析了批发模式不引入第三方在线渠道（WN）、批发模式引入第三方在线渠道（WI）、代售模式不引入第三方在线渠道（AN）、代售模式引入第三方在线渠道（AI）四种方案下制造商、在线零售商、第三方零售商的价格决策；其次，对比方案 WN 和方案 WI，以及对比方案 AN 和方案 AI，研究不同销售模式下，制造商关于第三方在线渠道的引入策略；再次，基于制造商关于第三方在线渠道的引入策略，分别研究了制造商和在线零售商关于销售模式的选择，以及双方的帕累托改进区域（双赢区域）；最后，分析了第三方零售商的发展策略。

第 5 章，考虑在线零售商自营二手商品的情形下溢出效应对于销售模式选择的影响研究。首先，分析了不同销售模式下制造商和在线零售商的价格决策；其次，分析了溢出效应对于制造商线上利润和线下利润的影响，以及溢出效应对于在线零售商新品和二手商品两部分利润的影响；最后，分别研究了制造商和在线零售商关于销售模式的选择，并分析了双方的帕累托改进区域（双赢区域）。

第 6 章，考虑物流服务的情形下销售模式的选择研究。首先，分析了批发模式下由制造商承担物流服务（WM），批发模式下由在线零售商承担物流服务（WE），代售模式下由制造商承担物流服务（AM），代售模式下由在线零售商承担物流服务（AE）四种方案下制造商、在线零售商的价格和物流服务水平的决策；其次，在不同销售模式下，分析了制造商和在线零售商关于物流服务承担者的决策；再次，基于物流服务承担的决策，分别研究了制造商和在线零售商关于销售模式的选择，以及双方的帕累托改进区域（双赢区域）；最后，研究了当代售模式被选择时，在线零售商平台费率的设置策略。

第 7 章，在线销售模式的选择：批发模式、代售模式、混合模式。首先分析了批发模式、代售模式、混合模式下供应链参与者的最优决策及均衡利润；然后，分析了制造商和在线零售商对于三种模式的选择决策，并分析了相关参数对于决策阈值的影响；其次，分析了制造商和在线零售商双方的帕累托改进区域，相关参数对于帕累托改进区域的影响；最后，研究了三种模式对于供应链整体效率的影响，即哪种模式可能使供应链的整体效率更高。

第 8 章，归纳本书的研究结论，对后续的研究进行思考和展望。

1.3 研究方法

本书主要采用数理建模、优化分析、以及对比分析的方法。具体地，首先，应用供应链管理、运筹学、经济学、管理学等学科的相关理论，对相关问题进行分析，提炼问题的关键因素，构建概念模型；其次，使用运筹学、数学等相关理论，结合概念模型构建数理模型；再次，由于本书各部分研究内容均涉及多阶段决策，因此采用逆向归纳法进行求解；最后，使用对比分析的方法，得到相应的结论。另外，针对部分结论不直观的特征，本书应用计算机仿真软件进行数值模拟，在检验相关结论的同时，为读者提供更直观的结论。

1.4 研究创新及贡献

随着在线零售业的快速发展，不同在线销售模式下的运营决策以及在线销售模式的选择成为实业界关心的主题，也成为学术界研究的热点。本书从五个不同于以往研究的角度对以上问题进行了研究，不仅丰富了相关理论，也对在线供应链的实际运营具有一定的指导作用。具体来说，本书的创新与贡献主要有：

①近年来，许多制造商不仅通过直销渠道销售商品，也通过在线零售商销售商品，那么两个渠道同为在线渠道，直销渠道的存在对于销售模式的选择有什么影响呢？研究销售模式选择的学者认为与批发模式相比，创新的代售模式可以更好地缓解双重边际效应；然而，研究双渠道的学者认

为传统的批发模式下，制造商开通直销渠道有利于缓解双重边际效应。那么，在开通直销渠道的情况下，哪种销售模式对制造商和在线零售商更有利呢？以往的文献并没有对此进行对比研究，基于此，本书第3章研究了在开通直销渠道的情况下，制造商和在线零售商双方对于销售模式的选择，不同销售模式下直销渠道的运作。研究发现当直销渠道的效率在批发模式下，其总是可以迫使下游的在线零售商降低市场价格增加市场销量，同时，当直销渠道的效率比较高时，其还可以提高批发价；在代售模式下，尽管直销渠道的存在加剧了制造商与在线零售商的竞争，但是代售模式使制造商可以控制两个渠道的市场价格，从而缓解两个渠道的竞争，同时，直销渠道的存在对于在线零售商来说是一个潜在威胁，迫使在线零售商不至于把平台费率设置得过高。对于在线零售商来说，当直销渠道的效率比较低时，在线零售商可以通过提高平台费率提高其利润；当直销渠道的效率比较高时，在线零售商应该通过降低平台费率来提高其利润。对于销售模式选择来说，当直销渠道的销量比较高时，无论平台费率的高低，制造商总是应该选择代售模式，在线零售商总是应该选择批发模式；当直销渠道的效率居中时，即便平台费率非常的低，制造商也应该选择批发模式，而在线零售商也应该选择代售模式。尽管双方的选择总是相悖，但是在某些情况下，双方都选择代售模式可以达到双赢；而在某些条件下，选择批发模式也可以达到双赢。

②在在线平台上，还存在着一条渠道，即第三方在线渠道，以往研究鲜有涉及此渠道。该渠道与本书第3章中的直销渠道相比，在两方面存在着差异：一方面，本书第3章中的直销渠道仅仅是制造商的一个外部选项，与在线零售商无关；然而，第三方在线渠道涉及制造商、在线零售商和第三方零售商，参与者以不同形式从该渠道获益。另一方面，两个渠道的市场价格决策权不同，直销渠道中归属制造商，第三方在线渠道中归属第三方零售商。另外，该渠道与代售模式或批发模式相比，其不仅存在双重边际效应，还存在着平台使用费的支出，因此，该渠道效率更低。但是，当代售模式或批发模式被选择之后，有些制造商会引入第三方在线渠道作为渠道补充，但也有些制造商不引入该渠道，那么，不同的引入策略受到什么因素的影响？不同的引入策略下，选择何种销售模式对制造商和在线零售商更有利？基于此，本书第4章在不同销售模式下研究了制造商第三方在线渠道的引入策略以及该渠道对于制造商的作用，进一步，研究了制造

商和在线零售商关于销售模式的选择，以及第三方零售商的发展策略等。通过研究，本书得到了以下主要结论。在批发模式下，尽管引入第三方在线渠道可以增加销售量从而有利于制造商，但是当平台费率比较高时，制造商并不应该引入该渠道；在代售模式下，制造商为了规避平台使用费的支出以及减少低的销售效率带来的损失，应该引入第三方在线渠道。当第三方在线渠道在两种销售模式下都被引入且制造商的销售效率不处于极端情况时，如果第三方在线渠道的折扣系数比较大，则无论平台费率的高低，选择批发模式对双方都有利；当仅在代售模式下引入第三方在线渠道且制造商的销售效率不处于极端情况时，如果平台费率比较高，则选择批发模式同样对双方都有利。对于第三方零售商来说，在代售模式下，其应该提高消费者购物时获得的效用；然而，在批发模式下，其应该将消费者购物时获得的效用控制在一个居中的水平。

③随着在线零售业的发展，在线销售对于制造商线下销售造成了重大影响，该影响往往被称为溢出效应。以往文献研究了溢出效应对于在线销售模式选择的影响。然而，随着在线二手交易的发展，许多在线零售商开始自营二手商品，二手商品既与制造商在线竞争，又影响制造商的线下销售，那么此时，销售模式的选择会变得更加复杂，溢出效应的影响也会变得更加复杂。基于此，本书研究了当在线零售商在线自营二手商品时，溢出效应对制造商线上线下销售的影响，对在线零售商从新品和二手商品中获益的影响，对制造商和在线零售商销售模式选择的影响。通过研究，本书得到了以下主要结论。二手商品的存在会对制造商保护或促进线下销售的努力形成抵消现象，而在负的溢出效应下，平台费率的变动会改变抵消现象的强弱；当双方选择批发模式时，在线零售商应该观察溢出效应系数的大小，溢出效应系数越大，在线零售商越可以通过更低的批发价获取新品。关于制造商销售模式的选择：当平台费率非常低时，如果溢出效应系数比较小（大），则制造商应选择批发模式（代售模式）；当平台费相对比较低时，如果溢出效应系数比较小或比较大（居中），则制造商应选择代售模式（批发模式）；当平台费率相对比较高时，制造商的选择与平台费率非常低时一致；当平台费率非常高时，则制造商应该选择批发模式。关于在线零售商销售模式的选择：当平台费率比较低时，在线零售商应该选择批发模式；当平台费率比较高时，如果溢出效应比较大或比较小，则在线零售商应该选择批发模式，当溢出效应系数居中时，在线零售商应该选

择代售模式。双方的选择并不总是存在分歧，在一定条件下选择批发模式对双方都有利。

④物流服务是在线零售业的重要支撑，对于在线零售业来说，物流服务具有举足轻重的作用，物流服务是除了价格之外，影响市场需求的又一个重要因素。然而，物流服务的成本是最重要的支出之一，占收益的25%以上。一般情况下，代售模式下由制造商承担物流成本并决策物流服务水平，批发模式下由在线零售商承担物流成本并决策物流服务水平，如京东和亚马逊；但是也有与之不同的，比如，澳大利亚的在线零售商Kogan，在代售模式下物流成本由其承担，并决策服务水平。并且，有学者研究发现在批发模式下，制造商和零售商都偏好承担物流服务成本。基于此，本书研究了不同销售模式下供应链双方对于物流服务承担者的选择，该选择对于物流服务水平的影响，供应链双方对于销售模式的选择，以及在线零售商关于平台费率设置的问题。通过研究，本书得到了以下主要结论。在线零售商关于销售模式的选择如下：当平台费率比较低时，如果服务效率比较低，则在线零售商应该选择批发模式；另外，无论平台费率的高低，如果服务效率非常高，在线零售商应该选择批发模式；其他情况下，在线零售商应该选择代售模式。制造商关于销售模式的选择如下：当服务效率比较低时，无论平台费率的高低，制造商应该选择代售模式；当服务效率比较高时，如果平台费率比较低（高），则制造商应该选择代售模式（批发模式）。双方关于销售模式的选择并不总是存在分歧，双方存在两个双赢的区域：第一个区域，选择批发模式对双方都有利；第二个区域，选择代售模式对双方都有利。在双方都选择代售模式的情况下，当服务效率比较高时，在线零售商应该降低平台费率。

⑤随着在线零售业的发展，许多制造商不仅通过批发模式销售商品，还通过代售模式销售商品，即通过混合模式销售商品，然而，也有制造商仅通过批发模式，或代售模式销售商品。那么，对于制造商和在线零售商来说，混合模式、批发模式、代售模式，哪种模式更好呢？本书为了回答以上问题，在一个在线零售商和一个制造商组成的供应链中，研究了在线零售商和制造商对于三种模式的选择与偏好。通过研究，本书得出了以下主要结论。第一，无论平台费率的高低，消费者对批发渠道的偏好强弱，竞争的大小，制造商和在线零售商都不偏好代售模式，很好地解释了亚马逊为什么比易贝的市场份额高那么多，天猫为什么要从代售模式转向混合

模式;第二,当平台费率比较高时,在线零售商会选择混合模式,比如,数码电子类产品的平台费率比较高,所以在线零售商会有自营数码电子类的旗舰店,也为数码电子类制造商提供平台服务,允许其在平台上直接销售商品;第三,进一步研究发现,制造商和在线零售商存在帕累托改进区域,在一定费率的情况下,制造商和在线零售商都会偏好混合模式,所以在线零售商设置平台费率的时候,要考虑该帕累托改进区域的存在,且要考虑竞争的大小和消费者对于批发渠道的偏好程度,因为竞争越小、消费者对于批发渠道的偏好程度越小,该区域越大;第四,从整个系统的角度进行研究,发现混合模式的效率是最高的,当竞争比较小且消费者对批发渠道的偏好比较强时,批发模式的效率高于代售模式。

2　在线销售模式选择相关理论回顾

本书对比分析了不同的销售模式下多渠道的运营（第 3 章、第 4 章、第 5 章）和物流服务承担者的决策（第 6 章）等运作问题，并主要探讨了以上运作问题对于销售模式选择的影响。因此，本书主要涉及销售模式的选择、以在线销售为背景的多渠道运营管理、物流服务的运营以及溢出效应等相关理论。下面将从以上四个方面回顾以往的研究理论，并重点阐述本书与以上相关理论的异同。

2.1　在线销售模式选择的研究

在线销售模式（online sales format），也被称为合作策略、商业模式（business model）、分销合约（distribution contract）等，无论哪种名称，都是指批发模式（reselling format）和代售模式（agency selling format）之间的选择。Hagiu（2007）首次对比研究两种销售模式，随着在线零售的快速发展，关于销售模式的选择成了理论界研究的一个热点，后续出现了一系列的相关研究。这些研究确定了许多影响选择的因素，然而，影响因素互相交叉，很难对此类文献进行归类，本节尝试基于文献的集中度进行分类。

首先，基于一些典型的供应链结构，学者们确定了许多影响销售模式选择的关键因素。在考虑上游竞争的环境下，学者们研究的影响因素比如，上游的竞争程度与订单完成成本（Tian 等，2018），供应商的服务效率和竞争程度（刘菊 等，2019），非对称的潜在市场和上游竞争（Zennyo，2020），竞争的制造商之间的领导跟随关系（Wei 等，2020a），消费者忠诚度（Chen 等，2018），产品质量差异和质量水平（Arda，2020）。在考虑下游竞争的环境下，影响销售模式选择的因素有很多，比如溢出效应和下游竞争（Abhishek 等，2016）、订单完成成本和下游竞争（Liu 等，2020）、消费者锚定（lock-in）和多决策周期（Johnson，2020）、非对称的潜在市场和在线零售商的渠道角色（Wei 等，2020b）、促销行为和多周期销售（Chen 等，2020）等。Foros 等（2017）既考虑上游竞争又考虑下游竞争，发现代售模式总是导致更高的市场价格。

其次，由于不同的行业影响因素不同，所以许多学者以不同的行业为背景进行了研究，主要涉及酒店、电影、餐饮、书籍等行业。在酒店旅游行业，其酒店资源往往是有限的，基于此背景，一些学者分析了影响销售模式的因素。比如，酒店的市场增加率和平台费率（Ye 等，2018），旅行者的价格敏感性和酒店的资源（Liao 等，2019），市场范围、讨价还价能力和平台费率（Ye 等，2019），酒店竞争和酒店的资源（Ye 等，2020），企业社会责任（He 等，2019）。在电影行业、餐饮行业，线下服务提供商往往会销售一些附加服务，因此，一些学者以此为背景进行了研究，比如线下服务的购买比例、附加服务的成本等（张旭梅 等，2019），在线零售商的营销努力（张旭梅 等，2020），保鲜效率和生鲜电商的增值服务效率（田宇 等，2021）。在电子书行业，最明显的特征是不仅有电子书的销售，还有纸质版书的销售，一些学者以此为背景对销售模式的选择进行了研究，比如，Hao 和 Fan（2014）、Dantas 等（2014）、Tan 等（2015）、Tan 和 Carrillo（2017）、Wirl（2018）、Zhu 和 Yao（2018）、以及 Lu 等（2018）以电子书行业为背景，对不同模式的价格、特征等进行了研究，并分析了在何种条件下电子书应该以代售模式分销。另外，Geng 等（2018）的研究比较经典，其以旅游业为背景，首先对比了不同销售模式下上游企业采取绑定销售还是分开销售的决策，然后又研究了上游企业的行为对于销售模式选择的影响。

再次，还有一部分学者在信息不对称的情境下，研究了销售模式的选择问题。比如，Jiang 等（2011）研究了在需求信息不对称的情况下，在线零售商对代售模式和批发模式的选择，以及为应对在线零售商的侵入，拥有"短尾商品"的独立零售商的惜售行为；Hagiu 和 Wright（2015）假设促销对需求的影响是每一个制造商的私人信息，从而在信息不对称情况下，对于批发模式与代售模式的选择问题进行了研究；Kwark 等（2017）

研究了代售模式和批发模式可以作为在线零售商从第三方信息如消费者评论等获益的工具，研究结果显示在一定条件下，当第三方信息精确度高时，零售商偏好批发模式，反之，则偏好代售模式；Zhang 和 Zhang（2020）分别对比分析了两种销售模式下，制造商入侵的决策对于在线零售商的信息共享策略的影响，并研究了在线零售商销售模式的选择。

另外，最近一些学者以绿色经济为背景，对销售模式的选择问题进行了研究。比如，Wang 等（2020）研究了在线零售商绿色投资对于上游制造商销售模式选择的影响；Xu 等（2021a）以区块链技术可以提高产品绿色度为研究背景，分析了不同的销售模式对供应链协调的影响；Xu 等（2021b）在考虑碳约束的情况下，研究了需求中断对销售模式选择的影响；Liu 和 Ke（2020）研究了制造商减排投资对在线零售商和制造商销售模式选择的影响。

最后，还有许多学者通过不同的侧面对销售模式进行了研究，因其很难进行分类，所以本书在此进行了列举。比如，Hagiu 和 Spulber（2013）研究了销售模式选择的重要性；Li 等（2018）从实证的角度对销售模式进行了研究；Hagiu 和 Wright（2019）研究了制造商是否允许经销商去选择销售模式；浦徐进等（2019a）考虑实体店存在的情况下，参照效应对于销售模式选择的影响；浦徐进等（2019b）考虑制造商在有实体店的情况下，实体店公平关切对于销售模式选择的影响；魏杰等（2021）研究了定价顺序对于销售模式选择的影响；魏杰等（2020）研究了在线零售商是否共享物流服务和产品互补程度如何影响销售模式的选择；孙书省等（2019）研究了不同的线下权力结构下，制造商的销售模式选择；李佩等（2020a）对比分析了不同的销售模式下，零售商的纵向整合策略选择；李佩等（2020b）研究了产品质量和服务水平对于销售模式选择的影响；李佩和魏航（2019）分析了零售商对于分销、平台、混合三种形式的选择，研究发现平台费率、固定成本、潜在需求会对以上选择产生影响。

以上绝大多数文献都参考行业实践，假设平台使用费是在线平台使用者收益（非利润）的一部分，而平台使用费与该收益的比值，即为平台费率，平台费率是一个外生变量。除了平台使用费，还有一个固定的会员费，该会员费通常很低，所以以上研究都假设其可以忽略不计。与以上假设不同，只有 Jiang 等（2011）假设平台费率为内生变量，Hagiu 和 Wright（2015）假设平台使用费是一个固定费。关于平台费率，本书与以上绝大多数的文献假设相同。

另外，关于销售模式选择的主体，有些文献认为在线零售商在销售模式选择上，相对于制造商，拥有更大的市场权力，所以研究了在线零售商的销售模式选择，比如 Tian 等（2018）、Abhishek 等（2016）、Zhang 和 Zhang（2020）、Wei 等（2020a；2020b）等；然而，也有些文献认为在线零售商做出决策之前，制造商需要向在线零售商申请选择何种销售模式（Zennyo，2020），或者认为其取决于在线零售商和制造商的市场权力（比如有些品牌制造商可能拥有更大的市场权力），所以研究了制造商的销售模式选择，比如，Zennyo（2020）、Liu 等（2020）、Chen 等（2020）、张旭梅等（2020）等；也有很多文献既研究了在线零售商的销售模式选择，也研究了制造商的销售模式选择，比如 Geng 等（2018）、田宇等（2021）等。基于以上分析，本书所有的研究既考虑了制造商的选择，也考虑了在线零售商的选择。

2.2　涉及在线零售商的渠道选择的研究

随着在线零售商的快速发展，许多关于渠道选择的研究开始涉及在线零售商。下面通过三个角度对该类文献进行梳理，即制造商的渠道选择，零售商的渠道选择，同时考虑制造商和零售商的渠道选择。另外，与本书相关性非常大的部分双渠道的文献，下面也进行了整理。

研究制造商的渠道选择的文献非常多。比如，Alba 等（1997）认为在线零售商使消费者在购物之前更偏好进行选择对比，因此，制造商应该在传统渠道的基础上增加一个在线渠道；Shen 等（2019）关注非对称的零售商，即拥有在线平台的在线零售商和传统零售商，对比研究了三类渠道结构，分别为直销渠道和在线零售商渠道的组合、传统渠道以及三个渠道的组合；Ow 和 Wood（2011）使用实证的研究方法，以戴尔（Dell）为例，研究了当销售过剩的产品时，是选择在线零售商渠道还是选择直销渠道；另外，Yoo 和 Lee（2011）、Wang 等（2018）、曹裕等（2021）以及 Zhang 等（2021）使用理论模型，从不同的角度研究了制造商在有传统零售渠道的情况下，是选择直销渠道还是选择在线零售渠道；Pu 等（2020）从制造商的角度，对比分析了三种在线渠道，即直销渠道、代售模式渠道、批发模式的渠道；梁喜等（2018）从制造商的角度，对比分析了三种渠道结构，即传统渠道+直销渠道、传统渠道+代售模式、传统渠道+批发模式；Li 等（2015）研究了在竞争的供应链环境下，制造商是否通过建立直销渠道入侵下游零售商；Yan 等（2018）认为当产品的耐用性适中时，对于制造商来说，其通过直销渠道提供信息中介服务比通过该渠道销售商品更有利；Chen 等（2018）分析了一个制造商如何通过开通一个在线渠道来阻止零售商开通一个折扣店；王聪和杨德礼（2018）在考虑传统渠道的基础上，研究了在线零售商折扣券对于制造商在线渠道选择的影响；Niu 等（2020）以收益和社会责任的视角，研究了海外疫苗供应商对于销售渠道的选择（唯一零售商或者竞争的零售商）。

许多学者也从零售商的角度，研究了渠道的选择。比如，Bernstein 等（2008）研究了如沃尔玛（Walmart）的实体店选择仅运行实体店还是同时运行实体店和在线销售；Yin 等（2010）建议当传统渠道有成本优势时，对于零售商来说，引入一个在线零售商渠道可以为其带来更多的消费者；Cao 等（2020）在考虑消费者退货的情况下，对比分析了信息对称和不对称时，传统零售商是否应该进入在线零售商的在线平台销售商品；He 等（2019）从在线预售的角度，研究了实体零售店是否应该通过在线零售商销售商品；Liu 和 Zhang（2006）认为零售商可以通过个性化定价阻止制造商开通直销渠道，从而获益；Salma 和 Simon Pierre（2018）发现线下实体店在某些条件下可以通过开通线上销售来应对制造商的直销渠道；郎骁和邵晓峰（2020）基于消费者导向类型研究了在线零售商的全渠道决策问题，即在线零售商是否要参与线下销售；范丹丹等（2019）研究了零售商基于退货影响的渠道选择，包括以下三类渠道，线上销售、线上销售+O2O渠道、线上销售+线下销售以及线上销售+线下销售+O2O 渠道；张海强等（2021）从在线零售商的角度，分析了三类渠道，分别为传统渠道、区块链渠道、两者并存的渠道；万光羽等（2021）分析了渠道碳排放差异对于零售商渠道选择的影响，即传统零售渠道，直销渠道，双渠道三个渠道之间的选择。

许多学者同时考虑了制造商和零售商的渠道选择。比如，有学者在考虑存在批发模式的情况下，分别从制造商和在线零售商的角度，研究了溢出效应（Yan 等，2018）、制造商在销售效率和信息方面的劣势（Yan 等，2019）、风险态度和渠道权力（Chen 等，2020）、需求信息共享策略（段

玉兰 等，2021）如何影响代售模式的引入；Hsiao 和 Chen（2014）分析了制造商和零售商单独或同时引入网络渠道的市场均衡；Lu 和 Liu（2015）研究了当在线零售商渠道被引入时，该渠道的效率对于制造商或零售商利润的影响；Yan 等（2020）研究了物流服务水平对于制造商和零售商渠道引入的影响，其分别考虑了四种情况，即传统零售渠道、传统渠道且制造商拥有在线渠道、传统渠道且零售商拥有在线渠道、传统渠道且双方都拥有在线渠道；Shen 等（2019）考虑强势在线零售商可以选择批发模式或代售模式，制造商可以选择强势在线零售商或者弱势在线零售商时，分析了在线零售商和制造商的均衡；Li 等（2018）考虑一个生产知名品牌商品的制造商和一个生产本地品牌的零售商，对比分析了三种方案，即零售商同时销售本地品牌和知名品牌、零售商同时销售两个品牌且制造商引入直销渠道、零售商销售本地品牌且制造商销售知名品牌，并研究了双方的均衡战略；在考虑在线零售商和制造商以代售模式合作的情况下，文悦等（2019a，2019b）研究了在线零售商自营和制造商引入直销渠道的均衡，并进一步从不同权力结构的角度对以上问题进行了分析。

2.3　涉及在线零售的物流服务的研究

物流服务是在线零售业的重要支撑，物流服务与在线零售的结合带来了许多新问题。学者们主要从两个方面进行了研究：第一，以在线零售为背景对物流进行研究；第二，研究物流服务对于在线零售的影响。

许多学者以在线零售为背景，对物流进行了研究。比如，以跨境电商为背景，胡玉真等（2020）研究了仓库选址、马述忠等（2020）研究了消费者跨境物流信息偏好、杜志平等（2020）分析了 4PL 中各方的动态博弈；从在线零售商的角度，夏德建等（2020）研究了物流服务自建与并购的选择，而戚守峰等（2019）基于撤单率研究了物流服务自建与外包的选择；Balmera 等（2020）以 B2B 为背景，研究了企业形象对于第三方物流企业的战略作用；Liang 等（2020）在考虑数量折扣的基础上，研究了真实拍卖机制对于电商市场上物流服务采购的作用；Cherrett 等（2017）以学生在线购物为背景，研究了出现的一系列外部性问题，并提出如何使用整合的物流中心解决该问题；Vakulenko 等（2018）研究了快递储物柜与顾客价值之间的关系；Fu 等（2021）以一个在线零售商供应链为背景，研究了第三方物流公司如何通过融资进行技术创新；刘开军和张子刚（2009）以在线购物为背景，研究了物流系统的容量扩充与分配；赵旭等（2019）以在线零售商自建物流的角度，研究了在线零售商与第三方物流企业间的协同；武淑萍和于宝琴（2016）应用协同学序参量原理研究了在线零售商与第三方物流企业间的协同路径；何海龙和李明琨（2021）从政府、在线零售商、消费者三方的角度分析了快递包装的逆向物流；刘墨林等（2020）以保鲜努力（实际上属于配送过程中的物流服务）和增值服务的角度，研究了双渠道供应链的最优决策和协调；Jiang 和 Li（2021）在考虑时间窗和订单的同步产生时，研究了在线消费者订单的完成问题。

另外，还有许多学者研究了物流对于在线零售的影响。比如，Qin 等（2020）以及 He 等（2020）基于不同的供应链结构研究了在线零售商的物流服务共享策略；Li 等（2015），Xu 等（2019）以及 He 等（2016）分别研究了产品种类、物流服务、消费者特征对零售商销售渠道选择的影响，物流服务对在线零售商的采购战略的影响，广告和物流服务水平对定价策略的影响（同一定价和分别定价）；Jain 等（2021），Hu 等（2016）以及 Rao 等（2011）基于实证的研究方法，从不同的侧面研究了物流服务对消费者行为的影响；Zhou 等（2020）在考虑物流服务信息不对称和渠道选择的情况下，研究了非对称的信息对服务合同设计的影响；Zhang 等（2019）基于实证的方法研究了亚马逊新设计的物流服务在订单完成时间方面与其他在线零售商的不同，以及产品种类、价格和大小对该时间的影响；Cui 等（2020）基于顺丰和阿里巴巴的冲突案例，实证研究了高质量的物流服务提供商顺丰被排除之后，阿里巴巴的销售受到的影响。

2.4 溢出效应的研究

关于溢出效应的研究非常有限。随着多渠道，尤其是在线零售商的发展，在线渠道对于线下传统渠道的销售产生了重要影响（Gao 和 Su，2016）。Brynjolfeesen 等（2009）通过实证研究发现服装、电脑电子行业等的线上销售会减少线下销售量；Smith 和 Talang（2010）以及 Hilton 和 Willey（2010）分别发现电影以及音乐 DVD、书籍的线上销售会促进线下销售。该影响被称为渠道交叉效应或者溢出效应（cross-channel effect，或者 spillover effect）（Abhishek 等，2016；Yan 等，2018）。比如，Kim 和 Lee（2020）以服装行业为背景，研究了价格促销带来的溢出效应；Li 等（2019）研究了线上评论对于线下零售商利润的影响；另外，如在 2.1 节的阐述，Yan 等（2018）研究了溢出效应对于引入代售模式的影响，Abhishek 等（2016）研究了溢出效应对于竞争的在线零售商的销售模式选择的影响，马敬佩等（2020）针对信息产品，研究了溢出效应对于销售模式选择的影响。

2.5　总结与述评

通过对销售模式选择，涉及在线零售商的渠道选择，涉及在线零售的物流服务，以及渠道交叉效应等研究文献分别进行细致的分析和梳理，发现本书与以上文献在以下几个方面存在较大差异：

①通过对销售模式选择方面的研究进行整理，我们发现以上文献主要集中在以下几个方面，即上游竞争、下游竞争、信息不对称、附加服务、酒店资源限制、纸质书对电子书形成的竞争、绿色经济等。另外，不同的学者还研究了其他一些因素对于销售模式的影响，比如溢出效应、权力结构、参照效应、互补特性、实体店的公平关切等。就作者所知，以上的学者没有考虑其他在线渠道的引入、物流服务承担者的不同对于销售模式选择的影响，因此本书的第 3、4、6 章与以上的研究明显不同。具体地，本书第 3 章在考虑直销渠道开通的情况下，对比研究了两种销售模式在缓解双重边际效应方面的不同，并研究了不同销售模式下直销渠道的保留（引入）问题；考虑到直销渠道与第三方在线渠道存在着明显的区别（见 1.2 节中的陈述），第 4 章研究了在不同销售模式下制造商引入第三方在线渠道的决策，以及第三方在线渠道对于销售模式选择的影响；本书第 6 章分析了不同销售模式下关于物流服务承担者的决策，并研究了销售模式的选择。另外，尽管有一部分学者研究了渠道交叉效应对于销售模式选择的影响，但是其都没有考虑其他商品的竞争，因此，本书第 5 章在考虑在线零售商自营二手商品的情况下，研究了溢出效应对于销售模式选择的影响，并得到了不同的结论。

②由于在线零售商的发展，在线零售商渠道成为制造商一个重要的渠道；因此，一部分学者将该渠道与其他渠道进行了对比分析。通过对涉及在线零售商的渠道选择的文献进行梳理，本书发现最相关的文献主要涉及三方面：第一，研究了当批发模式存在的情况下，代售模式的引入；第二，在制造商拥有传统渠道的情况下，分析了供应链参与者对在线零售的代售渠道（在线零售商的批发渠道）、直销渠道的选择；第三，直接对比研究了传统渠道、在线零售商渠道、直销渠道等渠道，分析了不同供应链参与者关于以上渠道的选择。通过对以上文献的分析，我们没有发现在不同销售模式下，对比研究关于引入其他在线渠道（直销渠道、第三方在线渠道）的选择。因此，本书第3、4章对于不同销售模式下的其他在线渠道引入的研究是对渠道选择的一个有益补充。

③物流服务是在线零售的重要支撑，物流服务的水平会对在线零售产生重大的影响，所以，学者们将物流服务与在线零售结合，对相关主题展开了研究，本书第6章也做了相关的研究。通过对物流服务的文献进行整理，我们发现其基本上可以分为两类：一部分学者以在线零售为背景，对物流的选址、仓储等展开了研究，此部分与第6章相关性不大；另外一部分学者研究了物流服务对于在线零售的影响，主要为物流服务对消费者行为的影响，在线零售商物流服务共享策略的选择，以及物流服务对在线零售商采购战略、渠道选择等的影响。其中，我们可以发现只有物流服务对于在线零售商渠道选择的影响与第6章最相关。该类文献主要研究了产品种类、物流服务水平、消费者特征对于零售商选择直销渠道、传统渠道、双渠道的影响。而第6章主要是在考虑物流服务的情况下，研究代售模式和批发模式两种渠道的对比。该类文献与第6章对比的渠道不同。

④随着在线零售的发展，其对线下销售产生了重要的影响，因此，溢出效应成为了销售模式选择的一个重要因素，本书第5章也考虑溢出效应对于销售模式选择的影响。通过整理文献，我们发现有3篇文献研究了溢出效应对于销售模式选择的影响，另外，以上文献都没有考虑其他商品的竞争，然而，在实际中，制造商保护和促进线下销售的行为不可能不受到其他产品的影响。基于许多在线零售商自营二手商品的现象，本书第5章研究了不同销售模式下二手商品对于制造商保护和促进线下销售努力的抵消作用，在此基础上，研究了销售模式的选择问题。

综上所述，不同销售模式下其他在线渠道的引入决策、物流服务的承担者的决策、考虑在线零售商自营二手商品时的溢出效应都是影响销售模式选择的重要因素，然而，就作者所知，其他文献并没有考虑相关因素。因此，本书在考虑以上因素的情况下，研究了不同销售模式下的运作决策，以及销售模式的选择。该研究丰富了渠道选择、在线供应链的销售模式选择、在线零售背景下物流服务的运营等研究。

3 考虑直销渠道开通的情形下在线销售模式选择研究

3.1 引言

随着网络技术的快速发展，许多制造商开始通过网络销售商品，如制造商通过直销渠道销售商品，或制造商通过在线零售商（电商平台企业，如京东、亚马逊等）销售商品等，这种通过网络销售商品的形式通常被称为在线销售。为了方便表述，下文将通过在线零售商销售商品的渠道统称为在线零售商渠道，与直销渠道并列。当制造商通过在线零售商销售商品时，制造商和在线零售商主要有两种销售模式可以选择：代售模式，批发模式（张旭梅 等，2020；Wei 等，2020b）。代售模式，即制造商通过在线零售商的在线平台直接将商品销售给在线消费者，制造商拥有市场价格决策权，但是制造商需要向在线零售商支付平台使用费，该平台费率由在线零售商设置，如电子书行业平台费率一般为30%（Geng 等，2018），即在线零售商获取收益的30%，制造商获取收益的70%；批发模式，即制造商以批发价将商品批发给在线零售商，在线零售商再销售给在线消费者，在线零售商拥有商品的定价权。另外，制造商通过直销渠道销售商品，即制造商通过 Internet 或者使用移动网络中的 APP 建设自己的网上商城，然后通过该商城直接销售商品，制造商确定市场价格，与以往双渠道文献中的直销渠道相同。

在实际中，许多制造商不仅通过直销渠道，还通过在线零售商渠道销售商品。其中，一些制造商在已经拥有直销渠道的情况下，仍然通过在线零售商提供的渠道销售商品，比如耐克（Nike）、苹果（Apple）、戴尔

（Dell）分别拥有直销渠道 www.nike.com，www.apple.com，www.dell.com，其又在京东上通过批发模式向在线消费者销售商品（Wei 等，2020a），或者，比如联想电脑拥有自己的官方商城 www.lenovo.com，仍然在京东上通过代售模式销售其电脑（Wei 等，2020b）。另外，也有一些制造商原来并不拥有直销渠道，通过在线零售商销售商品之后不断发展壮大，随着网络技术的发展，才新开辟了直销渠道，如三只松鼠公司与京东以批发模式合作，后来逐渐发展壮大，随后新开通了直销渠道，开始宣传自己的 APP，而茅台酒、五粮液等与京东采取代售模式销售商品之后，在官网主页上也分别建设了自己的网上商城（www.emaotai.cn；https://www.wuliangye.com.cn/zh/main/shop.html），即直销渠道。从中可以发现，在实际运营中，许多制造商既通过直销渠道又通过在线零售商渠道销售商品。

参考研究双渠道的文献，在批发模式下，直销渠道具有缓解双重边际效应的作用；而参考研究销售模式选择的文献，代售模式也可以缓解双重边际效应，然而需要支付平台使用费。那么，在考虑存在直销渠道的情况下，在线供应链中的制造商和在线零售商采取何种销售模式会使其利润最大，两者是否存在帕累托改进区域（双赢区域）？通过比较发现，一些制造商的直销渠道维护得非常好，比如戴尔公司为了增加直销渠道对消费者的吸引力，推出了"自己组装电脑的 DIY"选项，并对网站进行了很好的维护，相反，某些公司的直销网站就没有很好地维护，只是一个价格的显示，通过网站显示的流量也可以发现其顾客访问量非常少。那么，直销渠道是否总应该保留？两种不同的销售模式是否会影响该决策？另外，如果在线供应链中的双方选择代售模式，在线零售商设置高的平台费率是否意味着其总是能够获得更多的平台使用费？基于此，本章构建了包含一个制造商和一个在线零售商的在线供应链，使用博弈论的方法，主要试图回答以下问题：第一，存在直销渠道的情况下，在线零售商和制造商分别会选择何种销售模式，是否在某些条件下，双方偏好选择同一种销售模式，即帕累托改进区域（双赢区域）；第二，在代售模式或批发模式下，如果原来存在直销渠道，制造商会保留该渠道吗？如果原来不存在该渠道，制造商会引入该渠道吗？第三，如果在线供应链中的双方选择代售模式，那么，在线零售商是否总应该设置更高的平台费率？

关于销售模式的选择，许多学者对此进行了研究。比如，Jiang 等（2011）将产品分为"短尾商品""长尾商品"，研究了在需求信息不对称的情况下，在线零售商对代售模式和批发模式的选择，以及为应对在线零售商的侵入，拥有"短尾商品"的独立零售商的惜售行为；Hao 和 Fan（2014）以亚马逊公司和苹果公司销售电子书为背景，研究了电子书市场代售模式和批发模式下的商品定价，发现代售模式定价低的原因是因为零售商互补品销售行为的存在；Hagiu 和 Wright（2015）假设促销对需求的影响是每一个制造商的私人信息，从而在信息不对称情况下，对于批发模式与代售模式的选择问题进行了研究，研究发现在一定条件下代售模式更受偏好，但是该研究设置的平台使用费是一种固定收费；Tan 等（2016）考虑了一个电子书发行商和两个竞争的在线零售商组成的供应链，分析了平台费率对上游发行商和下游零售商销售模式选择的影响；Abhishek 等（2016）考虑了一个制造商两个在线零售商组成的供应链，在考虑溢出效应（在线销售渠道对传统销售渠道销售有正负影响）的情况下，研究了溢出效应和下游竞争对于在线零售商选择销售模式的影响，研究主要结论为当溢出效应系数比较大时，在线零售商偏好选择批发模式，反之，在线零售商偏好选择代售模式；Kwark 等（2017）研究了代售模式和批发模式可以作为零售商从第三方信息如消费者评论等获益的工具，研究结果显示在一定条件下，当第三方信息精确度高时，零售商偏好批发模式，反之，则偏好代售模式；Tan 等（2017）以电子书市场为背景，考虑了一个发行商和一个在线零售商组成的供应链，分别分析了单渠道战略、双渠道战略、固定价格战略，揭露了代售模式受到偏好的主要原因为上游制造商对于市场价格的控制权；Geng 等（2018）研究了捆绑销售战略与销售模式的互动，研究发现，由于捆绑效应和在线零售商在降价时的共担行为，所以批发模式下，制造商偏好捆绑销售，代售模式下，制造商偏好分开销售；Yan 等（2018）在考虑存在批发模式的情况下，研究了溢出效应对于制造商和在线零售商是否引入代售模式的影响；Tian 等（2018）考虑了两个制造商和一个在线零售商组成的供应链，研究了上游竞争和订单完成成本对于销售模式选择的影响，结论表明当竞争激烈时，在线零售商偏好选择批发模式，竞争较弱时，偏好选择代售模式。

另外，与本章相关的研究文献还有涉及直销渠道运营的研究。比如，Chiang 等（2003）考虑了消费者对于渠道的偏好，研究了一个双渠道结构，研究结果表明，制造商可以设置直销渠道作为一个潜在的威胁，从而促使零售商降价，获取间接的收益；Tsay 和 Agrawal（2004）研究了在价格相等的双渠道中，服务效率和运营成本对制造商选取双渠道、单个直销渠道还是单个传统渠道时的影响，并进一步对双渠道供应链进行了协调；Chen 等（2008）考虑了顾客对于直销渠道商品获取时的等待时间有偏好的情况下，直销渠道的服务水平和传统渠道的服务水平对于制造商的最优渠道战略选择的影响；Cai（2010）研究了制造商对于零售渠道的选择问题，包括双渠道、单个直销渠道、单个传统渠道、两个传统零售渠道，并进一步研究了制造商渠道选择的协调问题；Ryan 等（2012）研究了在线零售商是否提供平台服务、是否开通直销渠道的情况下，零售商和在线零售商的决策以及协调问题；Matsui（2016）研究了包含一个制造商和一个零售商的双渠道中，决策顺序对于均衡的影响；Wang 等（2018）研究了一个包含有传统零售渠道的制造商对于在线渠道的选择问题，即，是选择直销渠道还是选择代售模式，并考虑了价格决策顺序对于均衡结果的影响；但斌等（2016）研究了一个包含有传统渠道的制造商对于在线渠道的选择问题，即，是开辟直销渠道还是通过在线零售商上采取批发模式销售商品，以及相关的对比研究；范小军和刘艳（2016）考虑了消费者对商品的价值差异和对服务的偏好差异，研究了只有一个传统渠道的制造商引入一个直销渠道之后，服务和价格竞争的问题；陈国鹏等（2016）考虑了存在价格折扣的直销渠道的情况下，双渠道供应链的广告协调问题。

以上的研究都没有涉及本章研究的主题，但是为本章提供了很好的理论基础。其中，关于批发模式和代售模式的研究认为代售模式可以缓解双重边际效应，所以代售模式相对于批发模式来说具有优势，但是制造商需要向在线零售商支付一定的平台使用费；关于制造商渠道管理的研究认为制造商增加直销渠道有利于缓解双重边际效应。

3. 2　模型描述

考虑一个制造商和一个在线零售商构成的包含直销渠道和在线零售商渠道的在线销售系统，如图 3.1 所示。其中，制造商与在线零售商的销售模式既可以是代售模式又可以是批发模式。批发模式下，制造商以批发价 w 将商品销售给在线零售商，在线零售商再以价格 p_o 销售给在线消费者，见图 3.1（a）；代售模式下，制造商以市场价 p_o 通过在线零售商直接销售商品，但是需要向在线零售商支付平台使用费，平台费率为 β，即收益的 β 归在线零售商所有，收益的 $1-\beta$ 归制造商所有，见图 3.1（b）。另外，无论是代售模式还是批发模式，制造商都拥有一个直销渠道，以价格 p_d 销售商品。

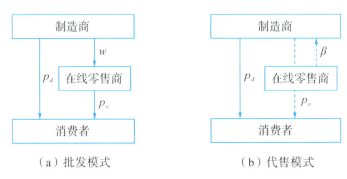

（a）批发模式　　　　　　　　　（b）代售模式

图 3.1　在线销售系统

注：图中虚线表示市场价格由制造商确定。

假设一个典型消费者从在线零售商渠道购买商品获得的效用为 v，从制造商直销渠道获得的效用为 θv，其中 v 服从区间为 $[0, 1]$ 的均匀分布。θ 为消费者从直销渠道购买商品获取效用的折扣系数，或者消费者对制造商直销渠道的接受程度系数，该系数主要刻画了制造商直销渠道的效率，且 $0 < \theta < 1$。假设在线零售商渠道的效率高于制造商直销渠道的效率是合理的：在线零售商的平台上有更多的商品供消费者选择、经常进行促销活动，有更好的物流、退货等各种服务，因此，消费者更偏好在线零售商渠道。假设消费者从直销渠道购买商品获得的效用为 $u_d = \theta v - p_d$，从在线零售商渠道购买商品获得的效用为 $u_o = v - p_o$。参考 Yan 等（2018）和 Mantin 等（2014）的研究，因为本章主要关注的是直销渠道和在线零售商渠道竞争时的情况，所以假设 $\theta > p_d/p_o$（该限制条件并不影响本章的结论，详细证明见附录），从而直销渠道和在线零售商渠道的需求函数分别为：

$$Q_d = \frac{p_o - p_d}{1 - \theta} - \frac{p_d}{\theta} \tag{3.1}$$

$$Q_o = 1 - \frac{p_o - p_d}{1 - \theta} \tag{3.2}$$

假设直销渠道运营过程中的固定成本为零，因为固定成本为沉没成本，所以并不影响文章的结论。进一步假设制造商直销渠道的单位运营成本为零，主要有以下原因：第一，单位运营成本与折扣系数 θ 一样都反映了制造商直销渠道的效率，折扣系数 θ 越大（单位运营成本越低），表示该渠道的效率越高，本章主要选取折扣系数来研究直销渠道的效率问题；第二，相对于销售商品获得收益来说，制造商直销渠道的单位运营成本很低，可以忽略不计（滕文波和庄贵军，2011；Li 和 Li，2016）；第三，通过计算，也可以证明单位运营成本对于本章的主要结果没有方向上的影响，只有数量上的影响。另外，参考研究销售模式选择的文献，如 Tian 等（2018），Geng 等（2018），Kwark 等（2017），Liu 等（2020），Chen 等（2020）等，本章假设生产成本和销售成本为零。

假设平台费率 β 为外生变量，主要原因包括：第一，根据 Rochet 等（2003）、Caillaud 等（2003）、Armstrong 等（2007）等关于双边平台的研究结论，作为双边平台的在线零售商的收费，即 β 的确定是由双边用户的交叉网络外部性确定的；第二，大量的关于销售模式选择的文献都做了此假设，如 Yan 等（2018）、Tan 等（2016）、Geng 等（2018）等。

决策顺序：在批发模式下，首先，制造商确定批发价 w；其次，制造商和在线零售商同时确定市场价格 p_d 和 p_o。其中，因为在下文的代售模式中，市场价格的决策为同时决策，为了两种销售模式下的均衡利润具有可比性，所以在批发模式下也考虑关于市场价格的纳什均衡，这与相关文献的假设一致，如 Tian 等（2018）。在代售模式下，制造商同时决策直销渠道的价格 p_d 和在线零售商渠道的价格 p_o，在线零售商的利润来自平台使用费，其不参与决策。

3.3　均衡分析

该节将分别对批发模式、代售模式情况下制造商和在线零售商的均衡价格、均衡利润进行求解，并进行分析。为了方便解释，无论是使用代售模式还是批发模式，下文都将制造商通过在线零售商销售商品的渠道称为在线零售商渠道；与双渠道的文献一致，将制造商通过自建网络商城、开通 APP 等直接销售商品的渠道称为直销渠道。用上标"W""A"分别表示批发模式和代售模式，用下标"e""m"分别表示在线零售商和制造商。所有证明详见附录。

3.3.1 批发模式下的均衡分析

在批发模式下，制造商以批发价 w 将产品出售给在线零售商，在线零售商再以 p_o 销售给最终消费者，而制造商同时通过直销渠道以价格 p_d 销售商品。从而，在线销售系统的决策顺序为：首先，制造商确定批发价 w；其次，制造商和在线零售商同时确定最终的市场价格 p_d 和 p_o。

根据需求函数式（3.2），可以得到在线零售商的利润函数为：

$$\pi_e^W = \left(1 - \frac{p_o - p_d}{1 - \theta}\right)(p_o - w) \tag{3.3}$$

因为制造商的利润既来自在线零售商渠道又来自直销渠道，根据需求函数式（3.1）和式（3.2），可以得到制造商的利润函数：

$$\pi_m^W = \left(1 - \frac{p_o - p_d}{1 - \theta}\right)w + \left(\frac{p_o - p_d}{1 - \theta} - \frac{p_d}{\theta}\right)p_d \tag{3.4}$$

根据式（3.3）、式（3.4）所列的需求函数，使用逆向归纳法，可以得到引理 3.1。

引理 3.1　在批发模式下，最优的批发价、市场价格、利润分别为：

（1）$w^* = \dfrac{1}{2} \dfrac{\theta^2 + 8}{\theta + 8}$；

（2）$p_d^{W*} = \dfrac{(10 - \theta)\theta}{2\theta + 16}$，　$p_o^{W*} = \dfrac{12 - \theta^2 - 2\theta}{2\theta + 16}$；

（3）$\pi_m^{W*} = \dfrac{(2 + \theta)^2}{4\theta + 32}$，　$\pi_e^{W*} = \dfrac{(\theta + 2)^2(1 - \theta)}{(\theta + 8)^2}$。

在批发模式下，求最优批发价 w^* 关于直销渠道的效率 θ 的一阶导数，从而有推论 3.1。

推论 3.1　在批发模式下，当 $\theta < 6\sqrt{2} - 8$ 时，$\partial w^* / \partial \theta < 0$，即批发价随着制造商直销渠道效率的增加而减少；当 $\theta > 6\sqrt{2} - 8$ 时，$\partial w^* / \partial \theta > 0$，即批发价随着制造商直销渠道效率的增加而增加。

推论 3.1 表明在批发模式下，当 θ 比较小的时候，批发价随着 θ 的增加而减少；当 θ 比较大的时候，批发价随着 θ 的增加而增加。当 θ 比较小的时候，直销渠道的效率比较低，制造商更偏好通过在线零售商的渠道销售商品，所以随着 θ 的增加，即两个渠道的竞争加剧，制造商为了获取最大的利润，总是降低批发价，从而增加在线零售商渠道的销售量；当 θ 比较大的时候，直销渠道效率比较高，制造商更偏好通过直销渠道销售商品，所以随着直销渠道效率 θ 的增加，制造商总是增加批发价，从而减少在线零售商渠道的销售量。

3.3.2 代售模式下的均衡分析

在代售模式下，制造商通过在线零售商直接销售商品，市场价格由制造商控制并决策，在线零售商的利润为平台使用费，并不参与决策。从而，在线销售系统的决策顺序为：制造商同时决策直销渠道的价格 p_d 和在线零售商渠道的价格 p_o。

由需求函数式（3.1）、式（3.2），可以得到制造商的利润函数、在线零售商的利润函数分别为：

$$\pi_m^A = \left(\frac{p_o - p_d}{1 - \theta} - \frac{p_d}{\theta}\right)p_d + \left(1 - \frac{p_o - p_d}{1 - \theta}\right)p_o(1 - \beta) \tag{3.5}$$

$$\pi_e^a = \left(1 - \frac{p_o - p_d}{1 - \theta}\right)p_o\beta \tag{3.6}$$

根据式（3.5）、式（3.6）所列的需求函数，使用逆向归纳法，可以得到引理 3.2。其中，为了保证有解的存在，$-\beta^2\theta + 4\beta\theta - 4\beta - 4\theta + 4 > 0$ 需要满足。

引理 3.2 在代售模式下，最优的市场价格、利润分别为：

（1）$p_d^{A*} = \dfrac{\theta(2 - \beta)(\theta + \beta - 1 - \theta\beta)}{\beta^2\theta - 4\beta\theta + 4\beta + 4\theta - 4}$，

$\qquad p_o^{A*} = \dfrac{2(\theta + \beta - 1 - \theta\beta)}{\beta^2\theta - 4\beta\theta + 4\beta + 4\theta - 4}$；

（2）$\pi_m^{A*} = \dfrac{(1 - \beta)^2(1 - \theta)}{4 - 4\beta - (\beta - 2)^2\theta}$，

$\qquad \pi_e^{A*} = \dfrac{2(1 - \beta)\beta(1 - \theta)((\theta - 2)\beta - 2\theta + 2)}{(\beta^2\theta + (4 - 4\theta)\beta + 4\theta - 4)^2}$。

根据相关学者（Abhishek 等，2016；Tian 等，2018）的研究，在线零售商渠道的市场价格在代售模式下比在批发模式下更低，也有实业界认为代售模式把市场价格推高了（Tan 等，2017；Kwark 等，2017），但是本章研究的结论与以上都不同。比较在线零售商渠道下，代售模式和批发模式的市场价格，有推论 3.2。

推论 3.2 当 $\beta < [2(\theta^2 + \sqrt{5\theta^2 + 24\theta + 16} + 3\theta - 4)(\theta - 1)]/[\theta(\theta^2 + 2\theta - 12)]$ 时，批发模式下的市场价格大于代售模式下的市场价格；当 $[2(\theta^2 + \sqrt{5\theta^2 + 24\theta + 16} + 3\theta - 4)(\theta - 1)]/[\theta(\theta^2 + 2\theta - 12)] < \beta < (2\sqrt{1 - \theta} + 2\theta - 2)/\theta$ 时，代售模式下的市场价格大于批发模式下的市场价格。

推论 3.2 表明，当 β 比较小的时候，代售模式下的市场价格比较低；当 β 比较大的时候，代售模式下的市场价格比较高。在代售模式下，当 β 比较大的时候，在线零售商分享的收益比较高，而制造商分享的收益比较低，又由于制造商对市场价格具有完全的控制权，所以其会均衡直销渠道和在线零售商渠道的销售量，即扭曲地提高在线零售商渠道的市场价格，从而大幅度减少在线零售商渠道的销售量，所以其此时超过批发模式下的市场价格；当 β 比较小的时候，制造商分享的收益比较高，又因为代售模式缓解了双重边际效应，所以制造商更偏好通过在线零售商渠道销售商品，相应的，制造商将设置比较低的市场价格，因此，代售模式下的市场价格更低。以上反映了在代售模式下直销渠道对于制造商的作用，即可以根据在线零售商设置的平台费率调节在线零售商渠道的销量。

3.4 决策分析

该小节首先分析在线零售商销售模式的选择；然后分析制造商关于销售模式的选择（根据本书 1.2 节研究思路中的解释，本章既分析在线零售商的销售模式选择，也分析制造商的销售模式选择）；其次，比较在线零售商和制造商关于销售模式的选择，研究双方是否存在帕累托改进区域，即双赢区域；最后，对其他的重要问题也分别进行了分析，包括代售模式下平台费率的设置、供应商对于直销渠道的保留或引入、在线销售系统的效率问题。

3.4.1 在线零售商的销售模式选择

从引理 3.1、引理 3.2 中可以获得批发模式和代售模式下在线零售商的均衡利润，进行对比分析，从而有定理 3.1。

定理 3.1 当 $\beta < 0.25$ 时：如果 $0 < \theta < f_1(\beta)$，在线零售商选择批发模式；如果 $f_1(\beta) < \theta < f_2(\beta)$，则在线零售商选择代售模式；如果 $f_2(\beta) < \theta < (4 - 4\beta)/(\beta^2 - 4\beta + 4)$，则在线零售商选择批发模式。当 $\beta > 0.25$ 时：如果 $0 < \theta < f_2(\beta)$，则在线零售商选择代售模式；如果 $f_2(\beta) < \theta < (4 - 4\beta)/(\beta^2 - 4\beta + 4)$，则在线零售商选择批发模式。其中，$f_1(\beta)$ 和 $f_2(\beta)$ 详见附录。

定理 3.1 的详细证明见附录，也可以参见图 3.2。在图 3.2 中，在线零售商在区域 Ⅰ 选择批发模式，在区域 Ⅱ 选择代售模式，在区域 Ⅲ 又选择批发模式。定理 3.1 表明当 β 比较小时，如果直销渠道的效率比较低，则在线零售商选择批发模式；如果直销渠道的效率居中，则其选择代售模式；如果直销渠道的效率比较高，则其选择批发模式。当 β 比较大的时候，如果直销渠道的效率比较低，在线零售商选择代售模式；如果直销渠道的效率比较高，则其选择批发模式。

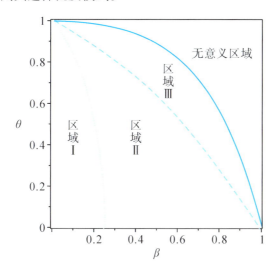

图 3.2　在线零售商销售模式的选择

首先，当平台费率比较低时，在线零售商销售模式的选择主要受到直销渠道效率 θ 的影响。如果 θ 比较小时，即直销渠道的效率比较低，此时在线零售商选择批发模式，主要原因是因为此时平台费率太低，而直销渠道的效率比较低，对其影响也不大，所以选择批发模式。随着 θ 的增加，在批发模式下，在线零售商面对直销渠道的压力，其不得不降低市场价格，而制造商更偏好通过直销渠道销售商品，所以其会提高批发价（见推论 3.1），此时，在线零售商的边际利润会降低；在代售模式下，随着 θ 的增加，制造商会降低在线零售商渠道的销量，从而降低在线零售商的利润。当 θ 居中时，批发模式下的影响更大，从而使其在批发模式下利润更低，所以在线零售商选择代售模式。当 θ 比较大时，代售模式下的影响更大，从而使其在代售模式下的利润更低，所以选择批发模式。

另外，当平台费率比较高时，在线零售商销售模式的选择仍然受到直销渠道效率 θ 的影响。当 θ 比较小时，即直销渠道的效率比较低时，在线零售商的利润主要受到平台使用费的影响，此时在线零售商更偏好选择代售模式。当 θ 比较大时，与平台费率低且 θ 比较大时相同，此时，代售模式中，制造商降低在线零售渠道的销量使在线零售商的利润降低幅度非常大，所以在线零售商偏好选择批发模式。

3.4.2 制造商的销售模式选择

从引理 3.1、引理 3.2 中可以获得批发模式和代售模式下制造商的均衡利润，进行对比分析，从而有定理 3.2。

定理 3.2 当 $\beta < 0.5$ 时：如果 $\theta < (4\beta - 2)/(\beta - 2)$，则制造商选择代售模式；如果 $(4\beta - 2)/(\beta - 2) < \theta < (2\beta - 3 + \sqrt{12\beta^2 - 36\beta + 25})/(2 - \beta)$，则制造商选择批发模式；如果 $(2\beta - 3 + \sqrt{12\beta^2 - 36\beta + 25})/(2 - \beta) < \theta < (4 - 4\beta)/(\beta^2 - 4\beta + 4)$，则制造商选择代售模式。当 $\beta > 0.5$ 时：如果 $\theta < (2\beta - 3 + \sqrt{12\beta^2 - 36\beta + 25})$，则制造商选择批发模式，如果 $(2\beta - 3 + \sqrt{12\beta^2 - 36\beta + 25})/(2 - \beta) < \theta < (4 - 4\beta)/(\beta^2 - 4\beta + 4)$，则制造商选择代售模式。

定理 3.2 的详细证明见附录，也可以参见图 3.3。在图 3.3 中，区域 I 表示制造商选择代售模式，区域 II 表示其选择批发模式，区域 III 表示其选择代售模式，剩下的区域为无意义区域。定理 3.2 表明当 β 比较小时，如果直销渠道的效率比较低，则制造商选择代售模式；如果直销渠道的效率居中，则其选择批发模式；如果直销渠道的效率比较高，则其选择代售模式。当 β 比较大的时候，如果直销渠道的效率比较低，制造商选择批发模式；如果直销渠道的效率比较高，则其选择代售模式。

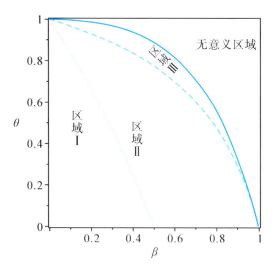

图 3.3 制造商销售模式的选择

首先，当平台费率比较低时，制造商销售模式的选择主要受到直销渠道效率 θ 的影响。如果 θ 比较小时，即直销渠道的效率比较低，此时制造商选择代售模式，主要原因是此时平台使用费比较低，而直销渠道的效率又比较低，对其影响也不大，所以其选择代售模式。随着 θ 的增加，在批发模式下，由于直销渠道的效率相对比较高，制造商偏好通过直销渠道销售商品，所以其会提高批发价（见推论 3.1）；同时，直销渠道的压力可以迫使在线零售商降低市场价格增加销量。所以，此时制造商在增加批发价的同时，还可以迫使在线零售商增加销量，从而获益。在代售模式下，由于两个渠道的市场价格都由制造商确定，所以随着 θ 的增加，制造商不但可以通过直销渠道缓解竞争，还可以减少平台使用费的支出。综上，当 θ 居中时，制造商通过在线零售商渠道提高批发价增加销量可以获得更大的收益，所以，其选择批发模式；当 θ 比较大时，市场竞争非常激烈，在批发模式下，尽管制造商可以通过在线零售商渠道获取收益，但是，在线零售商的竞争也会使直销渠道的消费者流失，从而造成了损失，因此，制造商更偏好选择代售模式缓解竞争。

另外，当平台费率比较高时，在线零售商销售模式的选择仍然受到直销渠道效率 θ 的影响。当 θ 比较小时，即直销渠道的效率比较低时，制造商的利润主要受到平台使用费的影响，此时制造商更偏好选择批发模式来避免支付大量的平台使用费。当 θ 比较大时，与平台费率低且 θ 比较大时相同，此时，制造商更偏好选择代售模式缓解竞争。

3.4.3 在线零售商和制造商的帕累托改进区域

通过比较在线零售商和制造商关于销售模式的选择，即对比定理 3.1 和定理 3.2，或者对比图 3.2、图 3.3，可以发现，制造商和在线零售商关于销售模式的选择总是相悖；也发现双方存在两个帕累托改进区域（双赢区域），一个区域选择代售模式对双方有利，一个区域选择批发模式对双方有利。定理 3.3 总结了该结论。

定理 3.3 对比分析制造商选择销售模式与在线零售商选择销售模式时的条件，可以发现：当 $\beta < 0.5$，且 $f_1(\beta) < \theta < (4\beta - 2)/(\beta - 2)$ 时，制造商和在线零售商都偏好选择代售模式；无论平台费率的高低，当 $f_2(\beta) < \theta < (2\beta - 3 + \sqrt{12\beta^2 - 36\beta + 25})/(2 - \beta)$ 时，制造商和在线零售商都偏好选择批发模式。

定理 3.3 的详细证明见附录，也可以参见图 3.4。在图 3.4 中，在区域 I 双方都偏好选择代售模式，在区域 II 双方都偏好选择批发模式。以上结论表明，尽管双方关于销售模式的选择总是相悖，但是由于双方的获利形式不同，平台费率和直销渠道效率对于双方的影响程度也不同，所以存在两个帕累托改进区域。

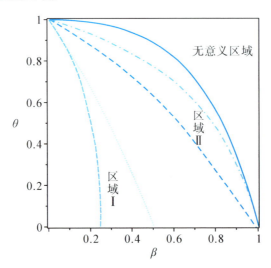

图 3.4 帕累托改进区域

3.4.4　制造商保留直销渠道的决策

本节讨论制造商通过在线零售商以代售模式或批发模式销售商品时，是否还有必要保留其直销渠道，或者在没有直销渠道时，是否有必要开通直销渠道。很多制造商在京东、亚马逊、百思买、天猫等上销售商品时，无论与在线零售商的销售模式是代售模式还是批发模式，都保留了直销渠道，如耐克（Nike）公司保留了其直销渠道 www.nike.com，戴尔（Dell）公司保留了其直销渠道 www.dell.com。另外，也有一部分公司，开始并没有开通直销渠道，后来才增设了直销渠道，比如五粮液集团、茅台集团在其官网上增加了商城；三只松鼠公司通过在线零售商销售商品并发展壮大，之后，三只松鼠公司也开通了其直销渠道，比如其开发了一个 APP，并大力宣传，另外也开辟了官方网站等。下文将分析制造商是否总是保留（开通）直销渠道。

本节将首先计算在线销售系统中只有在线零售商渠道时，制造商在批发模式和代售模式下的利润（具体结果和计算过程详见附录），然后分别与在线销售系统（包含直销渠道和在线零售商渠道）中制造商在批发模式和代售模式下的利润进行对比，可以得到定理 3.4。

定理 3.4　在线销售系统中，无论销售模式是批发模式还是代售模式，制造商总是偏好保留（或开通）直销渠道。

定理 3.4 的详细证明见附录。在批发模式下，与双渠道的研究比较类似，增加直销渠道对于作为零售商的在线零售商来说相当于增加了竞争者，其在提高批发价的同时，还可以缓解在线零售商渠道中市场价格的双重边际效应，有利于提高制造商的利润。另外，在代售模式下，制造商保留（或开通）直销渠道也将增加其利润。这是因为在代售模式中，制造商拥有两个渠道价格的控制权，可以均衡两个渠道的销售量，缓解竞争，同时，直销渠道的存在对于在线零售商来说就是一个潜在威胁，迫使在线零售商不至于把平台费率设置得过高。

定理 3.4 在一定程度上解释了大量的制造商开通在线零售商渠道之后，无论销售模式是代售模式还是批发模式，依然会保留原有的直销渠道，或者在没有开通直销渠道的情况下，依然会开通直销渠道。比如，茅台酒、五粮液、Casio、OMEGA、联想电脑、海尔集团、宜家家居、顾家家居、各大航空公司等都有此行为。

3.4.5　在线零售商平台费率的设置

对于在线零售商来说，设置的平台费率是否越高越好呢？本节主要通过研究平台费率对在线零售商均衡利润的影响来研究该问题，所以主要在代售模式下进行研究。

由引理 3.2 可以得到在代售模式下在线零售商的均衡利润，对该利润求关于平台费率 β 的一阶导数，得到定理 3.5。

定理 3.5　当 $\theta < g(\beta)$ 时，在线零售商的利润随着平台费率的增加而增加；当 $g(\beta) < \theta < (4 - 4\beta)/(\beta^2 - 4\beta + 4)$ 时，在线零售商的利润随着平台费率的增加而减少。其中 $g(\beta)$ 的取值详见附录。

定理 3.5 的详细证明见附录。定理 3.5 表明在线零售商的平台费率并不是越高就对在线零售商越有利，虽然当直销渠道的效率比较低的时候，平台费率越高其利润越高，但是直销渠道的效率比较高时，平台费率越高其利润会越低。这是因为，当直销渠道的效率达到一定程度之后，在线零售商再增加平台费率，制造商就不愿意支付该费用，转而通过直销渠道销售商品，在线零售商设置的平台费率越高，制造商在直销渠道销售的商品越多，在线零售商渠道销售的商品越少，在线零售商的利润反而会越低。

虽然在具体的生产实践中，在线零售商的平台费率的设置会受到其他在线零售商的竞争的影响，受到具体的商品的交叉网络外部性的影响，但是定理 3.5 表明，制造商在与在线零售商关于平台费率进行讨价还价的过程中，增加直销渠道，且保持直销渠道的效率，也是增加其谈判筹码的一个重要方式。

3.4.6　在线销售系统效率的对比分析

本节将集中分析批发模式下和代售模式下整个在线销售系统的效率，在线销售系统的效率由在线销售系统的利润来衡量，即制造商与在线零售商的利润之和来反映。我们通过引理 3.1、引理 3.2 很容易得到制造商和在线零售商在不同销售模式下的均衡利润，把它们加总求和即得到整个在线销售系统的利润，并用它来反映在线销售系统的效率。下面为了区别其他章节，我们用下标 T 来表示整个在线销售系统的利润。

在批发模式下，整个在线销售系统的利润为 $\pi_T^{W*} = \pi_m^{W*} + \pi_e^{W*}$；在代售模式下，整个在线销售系统的利润为 $\pi_T^{A*} = \pi_m^{A*} + \pi_e^{A*}$。

进一步，我们可以对比在批发模式和代售模式下整个在线销售系统的利润，从而得到定理 3.6。

定理 3.6　当 $\theta < h(\beta)$ 时，在代售模式下，整个在线销售系统的利润最大，即此时在线销售系统的效率最高；当 $h(\beta) < \theta < (4 - 4\beta)/(\beta^2 - 4\beta + 4)$ 时，在批发模式下，整个在线销售系统的利润最大，即此时在线销售系统的效率最高。其中，$h(\beta)$ 的证明详见附录。

定理 3.6 的详细证明见附录，也可以参见图 3.5。图 3.5 中，在区域 I 时，在线销售系统在代售模式下效率最高，在区域 II 时，在线销售系统在批发模式下效率最高，剩下的区域为无意义区域。定理 3.6 表明代售模式虽然能够缓解双重边际效应，但是并不表明其总是能够使整个在线销售系统的效率最高。当直销渠道的效率增加达到一定程度时，批发模式也能使整个在线销售系统的效率达到最高。这是因为：一方面，直销渠道的存在，在一定程度上缓解了批发模式下市场价格的双重边际效应，从而增加了批发模式下整个在线销售系统的效率；另一方面，虽然代售模式可以缓解双重边际效应，但是制造商需要向在线零售商支付一定的费用，才能够使用在线零售商，从而缓解双重边际效应，所以制造商为了使利润最大化，为了规避向在线零售商支付一定的费用，随着直销渠道效率的增加，其会增加直销渠道的销售量，但是直销渠道相比在线零售商渠道来说效率是比较低的，所以，直销渠道的存在会降低代售模式下整个在线销售系统的效率。因此，当直销渠道的效率比较高时，批发模式下整个在线销售系统的效率最高，反之，则代售模式下整个在线销售系统的效率最高。

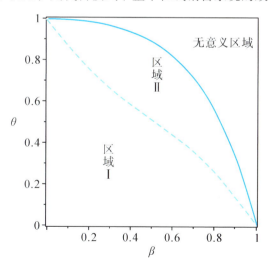

图 3.5　在线销售系统的效率

3.5 本章小结

针对一个在线零售商和一个制造商组成的在线供应链，在考虑制造商开通直销渠道的情形下，本章分析了代售模式和批发模式下供应链成员的最优决策；在此基础上，分别研究了制造商和在线零售商关于销售模式的选择以及双方的帕累托改进区域；在代售模式和批发模式下分别探讨了直销渠道的保留（或开通）的问题；还研究了在线零售商如何设置平台费率等，得到了如下主要结论：

①相比于批发模式，代售模式并不总是能够降低市场价格，当平台费率比较高时，代售模式下的市场价格高于批发模式下的市场价格；在批发模式下，对于制造商来说，直销渠道的高效率不但能够迫使在线零售商降低市场价格增加销售量，从而缓解双重边际效应，在此基础上，其还可以提高批发价。

②当平台费率比较低且直销渠道的效率比较低时，直销渠道对于供应链双方的影响有限，制造商支付的平台使用费比较低，所以制造商选择代售模式，而在线零售商偏好选择批发模式；当平台费率比较低且直销渠道的效率居中时，随着直销渠道销量的提升，在批发模式下，制造商可以在提高批发价的同时迫使在线零售商降低市场价格，在线零售商的边际利润降低，此时，即便平台费率非常低，制造商也偏好选择批发模式，在线零售商也偏好选择代售模式；当直销渠道的效率比较高时，两个渠道竞争非常激烈，即便批发模式可以使制造商在提高市场销量的同时收取较高的批发价，但是为了缓解竞争，制造商更偏好选择同时可以控制两个渠道市场价格的代售模式，然而，在缓解竞争的过程中，在线零售商渠道的销量降低了，所以，在线零售商的利润降低，在线零售商偏好选择批发模式。以上结论表明，双方的选择总是相悖的，但是，由于平台费率和直销渠道对于双方的影响不同，双方存在两个帕累托改进区域，一个区域选择代售模式对双方都有利，一个区域选择批发模式对双方都有利。

③无论在何种销售模式下，如果开通了直销渠道，则制造商总是会保留该渠道；如果没有开通该渠道，则制造商会开通该渠道。这是因为在批发模式下，直销渠道总是会迫使下游的在线零售商降低市场价格，同时，

在直销渠道效率比较高时，其还可以提高批发价；在代售模式下，直销渠道的存在对于在线零售商来说是一个潜在威胁，迫使在线零售商不至于把平台费率设置得过高。另外，尽管直销渠道的存在加剧了制造商与在线零售商的竞争，但是代售模式使制造商能控制两个渠道的市场价格，从而可以缓解两个渠道的竞争。

④在代售模式下，当直销渠道的效率比较低时，在线零售商总是可以提高平台费率从而增加其利润；当直销渠道的效率比较高时，其应该降低平台费率，从而增加其利润。

结合以上的结论，本章得到了如下管理启示：

①对于制造商来说，无论选择何种销售模式，其总是应该保留（或开通直销渠道）。在批发模式下，其总是可以迫使下游的在线零售商降低市场价格增加市场销量，同时，当直销渠道的效率比较高时，其还可以提高批发价；在代售模式下，尽管直销渠道的存在加剧了制造商与在线零售商的竞争，但是代售模式使制造商能控制两个渠道的市场价格，从而可以缓解两个渠道的竞争。同时，直销渠道的存在对在线零售商来说是一个潜在威胁，从而迫使在线零售商不至于把平台费率设置得过高。

②对于在线零售商来说，当直销渠道的效率比较低时，在线零售商可以通过提高平台费率提高其利润；当直销渠道的效率比较高时，在线零售商应该通过降低平台费率来提高其利润。

③对于销售模式选择来说，当直销渠道的销量比较高时，无论平台费率的高低，制造商总是应该选择代售模式，在线零售商总是应该选择批发模式；当直销渠道的效率居中时，即便平台费率非常低，制造商也应该选择批发模式，而在线零售商也应该选择代售模式。尽管双方的选择总是相悖，但是在某些情况下，双方都选择代售模式可以达到双赢；在某些条件下，选择批发模式可以达到双赢。

4 制造商第三方在线渠道的引入策略及其对在线销售模式选择的影响研究

4.1 引言

在线零售业中，许多在线零售商拥有一个在线平台，该平台不但支持在线零售商向在线消费者销售商品，还允许制造商在支付平台使用费之后，直接向在线消费者销售商品，如亚马逊、京东等（Wei 等，2020b）。因此，在线零售商与制造商有两种销售模式可以选择，即批发模式和代售模式（Wei 等，2020a；Geng 等，2018；Zhang，2020）。在批发模式下，在线零售商先向制造商采购商品，然后再确定市场价格并将商品销售给在线消费者；在代售模式下，制造商确定市场价格并通过在线零售商的平台直接将产品销售给在线消费者，但是需要将收益的一部分作为平台使用费支付给在线零售商。两种销售模式最大的区别是市场价格决策权归属不同（Zennyo，2020）。在代售模式下，市场价格决策权归制造商，在批发模式下，市场价格决策权归在线零售商。

另外，在同一个在线平台上，当采取代售模式或批发模式分销商品时，制造商还可以引入一个第三方在线渠道作为补充。根据 Jiang 等（2011），Mantin 等（2014）的研究，有成千上万的第三方零售商（也被称为独立零售商）被允许通过在线零售商的平台销售商品，因此，制造商也可以通过第三方零售商分销商品。当制造商通过第三方零售商分销商品时，其首先批发商品给第三方零售商，然后第三方零售商通过在线平台将商品直接销售给在线消费者，并将收益的一部分作为平台使用费支付给在线零售商（Wang 等，2020）。下文称该渠道为第三方在线渠道。第三方在线渠道既有批发模式下的双重边际效应，又存在平台使用费的支出，与批发模式和代售模式相比，其是一个效率更低的渠道。

在实际中，当采取代售模式或批发模式分销商品时，许多制造商也会引入第三方在线渠道。比如，当京东使用批发模式销售雀巢咖啡时（Wei 等，2020a），雀巢公司也引入第三方在线渠道销售其商品，即雀巢通过第三方零售商——咖天下[①]销售雀巢咖啡；当京东使用代售模式销售联想电脑时（Wei 等，2020b），联想公司也引入第三方在线渠道销售电脑，即其通过第三方零售商——华北[②]销售电脑；亚马逊使用代售模式销售金士顿的闪存优盘（Wei 等，2020b），金士顿公司也引入第三方零售商——A Grade Seller[③]销售其优盘。另外，也有一些制造商并没有引入第三方在线渠道，如京东使用代售模式销售太平洋咖啡，然而太平洋咖啡公司并没有引入该渠道。

在代售模式下，如果制造商引入第三方在线渠道，制造商将不得不与第三方零售商共同竞争在线消费者，那么制造商还应该引入该渠道吗？在批发模式下，如果制造商引入第三方在线渠道，与第三方零售商竞争的是在线零售商，那么制造商应该引入第三方在线渠道吗？Mantin 等（2014）认为在线零售商可以使用第三方零售商作为与制造商进行讨价还价的工具，但是在两种销售模式下引入第三方零售商作为销售渠道时，第三方零售商对于制造商分别有什么作用呢？在两种销售模式下的不同作用会使制造商有不同的行为，从而使在线零售商有不同的反应，以上会影响到制造商和在线零售商的利润，最终影响到销售模式的选择。基于以上分析，本章构建了包含一个在线零售商、一个制造商、一个第三方零售商的在线供应链，使用博弈论的方法，主要研究以下问题：第一，在两种销售模式下，制造商引入第三方在线渠道的决策及第三方在线渠道对于制造商的作用；第二，基于第三方在线渠道的引入决策，制造商和在线零售商应该分别选择何种销售模式，是否在某些条件下双方会选择相同的销售模式，即

---

① https://mall.jd.com/view_search-653455-5682872-99-1-20-1.html.

② https://mall.jd.com/index-139640.html? from=pc.

③ https://www.amazon.com/s? i = merchant - items&me = A3DNJBFMOY1W7K&rh = p _ 4% 3AKingston&dc&language = zh&marketplaceID = ATVPDKIKX0DER&qid = 1606393907&ref=sr_nr_p_4_1.

是否存在帕累托改进区域（双赢区域）；第三，在不同的销售模式下，作为弱势的第三方零售商又应该采取何种发展策略。

本章主要对以下三个方面的研究具有补充和丰富的作用：销售模式的研究；涉及第三方零售商的在线零售商运营策略的研究；以在线零售为背景的渠道引入策略。首先，销售模式方面的研究属于热点领域，其中，一些学者以电子书行业为背景，研究了在何种条件下电子书应该以代售模式分销（Hao 和 Fan，2014；Tan 和 Carrillo，2017；Lu 等，2018）；一些学者以旅游行业为背景，研究了酒店与在线零售商之间的销售模式选择，例如研究了酒店资源（Liao 等，2019）、酒店竞争（Ye 等，2020）、酒店讨价还价能力（Ye 等，2019）等对销售模式的影响；另外，大多数学者以电商行业为背景，研究并发现了一些影响销售模式选择的重要因素，比如溢出效应（Abhishek 等，2016）、在线评论（Kwark 等，2017）、市场营销的努力水平（Hagiu 和 Wright，2015）、订单完成成本和上游竞争（Tian 等，2018）、订单完成成本和下游竞争（Liu 等，2020）、是否捆绑销售（Geng 等，2018）、非对称的潜在市场和上游竞争（Zennyo，2020）、非对称的潜在市场和在线零售商的渠道角色（Wei 等，2020b）、竞争的制造商的领导跟随关系（Wei 等，2020a）等。其次，涉及第三方零售商的在线零售商运营策略的研究比较有限，比如，Mantin 等（2014）研究认为对于在线零售商来说，引入第三方零售商可以增加与制造商讨价还价的筹码；Jiang 等（2011）研究发现平台渠道面对着被转售渠道替代的威胁时，第三方零售商会出现战略性的降低销售的行为；Wang 等（2020）以本章中批发模式且引入第三方在线渠道的供应链结构为背景，研究了在线零售商信息共享的战略。最后，以在线零售为背景的渠道引入策略可以分为三种类型：研究存在传统线下渠道的情况下，线上渠道的引入策略（比如，Wang 等，2018；Shen 等，2019；Zhang 等，2020）；研究存在线上渠道时，供应商线下渠道的引入策略（比如，Zhang 和 Zhang，2020）；研究存在批发模式的情况下，代售模式的引入策略（比如，Yan 等，2018；Yan 等，2019）。以上文献都没有涉及本章研究的主题，但是为本章的研究提供了坚实的理论基础。

4.2　模型描述

考虑一个制造商通过在线零售商向在线消费者销售商品。其中，在线零售商提供一个在线平台，该平台既可以支持其在线销售商品，又允许制造商通过支付平台使用费之后直接向在线消费者销售商品。所以，在线零售商与制造商之间有两种销售模式可以选择：批发模式或代售模式。另外，同一个在线平台上还有一个第三方零售商，因此，当以批发模式或代售模式销售商品时，制造商还可以选择是否通过第三方零售商销售商品，即是否引入第三方在线渠道。此处假设制造商拥有零售渠道的选择权，与Cai（2010）等的研究一致。除了以往的文献做出了相同的假设，另外一个原因是在实际情况下，一个在线平台上有非常多的第三方零售商（Jiang等，2011），竞争非常激烈，第三方零售商参与销售该制造商的商品，不仅可以增加销售收入，增加对消费者的吸引程度，还可以通过规模经济减少运行成本，所以第三方零售商往往偏好参与制造商的商品销售。另外，假设平台使用费是收益的一部分，平台费率 $\beta \in (0, 1)$ 是一个外生变量。大量的关于销售模式选择的文献都使用了该假设（Zhang 和 Zhang，2020；Geng 等，2018；Tian 等，2018）。由于平台费率都是按照产品的类别进行设置（Wang 等，2019），即同一种商品设置的平台费率相同，又因为制造商和第三方零售商销售相同的商品，所以假设本章中制造商的平台费率和第三方零售商的平台费率相等。

根据销售模式的选择以及第三方在线渠道的引入策略，有四个子博弈：批发模式不引入第三方在线渠道（WN）；批发模式引入第三方在线渠道（WI）；代售模式不引入第三方在线渠道（AN）；代售模式引入第三方在线渠道（AI）。四个子博弈详见图 4.1。用下标"e""m""r"分别表示在线零售商，制造商以及第三方零售商。在 WN 下，制造商以批发价 w_e 将商品批发给在线零售商，在线零售商决策市场价格 p_e，并将商品销售给在线消费者。在 WI 下，制造商以批发价 w_e 和 w_r 将商品分别批发给在线零售商和第三方零售商，然后两者再分别以市场价格 p_e 和 p_r 将商品销售给在线消费者。在 AN 下，制造商设置市场价格 p_m，然后直接将商品销售给在线消费者，并将收益的 β 倍作为平台使用费支付给在线零售商。在 AI 下，制

造商以 p_m 的市场价格直接将商品销售给在线消费者，并将收益的 β 倍作为平台使用费支付给在线零售商；另外，制造商还以 w_r 的批发价将商品批发给第三方零售商，第三方零售商以 p_r 的市场价格将商品销售给在线消费者，由于第三方零售商同样使用了在线零售商的在线平台，所以其将收益的 β 倍作为平台使用费支付给在线零售商。

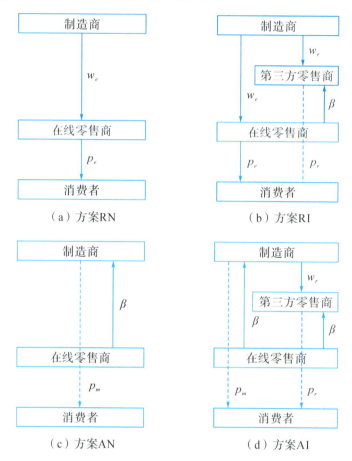

图 4.1　供应链的四种备选方案

注：虚线表示市场价格在第三方在线渠道中由第三方零售商决策或者代售模式下由制造商决策。

使用 Mussa 和 Rosen（1978）的效用模型，设置本章的需求函数。假设消费者购买该商品的支付意愿为 v，其服从 [0，1] 的均匀分别。进一步假设消费者从制造商处（代售模式）和在线零售商处（批发模式）购买商品所获得的效用分别为 $v - p_m$ 以及 $v - p_e$，从第三方零售商处（第三方在线渠道）购买商品获得的效用为 $\theta v - p_r$。$\theta \in (0，1)$ 代表第三方在线渠道中消费者的效用折扣系数，Ryan 等（2012）同样使用了该设置。原因是：在代售模式下，制造商可以保障商品来自原厂，而在批发模式下，如京东或亚马逊等巨大的在线零售商在保证商品质量方面同样拥有很好的声誉（Ryan 等，2012）。然而，由于第三方零售商所售商品中可能有假冒伪劣商品，所以其在保证质量方面拥有不良的声誉（Sun 等，2020）。例如，美国政府的问责办公室的一份报告指出，在五个主要的在线零售商平台上（包含亚马逊、沃尔玛、易贝等）的第三方零售商处抽查了 47 个产品，其中 20 个产品属于假冒伪劣商品（Erickson，2018）。当从第三方零售商处购买商品时，在线消费者不得不花费大量的时间和成本去分辨商品的真伪。另外，有些第三方零售商缺少诚信（Riazati 等，2019），因此增加了购买过程中的不确定性，从而增加了消费者的交易风险（Moreno 和 Terwiesch，2014）。综上，与从制造商或者在线零售商处购买商品相比，在线消费者从第三方零售商处购买商品获得的效用相对更少。

参考 Yan 等（2018）和 Mantin 等（2014）的设置，本章也主要关注代售渠道（或者批发渠道）和第三方在线渠道同时存在销售的情况，即 $\theta > p_r/p_m$ 和 $\theta > p_r/p_e$。因此，在方案 AI 下，制造商和第三方零售商的需求函数分别为：

$$q_m = 1 - \frac{p_m - p_r}{1 - \theta} \tag{4.1}$$

$$q_r = \frac{p_m - p_r}{1 - \theta} - \frac{p_r}{\theta} \tag{4.2}$$

在方案 WI 下，在线零售商和第三方零售商的需求函数分别为：

$$q_e = 1 - \frac{p_e - p_r}{1 - \theta} \tag{4.3}$$

$$q_r = \frac{p_e - p_r}{1 - \theta} - \frac{p_r}{\theta} \tag{4.4}$$

参考研究销售模式的文献（Abhishek 等，2016；Tian 等，2018；Yan 等，2018；Zhang 和 Zhang，2020），本章假设生产成本为零。另外，将在代售模式下制造商的单位销售成本设置为 c（Yan 等，2019），并将作为下游零售商的在线零售商和第三方零售商的单位销售成本都设置为零，表示相对于下游零售商来说，制造商的销售效率更低。这种在制造商和下游零售商之间设置非对称的销售成本的情况在以前的文献中很常见（Arya 等，2007；Li 等，2015）。这种设置的理由是，相对于上游制造商在生产产品方面具有更多的优势来说，下游零售商在销售过程中具有很多的优势，比如具有范围经济、了解消费者的偏好，与消费者有更多的接触等。本章将在线零售商和第三方零售商的单位销售成本设置相同，原因是两者都具有以上优势（Mantin 等，2014）。

决策顺序：首先，在线零售商选择销售模式；然后，除了代售模式或批发模式之外，制造商再选择是否引入第三方在线渠道作为渠道补充；最后，各参与方进行价格的决策。最后阶段关于价格的决策涉及四个子博弈，具体为：在 WN，制造商首先确定批发价 w_e，然后在线零售商确定市场价格 p_e；在 WI 下，制造商首先确定批发价 w_e 和 w_r，然后在线零售商和第三方零售商分别同时设置市场价格 p_e 和 p_r；在 AN 下，制造商确定市场价格 p_m；在 AI 下，制造商首先确定批发价 w_r，然后制造商和第三方零售商同时分别确定市场价格 p_m 和 p_r。其中，在线零售商首先选择销售模式，然后制造商再决策是否引入第三方在线渠道，这是因为在现实运营中，销售模式的选择首先发生，然后制造商会考虑是否引入效率低的第三方在线渠道作为渠道补充（见引言中案例的阐述），该假设与 Geng 等（2018）的假设相似。另外，在 WI 和 AI 下，关于市场价格的确定，本章考虑的是同时决策的情况，即纳什均衡，主要是为了 WI 和 AI 具有可比性，该设置与 Tian 等（2018）的设置具有相似性。通过计算其他 8 种决策顺序（涉及供应链的三方，所以共有 9 种），本章的主要结论都不变，即制造商关于第三方在线渠道的引入决策，以及销售模式的选择都不变。

4.3 均衡分析

本节主要通过逆向归纳法求解模型，获得四个子博弈下在线供应链三方的最优决策。用上标"WN""WI""AN""AI"分别表示批发模式不引入第三方在线渠道、批发模式引入第三方在线渠道、代售模式不引入第三方在线渠道、代售模式引入第三方在线渠道四种方案。另外，用下标"e""m""r"分别表示在线零售商，制造商以及第三方零售商。用上标"*"表示最优解。下面结论的具体证明过程见附录。

4.3.1 批发模式且不引入第三方在线渠道（WN）

在 WN 下，制造商选择批发模式且不引入第三方在线渠道，在线零售商先从制造商处采购商品，然后再销售给在线消费者。因此，下面使用逆向归纳法求解该子博弈。

在给定的批发价 w_e 下，在线零售商设置市场价格 p_e 来最大化其利润。

$$\pi_e^{\mathrm{WN}} = (p_e - w_e)(1 - p_e) \tag{4.5}$$

考虑到在线零售商的反应，制造商确定批发价 w_e 最大化其利润。

$$\pi_m^{\mathrm{WN}} = w_e(1 - p_e) \tag{4.6}$$

根据式（4.5）以及式（4.6）列出的利润函数，使用逆向归纳法可以得到引理 4.1。

引理 4.1　在 WN 下，最优的批发价、市场价格、相应的销售量以及均衡利润分别为：

（1）$w_e^{\mathrm{WN}*} = \dfrac{1}{2}$，$p_e^{\mathrm{WN}*} = \dfrac{3}{4}$ 和 $q_e^{\mathrm{WN}*} = \dfrac{1}{4}$；

（2）$\pi_e^{\mathrm{WN}*} = \dfrac{1}{16}$ 和 $\pi_m^{\mathrm{WN}*} = \dfrac{1}{8}$。

4.3.2 批发模式且引入第三方在线渠道（WI）

在 WI 下，制造商选择批发模式且引入第三方在线渠道，此时，制造商将商品分别批发给在线零售商和第三方零售商，然后两者再分别将商品销售给在线消费者。根据式（4.3）以及式（4.4）可以得到下列利润函数。下面使用逆向归纳法求解该子博弈。

假设批发价给定的情况下，在线零售商设置市场价格 p_e，最大化其利润：

$$\pi_e^{\mathrm{WI}} = (p_e - w_e)\left(1 - \frac{p_e - p_r}{1 - \theta}\right) + p_r\left(\frac{p_e - p_r}{1 - \theta} - \frac{p_r}{\theta}\right)\beta \tag{4.7}$$

同时，第三方零售商确定市场价格 p_r 最大化其利润：

$$\pi_r^{\mathrm{WI}} = p_r\left(\frac{p_e - p_r}{1 - \theta} - \frac{p_r}{\theta}\right)(1 - \beta) - w_r\left(\frac{p_e - p_r}{1 - \theta} - \frac{p_r}{\theta}\right) \tag{4.8}$$

考虑到在线零售商和第三方零售商的反应，制造商分别同时确定批发

价 w_e 和 w_r（Wang 等，2020），最大化其利润：

$$\pi_m^{\mathrm{WI}} = w_e\left(1 - \frac{p_e - p_r}{1 - \theta}\right) + w_r\left(\frac{p_e - p_r}{1 - \theta} - \frac{p_r}{\theta}\right) \tag{4.9}$$

根据式（4.7）、式（4.8）以及式（4.9）列出的利润函数，使用逆向归纳法可以得到引理 4.2。

引理 4.2 在 WI 下，最优的批发价、市场价格、相应的销售量以及均衡利润分别为：

（1）$w_e^{\mathrm{WI}*} = \dfrac{1}{2}(1 - \theta\beta)$，$w_r^{\mathrm{WI}*} = \dfrac{1}{2}\theta(1 - \beta)$，$p_e^{\mathrm{WI}*} = \dfrac{6 - (3 + \beta)\theta}{8 - (2 + 2\beta)\theta}$，

$p_r^{\mathrm{WI}*} = \dfrac{[5 - (2 + \beta)\theta]\,\theta}{8 - (2 + 2\beta)\theta}$，$q_e^{\mathrm{WI}*} = \dfrac{2 - \beta\theta}{8 - (2 + 2\beta)\theta}$，和 $q_r^{\mathrm{WI}*} = \dfrac{1}{8 - (2 + 2\beta)\theta}$；

（2）$\pi_e^{\mathrm{WI}*} = \dfrac{4 + (1 + \beta)\beta^2\theta^3 - (7\beta^2 + 2\beta)\theta^2 + (11\beta - 4)\theta}{4(4 - \beta\theta - \theta)^2}$，

$\pi_m^{\mathrm{WI}*} = \dfrac{2 + \beta^2\theta^2 - (4\beta - 1)\theta}{16 - 4\beta\theta - 4\theta}$，和 $\pi_r^{\mathrm{WI}*} = \dfrac{(1 + \beta)(1 - \theta)\theta}{4(4 - \beta\theta - \theta)^2}$。

推论 4.1 在 WI 下，$\partial w_e^{\mathrm{WI}*}/\partial\beta < 0$，$\partial w_r^{\mathrm{WI}*}/\partial\beta < 0$；$\partial p_e^{\mathrm{WI}*}/\partial\beta > 0$，$\partial p_r^{\mathrm{WI}*}/\partial\beta > 0$；$\partial q_e^{\mathrm{WI}*}/\partial\beta < 0$，$\partial q_r^{\mathrm{WI}*}/\partial\beta > 0$。

在 WI 下，在线零售商的利润来自两部分：一部分来自转售商品的销售收入，一部分来自第三方零售商支付的平台使用费。平台费率 β 越高表明在线零售商从平台使用费中获取的利润越多。另外，平台使用费是第三方零售商收益的一部分。所以，随着平台费率 β 的增加，在线零售商偏好通过增加市场价格限制转售的商品数量，从而增加第三方零售商的市场销量。随着第三方零售商销量的增加，其收益也会增加，从而在线零售商收取的平台使用费也会相应地增加。由于市场销量增加，所以第三方零售商会增加其市场价格。面对在线零售商和第三方零售商的市场价格的增加，制造商为了获取最大的收益，必须降低两者的批发价。

推论 4.2 在 WI 下，$\partial w_e^{\mathrm{WI}*}/\partial\theta < 0$，$\partial w_r^{\mathrm{WI}*}/\partial\theta > 0$；$\partial p_e^{\mathrm{WI}*}/\partial\theta < 0$，$\partial p_r^{\mathrm{WI}*}/\partial\theta > 0$；$\partial q_e^{\mathrm{WI}*}/\partial\theta > 0$，$\partial q_r^{\mathrm{WI}*}/\partial\theta > 0$。

在 WI 下，折扣系数 θ 越大，第三方零售商的市场需求量越大。因此，第三方零售商会提高市场价格。对于在线零售商来说，其感受到的竞争压力会越大，所以会降低市场价格来增加市场需求量。为了获取最大的利润，制造商就会均衡两者的销量，即降低在线零售商的批发价，同时增

加第三方零售商的批发价。

4.3.3 代售模式且不引入第三方在线渠道（AN）

在 AN 下，制造商并不引入第三方在线渠道，其仅仅通过代售模式直接销售商品。制造商直接将商品销售给在线消费者，并将收益的一部分作为平台使用费支付给在线零售商。在线零售商的利润来自平台使用费，其并不做决策。

因此，制造商设置市场价格 p_m 最大化其利润：

$$\pi_m^{\text{AN}} = p_m(1 - p_m)(1 - \beta) - (1 - p_m)c \tag{4.10}$$

由于在线零售商的利润来自在线零售商支付的平台使用费，所以其利润函数为：

$$\pi_e^{\text{AN}} = p_m(1 - p_m)\beta \tag{4.11}$$

根据式（4.10）、式（4.11）列出的利润函数，使用逆向归纳法可以得到引理4.3。

引理4.3 在 AN 下，最优的市场价格、相应的市场销量，以及均衡的利润分别为：

(1) $p_m^{\text{AN}*} = \dfrac{1 + c - \beta}{2 - 2\beta}$ 和 $q_m^{\text{AN}*} = \dfrac{1 - c - \beta}{2 - 2\beta}$；

(2) $\pi_e^{\text{AN}*} = \dfrac{(1 - \beta - c)(1 - \beta + c)\beta}{4(1 - \beta)^2}$ 和 $\pi_m^{\text{AN}*} = \dfrac{(1 - \beta - c)^2}{4 - 4\beta}$。

4.3.4 代售模式且引入第三方在线渠道（AI）

在 AI 下，制造商选择代售模式且引入第三方在线渠道，此时，制造商除了通过在线零售商的在线平台直接销售商品之外，还批发商品给第三方零售商，第三方零售商再通过在线零售商的在线平台销售商品。在线零售商收取制造商和第三方零售商的一部分收益作为平台使用费。使用逆向归纳法求解该子博弈。

在给定批发价的情况下，制造商设置市场价格 p_m 最大化其利润：

$$\pi_m^{\text{AI}} = p_m\left(1 - \frac{p_m - p_r}{1 - \theta}\right)(1 - \beta) - c\left(1 - \frac{p_m - p_r}{1 - \theta}\right) + w_r\left(\frac{p_m - p_r}{1 - \theta} - \frac{p_r}{\theta}\right)$$

$$\tag{4.12}$$

同时，第三方零售商设置市场价格 p_r 最大化其利润：

$$\pi_r^{\text{AI}} = p_r \left(\frac{p_m - p_r}{1 - \theta} - \frac{p_r}{\theta} \right) (1 - \beta) - w_r \left(\frac{p_m - p_r}{1 - \theta} - \frac{p_r}{\theta} \right) \tag{4.13}$$

然后，制造商确定批发价 w_r，运用式（4.12）最大化其利润。

在线零售商的利润来自制造商和第三方零售商支付的平台使用费，所以其利润函数为：

$$\pi_e^{\text{AI}} = p_m \left(1 - \frac{p_m - p_r}{1 - \theta} \right) \beta + p_r \left(\frac{p_m - p_r}{1 - \theta} - \frac{p_r}{\theta} \right) \beta \tag{4.14}$$

根据式（4.12）、式（4.13）以及式（4.14）列出的利润函数，使用逆向归纳法可以得到引理 4.4。

引理 4.4 在 AI 下，最优的批发价、市场价格、相应的销售量以及均衡利润分别为：

(1) $w_r^{\text{AI}*} = \dfrac{(8 + \theta - \beta\theta - c\theta - 8\beta)\theta}{16 + 2\theta}$, $p_m^{\text{AI}*} = \dfrac{(1 + 3c - \beta)\theta + 8 + 8c - 8\beta}{2(1 - \beta)(8 + \theta)}$,

$p_r^{\text{AI}*} = \dfrac{[(1 + c - \beta)\theta + 8 + 4c - 8\beta]\theta}{2(1 - \beta)(8 + \theta)}$, $q_m^{\text{AI}*} = \dfrac{(\beta + c - 1)\theta^2 + (7\beta + c - 7)\theta - 8\beta - 8c + 8}{2(1 - \theta)(1 - \beta)(8 + \theta)}$, 和

$q_r^{\text{AI}*} = \dfrac{c(2 + \theta)}{(1 - \theta)(1 - \beta)(8 + \theta)}$;

(2) $\pi_e^{\text{AI}*} = \dfrac{[(5c^2 - \beta^2 + 2\beta - 1)\theta^3 + (23c^2 - 15\beta^2 + 30\beta - 15)\theta^2 - 48(1 - \beta)^2\theta + 64(1 - \beta - c)(1 - \beta + c)]\beta}{4(1 - \theta)(1 - \beta)^2(8 + \theta)^2}$,

$\pi_m^{\text{AI}*} = \dfrac{(8 - \theta^2)(1 - \beta - c)^2 + (14\beta - 14\beta c - 7\beta^2 - 3c^2 + 14c - 7)\theta}{4(1 - \theta)(1 - \beta)(8 + \theta)}$, $\pi_r^{\text{AI}*} = \dfrac{(2 + \theta)^2 c^2 \theta}{(1 - \theta)(1 - \beta)(8 + \theta)^2}$。

推论 4.3 在 AI 下，$\partial w_r^{\text{AI}*} / \partial \beta < 0$；$\partial p_m^{\text{AI}*} / \partial \beta > 0$，$\partial p_r^{\text{AI}*} / \partial \beta > 0$；$\partial q_m^{\text{AI}*} / \partial \beta < 0$，$\partial q_r^{\text{AI}*} / \partial \beta > 0$。

在 AI 下，制造商的利润来自两部分：第一部分来自直接销售商品的收益；第二部分来自向第三方零售商批发商品。当制造商通过在线零售商直接销售商品时，其需要向在线零售商支付一定比例的收益作为平台使用费，但是向第三方零售商批发商品，平台使用费由第三方零售商支付。因此，随着 β 的增加，即平台费率的增加，制造商为了规避支付更多的平台使用费，其更愿意通过向第三方零售商批发商品获取利润。由于制造商有权利设置市场价格，以及可以控制第三方在线渠道的批发价，所以，制造商会采取提高市场价格来降低市场销量，以及降低批发价来提高第三方零

售商的订货量的方法，增加第三方零售商的市场销售量。对于第三方零售商来说，面对增加的市场需求，其会提高市场价格。推论 4.3 反映了制造商使用第三方在线渠道减少平台使用费支出的现象。

推论 4.4　在 AI 下，$\partial w_r^{AI*}/\partial c < 0$；$\partial p_m^{AI*}/\partial c > 0$，$\partial p_r^{AI*}/\partial c > 0$；$\partial q_m^{AI*}/\partial c < 0$，$\partial q_r^{AI*}/\partial c > 0$。

在 AI 下，制造商的利润来自两部分。另外，制造商有权利设置市场价格，以及可以控制第三方在线渠道的批发价。随着 c 的增加，制造商的销售效率降低。为了减少低的销售效率带来的损失，制造商会更倾向于通过向第三方零售商批发商品获取利润，即限制直接销售的商品的数量，而增加第三方在线渠道的销售量。因此，制造商会采取与推论 4.3 中相同的方法来增加第三方零售商的市场销售量。对于第三方零售商来说，面对增加的市场需求，其会提高市场价格。推论 4.4 反映了制造商通过第三方在线渠道来减少其低的销售效率造成的损失的现象。

推论 4.5　在 AI 下，$\partial w_r^{AI*}/\partial \theta > 0$；$\partial p_m^{AI*}/\partial \theta > 0$，$\partial p_r^{AI*}/\partial \theta > 0$；$\partial q_m^{AI*}/\partial \theta < 0$，$\partial q_r^{AI*}/\partial \theta > 0$。

在 AI 下，折扣系数 θ 越大，制造商从第三方在线渠道获取的利润越多，即可以在第三方在线渠道设置更高的批发价。因此，制造商更倾向于通过第三方在线渠道来减少平台使用费的支出和直接销售商品的低效率带来的损失。另外，折扣系数 θ 越大，制造商和第三方零售商之间的竞争越激烈。所以，制造商越倾向于限制直接销售商品，从而增加第三方在线渠道的销售量，即制造商使用第三方在线渠道去缓解两者之间的竞争。基于以上原因，制造商偏好增加直接销售商品的市场价格，从而增加第三方在线渠道的销售量。对于第三方零售商来说，面对增加的市场需求，其会提高市场价格。推论 4.5 反映了随着折扣系数 θ 的增加，制造商更倾向于使用第三方在线渠道来减少平台使用费的支出和直接销售商品的低效率带来的损失，同时，使用该渠道来缓解竞争。

4.4 决策分析

4.4.1 第三方在线渠道的引入策略

本小节主要分析在批发模式和代售模式下，制造商引入第三方在线渠道的策略，以及第三方在线渠道对于制造商的作用。

在批发模式下，对比引理 4.1、引理 4.2 中制造商的均衡利润，可以得到制造商关于是否引入第三方在线渠道的决策，从而有定理 4.1。

定理 4.1 在批发模式下，当 $\beta < (7 - \sqrt{49 - 24\theta})/(4\theta)$ 且 $0 < \theta < 1$ 时，制造商总是引入第三方在线渠道；当 $\beta > (7 - \sqrt{49 - 24\theta})/(4\theta)$ 且 $0 < \theta < 1$ 时，制造商总是不引入第三方在线渠道。

定理 4.1 表明在批发模式下，制造商是否引入第三方在线渠道主要受平台费率高低的影响。如果平台费率比较低，则引入；如果平台费率比较高，则不引入。在批发模式下，制造商将商品批发给在线零售商，然后，在线零售商将商品销售给在线消费者。当制造商引入第三方在线渠道时，制造商还会将商品批发给第三方零售商。因此，在该在线平台上，第三方零售商与在线零售商共同竞争在线消费者。对于制造商来说，引入第三方在线渠道会使在线零售商的垄断状况变为在线零售商与第三方零售商的竞争情况，从而增加了市场销售量，使制造商收益增加。然而，在线零售商的利润包括两部分，一部分来自销售商品的收入，一部分来自向第三方零售商收取的平台使用费。当平台费率比较高时，在线零售商会提高市场价格降低销量，从而增加第三方零售商的销售量，目的是增加通过收取平台使用费获取的收入。而第三方零售商面对增加的销售量，也会提高市场价格。面对市场价格的增加，制造商不得不降低批发价，从而造成了一定的损失（见推论 4.1）。换句话说，平台费率可以缓解在线零售商与第三方零售商之间的竞争，竞争的缓解造成了制造商的损失。因此，当平台费率比较高时，其并不会引入第三方在线渠道。

在代售模式下，对比引理 4.3、引理 4.4 中制造商的均衡利润，可以得到制造商关于是否引入第三方在线渠道的决策，从而有定理 4.2。

定理 4.2　在代售模式下，制造商总是引入第三方在线渠道。

定理 4.2 表明，在代售模式下，制造商总是愿意引入第三方在线渠道。在代售模式下，制造商通过在线零售商直接销售商品，其有权利控制市场价格。另外，当制造商引入第三方在线渠道时，其又将商品批发给第三方零售商，在支付平台使用费后第三方零售商将商品直接销售给在线消费者。因此，制造商和第三方零售商会为在线消费者发生竞争。然而，制造商的利润不仅来源于直接销售商品，还来源于向第三方零售商批发商品。并且，制造商在代售模式下有权利控制市场价格，所以制造商总是可以提高直接销售的市场价格来降低销量，从而增加第三方在线渠道的销售量，此行为在一定程度上缓解了双方的竞争。另外，当制造商直接销售商品时，其会产生低的销售效率和平台使用费支出的损失，但是，制造商总是可以通过引入第三方在线渠道，使用第三方在线渠道来减少该损失（见推论 4.5）。基于以上分析，制造商总是偏好引入第三方在线渠道。

4.4.2　在线销售模式的选择

本小节首先分析在线零售商对销售模式的选择，然后再分析制造商对销售模式的选择（由于本书 1.2 节中陈述的原因，所以也对制造商的销售模式选择进行了研究），最后对比分析双方的选择，观察是否存在一定的条件使双方具有偏好相同的销售模式，即帕累托改进区域（双赢区域）。

下面，我们分析在线零售商关于销售模式的选择。首先，分析在两种销售模式下，制造商都引入第三方在线道的情况下，折扣系数 θ 对于在线零售商利润的影响；再分析在线零售商关于销售模式的选择。

推论 4.6　当制造商在两种销售模式下都引入第三方在线渠道时：在代售模式下，$\partial \pi_e^{AI*} / \partial \theta < 0$；在批发模式下，当 $\beta < \beta^\Delta$ 时，$\partial \pi_e^{RI*} / \partial \theta < 0$，当 $\beta > \beta^\Delta$ 时，$\partial \pi_e^{RI*} / \partial \theta > 0$。关于 β^Δ 的存在性详见附录。

在代售模式下，在线零售商的利润来自制造商和第三方零售商支付的平台使用费。折扣系数 θ 越大，制造商越倾向于通过第三方在线渠道来缓解竞争，同时通过该渠道减少平台使用费的支出和直接销售商品的低效率带来的损失，即折扣系数 θ 越大，制造商越倾向于限制直接的销售量，从而增加第三方在线渠道的销售量（见推论 4.5）。因此，在线零售商收取的制造商的平台使用费减少而收取的第三方零售商的平台使用费增加。由于第三方在线渠道的收益主要被制造商以批发价的形式获取，而剩下的由第三方零售商和在线零售商根据平台费率来分配的部分非常少；所以，折扣系数 θ 越大，在线零售商的利润越低。

在批发模式下，在线零售商的利润也来自两部分：第一部分是转售商品的收益，第二部分是向第三方零售商收取的平台使用费。随着折扣系数 θ 的增加，一方面在线零售商受到的来自第三方零售商的竞争变大，因此，在线零售商的第一部分收益降低；另一方面，第三方零售商会吸引更多的消费者，其收益会变大，因而在线零售商的第二部分收益变大。当平台费率比较低时，在线零售商从第三方零售商处获取的平台使用费比较少，第一部分的收益占主导，所以随着 θ 的增加（竞争的增加），其利润减少；当平台费率比较高时，在线零售商从第三方零售商处获取的平台使用费比较多，第二部分收益占主导，所以随着 θ 的增加，其利润增加。

下面，我们分两种情况研究在线零售商销售模式的选择。当平台费率 $\beta < (7 - \sqrt{49 - 24\theta})/(4\theta)$ 时，两种销售模式下制造商都引入第三方在线渠道，对比引理 4.2 和引理 4.4 中在线零售商的均衡利润，即对比 $\pi_e^{\mathrm{WI}*}$ 和 $\pi_e^{\mathrm{AI}*}$，可以得到此时在线零售商关于销售模式的选择；当 $\beta > (7 - \sqrt{49 - 24\theta})/(4\theta)$ 时，仅在代售模式下制造商引入第三方在线渠道，对比引理 4.1 和引理 4.4 中在线零售商的均衡利润，即对比 $\pi_e^{\mathrm{WN}*}$ 和 $\pi_e^{\mathrm{AI}*}$，可以得到此时在线零售商关于销售模式的选择。

由于均衡利润比较复杂，本章结合以上的分析结论，用数值分析来研究在线零售商对销售模式的选择。因为所有的均衡利润中只包含三个参数，即 c、β 和 θ，因此，仅对 c 赋予不同的值，然后参考 Jerath 和 Zhang（2010）和 Yan 等（2018）的研究，将另外两个参数对于决策的影响画在图上。按照制造商的销售效率由高到低，分别赋予 $c = 0.001$，$c = 0.03$，$c = 0.1$，$c = 0.3$，$c = 0.4$。通过赋值，我们可以画出图 4.2。为了确保所有的参与者的利润都是正值，需要满足 $q_m^{\mathrm{AI}*} > 0$，且 $q_m^{\mathrm{AN}*} > 0$，即 $(\beta + c - 1)\theta^2 + (7\beta + c - 7)\theta - 8\beta - 8c + 8 > 0$ 且 $1 - \beta - c > 0$。下面的分析都满足以上的限制条件。

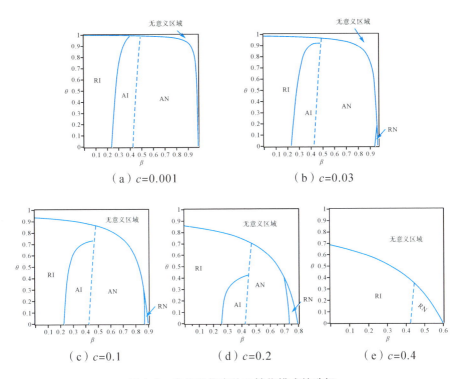

（a）$c=0.001$　　　　　　　　（b）$c=0.03$

（c）$c=0.1$　　　　　　（d）$c=0.2$　　　　　　（e）$c=0.4$

图 4.2　在线零售商关于销售模式的选择

注：图中虚线表示 $\beta = (7 - \sqrt{49 - 24\theta})/(4\theta)$。

讨论 4.1　当 $\beta < (7 - \sqrt{49 - 24\theta})/(4\theta)$ 时（图 4.2 中每张图虚线的左边），在线零售商关于销售模式的选择为：①从图 4.2（e）中可以得到，当制造商销售效率非常低时，在线零售商总是选择批发模式。②从图 4.2（a）中可以得到，当制造商销售效率非常高时，如果平台费率比较低，则在线零售商选择批发模式；如果平台费率比较高，则在线零售商选择代售模式；如果平台费率居中，折扣系数 θ 比较大，则在线零售商会选择批发模式，反之，折扣系数 θ 比较小，则会选择代售模式。③从图 4.2（b），（c）和（d）中可以发现，当制造商销售效率不处于两个极端情况时，如果平台费率比较低，则在线零售商选择批发模式；如果平台费率比较高，且折扣系数 θ 比较大（比较小），则在线零售商会选择批发模式（代售模式）。

通过以上的讨论，我们可以发现当制造商的销售效率处于两个极端情况时，制造商的销售效率成为影响销售模式选择的关键因素。因此，本章主要关注制造商的销售效率不处于两个极端时的情况，图 4.2（b），（c）和（d）显示了该情况。在该情况下，如果折扣系数 θ 比较大，即便平台费率比较高，在线零售商也偏好选择批发模式。因为制造商在两种销售模式下都引入了第三方在线渠道，所以以上结论的原因可以从推论 4.6 中得到。根据推论 4.6，在代售模式下，随着折扣系数 θ 变大，在线零售商的利润总是变小；然而，在批发模式下，如果平台费率比较大，则折扣系数 θ 越大，在线零售商的利润越大。基于此，当平台费率很高时，比较大的折扣系数 θ 使在线零售商的利润在批发模式下比在代售模式下更大，所以在线零售商选择批发模式。

讨论 4.2 当 $\beta > (7 - \sqrt{49 - 24\theta})/(4\theta)$ 时（图 4.2 中每张图虚线的右边），在线零售商关于销售模式的选择为：①从图 4.2（e）中可以得到，当制造商销售效率非常低时，在线零售商总是选择批发模式。②从图 4.2（a）中可以得到，当制造商销售效率非常高时，在线零售商总是会选择代售模式。③从图 4.2（b），（c）和（d）中可以发现，当制造商销售效率不处于两个极端情况时，如果平台费率非常高，在线零售商总是选择批发模式。

与讨论 4.1 相似，本章主要关注制造商的销售效率不处于两个极端时的情况，即图 4.2（b），（c）和（d）。通过以上的讨论可以发现，当制造商销售效率不处于两个极端情况时，即便平台费率非常高，在线零售商也会选择批发模式。在代售模式下，在线零售商的利润来自第三方零售商和制造商支付的平台使用费。随着平台费率变高，制造商更倾向于使用第三方在线渠道来减少平台使用费的支出。在第三方在线渠道中，制造商以批发价的形式获取了该渠道中的大部分收益，剩下的根据平台费率在第三方零售商和在线零售商之间分配的部分比较少，在线零售商获取的收益更低。随着平台费率变得非常高，制造商使用第三方在线渠道减少平台使用费支出的现象越明显，从而使在线零售商的利润变小。在批发模式下，平台费率越高，在线零售商和第三方零售商的竞争越弱，从而在线零售商的利润越大（见推论 4.6）。因此，当平台费率非常高时，在线零售商在批发模式下获取的利润比在代售模式下获取的利润更大，在线零售商偏好选择批发模式。

由于本书 1.2 节研究思路中陈述的原因，所以本章不仅研究了在线零售商的销售模式选择，而且分析了制造商的销售模式选择。关于制造商的销售模式选择，本章首先分析在不同的销售模式下第三方在线渠道对于制造商利润的影响，然后再分两种情况分析制造商的销售模式选择。

推论 4.7　当制造商在两种销售模式下都引入第三方在线渠道时：在代售模式下，$\partial \pi_m^{\mathrm{AI}*} / \partial \theta > 0$；在批发模式下，$\partial \pi_m^{\mathrm{WI}*} / \partial \theta > 0$。

在代售模式下，由于制造商有权利设置市场价格，所以其不仅可以通过第三方在线渠道来缓解竞争，还可以使用该渠道减少平台使用费的支出和直接销售商品的低效率带来的损失，即制造商可以降低市场价格来限制直接的销售量，从而增加第三方在线渠道的销售量（见推论 4.5）。折扣系数 θ 的增加，尽管增加了制造商与第三方零售商之间的市场竞争，但是以上的现象也越发明显。所以，折扣系数 θ 越大，制造商的利润越大。在批发模式下，随着折扣系数 θ 的增加，一方面增加了制造商在第三方在线渠道的批发价，另一方面增加了市场竞争，提高了市场销售量，所以制造商的利润随着折扣系数 θ 的增加而增加。

与分析在线零售商关于销售模式选择时相同，本章同样分两种情况来分析制造商关于销售模式的选择，即 $\beta < (7 - \sqrt{49 - 24\theta})/(4\theta)$ 和 $\beta > (7 - \sqrt{49 - 24\theta})/(4\theta)$。当 $\beta < (7 - \sqrt{49 - 24\theta})/(4\theta)$ 时，对比 $\pi_m^{\mathrm{WI}*}$ 和 $\pi_m^{\mathrm{AI}*}$；当 $\beta > (7 - \sqrt{49 - 24\theta})/(4\theta)$ 时，对比 $\pi_m^{\mathrm{WN}*}$ 和 $\pi_m^{\mathrm{AI}*}$。为了对比在线零售商和制造商关于销售模式的偏好，此处同样为参数 c 分别赋值为 $c = 0.001$，$c = 0.03$，$c = 0.1$，$c = 0.2$ 和 $c = 0.4$，从而得到图 4.3。图中虚线表示 $\beta = (7 - \sqrt{49 - 24\theta})/(4\theta)$。

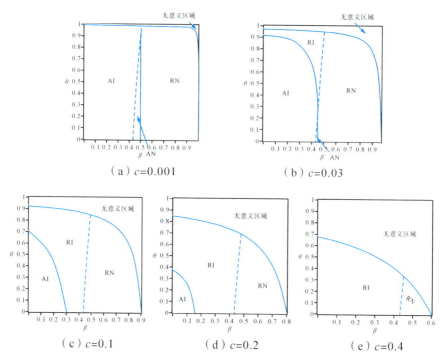

（a）$c=0.001$　　　　（b）$c=0.03$

（c）$c=0.1$　　（d）$c=0.2$　　（e）$c=0.4$

图 4.3　制造商关于销售模式的选择

注：图中虚线表示 $\beta = (7 - \sqrt{49 - 24\theta})/(4\theta)$。

讨论 4.3　当 $\beta < (7 - \sqrt{49 - 24\theta})/(4\theta)$ 时（图 4.3 中每张图虚线的左边），制造商关于销售模式的选择为：①从图 4.3（a）可以发现，当制造商销售效率非常高时，制造商总是偏好代售模式。②从图 4.3（e）可以发现，当制造商销售效率非常低时，制造商总是偏好批发模式。③从图 4.3（b）可以发现，当制造商的销售效率相对比较高时，如果折扣系数 θ 比较大（小），则制造商偏好批发模式（代售模式）。④从图 4.3（c）和（d）可以发现，当制造商的销售效率相对比较低时，如果平台费率比较高，则制造商总是偏好批发模式；如果平台费率比较低且折扣系数 θ 比较大，则制造商偏好批发模式（代售模式）。

此处，仍然关注制造商的销售效率不处于两个极端时的情况，即图 4.3（b），（c）和（d）。从中可以发现，当制造商的销售效率不处于两个极端情况时，即便平台费率很低，当折扣系数 θ 比较大时，制造商也会偏好批发模式。因为，此时在两种销售模式下，制造商都会引入第三方在线渠道，所以从推论 4.7 中可以得到以上结论的原因。根据推论 4.7，在批发模式下，随着折扣系数 θ 的增加，不但第三方在线渠道中制造商收取的批发价会提高，而且第三方零售商和在线零售商的市场竞争会加剧，因此，折扣系数 θ 的增加最终使制造商获益；在代售模式下，随着折扣系数 θ 的增加，制造商总是偏好使用第三方在线渠道来减少平台使用费的支出以及直接销售的低效率带来的损失，从而使制造商获益。进一步，在批发模式下，当平台费率比较低时，在线零售商和第三方零售商的竞争会更加激烈（见推论 4.6），因此，制造商可以获取更多的收益。然而，在代售模式下，随着平台费率变低，制造商通过使用第三方在线渠道来减少平台使用费支出的作用不是很明显。综上所述，当平台费率比较低且折扣系数 θ 比较大时，制造商更偏好选择批发模式。

讨论 4.4 当 $\beta > (7 - \sqrt{49 - 24\theta})/(4\theta)$ 时（图 4.3 中每张图虚线的右边），制造商关于销售模式的选择为：①从图 4.3（c），（d）和（e）中可以发现，当制造商的销售效率相对比较低时，制造商总是偏好批发模式；②从图 4.3（a）和（b）中可以发现，当制造商的销售效率相对比较高时，如果平台费率比较低（高），制造商偏好代售模式（批发模式）。

根据以上的讨论，可以发现，当平台费率比较高时，制造商偏好批发模式，这主要是因为平台费率的提高使制造商需要支付更多的平台使用费。

下面对比在线零售商和制造商关于销售模式的选择。当制造商的销售效率非常高或者非常低时，制造商的销售效率会成为影响销售模式选择的关键因素。因此，本章去除该情况，即 $c = 0.001$ 和 $c = 0.4$ 的情况。本章主要关注当制造商的销售效率不处于极端时的情况，即 $c = 0.03$，$c = 0.1$，和 $c = 0.2$ 的情况。通过对比制造商和在线零售商关于销售模式的选择，或者通过对比图 4.2（b），（c）和（d）与图 4.3（b），（c）和（d），可以得到两个帕累托改进区域，即两个双赢区域，讨论 4.5 总结了该结论，图 4.4 显示了两个帕累托改进区域。图中的虚线表示 $\beta = (7 - \sqrt{49 - 24\theta})/(4\theta)$。

讨论 4.5 当 $\beta < (7 - \sqrt{49 - 24\theta})/(4\theta)$，且制造商的销售效率不处于极端情况时，如果折扣系数 θ 比较大，则在线零售商和制造商都偏好批发模式；当 $\beta > (7 - \sqrt{49 - 24\theta})/(4\theta)$，且制造商的销售效率不处于极端情况时，如果平台费率非常高，则在线零售商和制造商都偏好批发模式。

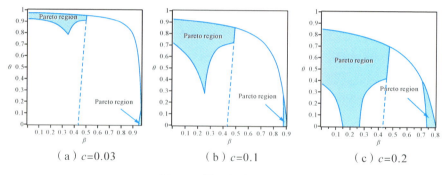

（a）$c=0.03$ （b）$c=0.1$ （c）$c=0.2$

图 4.4   帕累托改进区域

注：图中虚线表示 $\beta = (7 - \sqrt{49 - 24\theta})/(4\theta)$。

4.4.3   第三方零售商在不同销售模式下的发展策略

为了获取更多的在线消费者，第三方零售商会提高折扣系数 θ，即增加消费者购买商品时获得的效用。比如，滔博运动，作为一个第三方零售商，邀请京东为其销售的商品提供质量担保。然而，在不同的销售模式下，第三方零售商应该提高折扣系数 θ 吗？下面的定理 4.3 总结了该结论。

定理 4.3   在代售模式下，第三方零售商应该增加消费者购买商品时获得的效用；然而，在批发模式下，第三方零售商应该将消费者购买商品时获得的效用保持在一个恰当的水平。

在代售模式下，随着折扣系数 θ 的增加，一方面第三方零售商可以吸引更多的消费者，另一方面制造商更倾向于通过第三方在线渠道来减少平台使用费的支出和低的销售效率带来的损失，从而会增加第三方零售商的销售数量。因此，在代售模式下，两方面的因素共同使第三方零售商的利润随着折扣系数 θ 的增加而增加。然而，在批发模式下，随着折扣系数 θ 的增加，一方面第三方零售商可以吸引更多的消费者，从而增加利润，另一方面在线零售商为了应对第三方零售商的竞争，其会降低市场价格来吸引消费者，而制造商为了维持均衡，总是会提高第三方零售商的批发价而降低在线零售商的批发价，因而第三方零售商的利润会降低。当折扣系数 θ 比较小的时候，第一个因素占主导，第三方零售商会从提高折扣系数 θ 中获取利润；但是，当折扣系数 θ 比较大时，第二个因素占主导，第三方零售商提高折扣系数 θ 会使利润降低。因此，在批发模式下，第三方零售商应该将消费者获取的效用保持在一个恰当的水平。

当折扣系数 θ 比较大时，在线零售商和制造商会选择批发模式。然而，在批发模式下，第三方零售商往往期望将折扣系数 θ 保持在一个恰当的水平，此行为将会减少在线零售商和制造商的利润。根据实际情况，制造商在与第三方零售商讨价还价的过程中，往往拥有更强的市场权力，制造商可以通过引入多个第三方零售商、签订关于折扣系数的合同等多种方式促使第三方零售商提高折扣系数 θ。因此，第三方零售商可能使折扣系数 θ 保持在一个较高的水平，此点可作为未来的一个研究方向。

推论 4.8 在批发模式下，平台费率越高，第三方零售商的利润越小，即 $\partial \pi_r^{RI*} / \partial \beta < 0$；然而，在代售模式下，平台费率越高，第三方零售商的利润会越大，即 $\partial \pi_r^{AI*} / \partial \beta > 0$。

推论 4.8 表明，尽管平台费率越高意味着第三方零售商要支付更多的平台使用费，但是在代售模式下，高的平台费率意味着第三方零售商能够获取更多的利润。在代售模式下，随着平台费率的增加，制造商为了规避平台使用费的支出，会抑制直接销售的商品数量，增加第三方零售商的销售数量。销售量增加带来的收益总是大于平台使用费增加带来的损失，所以在代售模式下，第三方零售商总是偏好高的平台费率。在批发模式下，随着平台费率的增加，在线零售商为了避免竞争带来的损失，也会减少销售量，从而增加第三方零售商的销售量。然而，制造商为了获取更大的利润，会提高第三方零售商的批发价，再加上平台使用费支出的增加，所以，在批发模式下，平台费率的增加总是减少第三方零售商的利润。

4.5 本章小结

针对一个在线零售商、一个制造商和一个第三方零售商组成的在线供应链，本章分析了四个方案，即批发模式不引入第三方在线渠道（WN）、批发模式引入第三方在线渠道（WI）、代售模式不引入第三方在线渠道（AN）、代售模式引入第三方在线渠道（AI），在此基础上，获得了各个方案下供应链各方的最优决策；在代售模式和批发模式下分析了制造商引入第三方在线渠道的策略及第三方在线渠道对于制造商的作用，根据第三方在线渠道的引入策略分别研究了制造商和在线零售商关于销售模式的选择，进一步研究了第三方零售商的发展策略，得到了如下主要结论：

①在批发模式下，尽管引入第三方在线渠道可以增加市场竞争，从而增加销售量，但是制造商并不应该总是引入该渠道。在线零售商不仅从销售商品中获益，还向第三方零售商收取平台使用费，平台使用费的存在可以缓解在线零售商和第三方零售商的竞争，当平台费率足够高时，双方的竞争会变弱，制造商就无法从竞争中获益。此时，制造商不应该引入该渠道。在代售模式下，制造商为了规避平台使用费的支付以及减少低的销售效率带来的损失，总是偏好引入第三方在线渠道。

②当第三方在线渠道在两种销售模式下都被引入且制造商的销售效率不处于极端情况时，如果第三方在线渠道的折扣系数比较大，无论平台费率的高低，选择批发模式对双方都有利；当仅在代售模式下引入第三方在线渠道且制造商的销售效率不处于极端情况时，如果平台费率比较高，则选择批发模式同样对双方都有利。

③对于第三方零售商来说，在代售模式下，第三方在线渠道的折扣系数越大，其利润越高；在批发模式下，当该折扣系数比较小时，折扣系数越大，其利润越高，然而，当该折扣系数比较大时，折扣系数越大，其利润反而越小。另外，在代售模式下，平台费率越高，第三方零售商的利润越高。

结合以上结论，可以得到如下管理启示：

①当制造商通过在线零售商销售商品时，其并不总是可以引入第三方在线渠道作为渠道补充。在批发模式下，比较高的平台费率总是可以缓解在线零售商和第三方零售商之间的竞争，制造商的利润会受损，所以，只有当平台费率比较低时，制造商引入该渠道才可以从竞争中增加利润；在代售模式下，制造商总是可以引入该渠道来规避平台使用费和低的销售效率带来的损失。

②对于制造商和在线零售商双方来说，在一定情况下双方都应该选择批发模式。当平台费率比较低且制造商的销售效率不处于极端情况时，如果消费者对第三方在线渠道的接受程度比较高，选择批发模式对双方都有利；当平台费率比较高且制造商的销售效率不处于极端情况时，选择批发模式同样对双方都有利。

③对于第三方零售商来说，其并不应该总是提高消费者购物时获得的效用。在代售模式下，第三方零售商应该提高消费者购物时获得的效用；在批发模式下，第三方零售商应该将消费者购物时获得的效用控制在一个居中的水平。另外，在代售模式下，平台费率越高，第三方零售商越应该参与制造商的商品销售。

5 考虑在线零售商自营二手商品的情形下溢出效应对在线销售模式选择的影响研究

5.1 引言

随着在线零售的发展，制造商和在线零售商有两种销售模式可以选择，一种是代售模式，一种是批发模式（张旭梅 等，2020；Zhang，2020）。具体地，在批发模式下，在线零售商先向制造商采购商品，然后再确定市场价格并将商品销售给在线消费者；在代售模式下，制造商确定市场价格并通过在线零售商直接将产品销售给在线消费者，但是需要将收益的一部分作为平台使用费支付给在线零售商。两种销售模式最关键的区别是市场价格决策权的归属，其中，在代售模式下，市场价格决策权属于制造商，在批发模式下，市场价格决策权属于在线零售商（Zennyo，2020）。

随着在线销售的快速发展，线上销售对线下销售产生了巨大的影响，该影响是销售模式选择的一个重要因素（Yan 等，2018；Abhishek 等，2016）。Yan 等（2018）和 Abhishek 等（2016）将线上销售对线下销售的影响统称为溢出效应，其中负的溢出效应指线上销售会减少线下的需求。实际中，大部分商品表现为此种情况，比如服装、鞋帽、计算机、手机、家用电器等；正的溢出效应指在线销售的增加反而会促进线下的需求，比如 DVD、书籍等（Smith 和 Telang，2010；Hilton 和 Willey，2010）。

另外，随着在线销售的快速发展，线上二手商品的交易也得到了快速的发展。其中，凭借着吸引的大量消费者，许多在线零售商为了获取更多的利润也开始自营二手商品，比如，亚马逊自营二手手机[①]，国美在其平台上通过国美管家销售二手电子、电器类商品等[②]，苏宁通过苏宁二手优品销售二手电子类产品[③]等。特别地，随着消费者环保意识的增强，以及为了打消消费者对于二手商品质量的顾虑，在线零售商在网络上不仅仅展示二手商品的细节，还以其信誉为担保展示二手商品的质检报告等信息（详见附录中图 C.5.5），可以预见，二手商品和新品的竞争会越来越激烈。

综上所述，制造商的线上销售对于其线下销售的影响是销售模式选择的一个重要因素（Yan 等，2018；Abhishek 等，2016），然而，当在线零售商自营二手商品时，二手商品既与制造商在线上竞争，又影响制造商的线下销售，那么，销售模式的选择会变成一个更加复杂的问题。因此，本章构建了包含一个制造商和一个在线零售商的供应链，使用博弈论的方法，试图回答以下问题：第一，在代售模式或批发模式下，溢出效应是如何影响制造商的线上利润和线下利润的，二手商品又会对该过程产生什么影响？第二，在代售模式或批发模式下，制造商的行为又是如何影响在线零售商从新品和二手商品中获取收益的？第三，制造商和在线零售商关于销售模式的选择分别是什么？双方的选择是否存在帕累托改进区域？

与本章相关的文献主要包括销售模式的选择，以及二手商品的相关研究。关于销售模式的选择，许多学者发现了一些影响选择的重要因素，比如，促销努力程度（Hagiu 和 Wright，2015）、订单完成成本和上游竞争（Tian 等，2018）、订单完成成本和下游竞争（Liu 等，2020）、捆绑销售（Geng 等，2018）、在线评论（Kwark 等，2017）、竞争的制造商的领导跟随关系（Wei 等，2020a）、促销时的零售竞争（Chen 等，2020）、附加服务（张旭梅 等，2019；2020）、在线零售商自有品牌（李佩 等，2019）等。其中，如 Hagiu 和 Wright（2015）、Tian 等（2018）、Geng 等（2018）、Kwark 等（2017）、张旭梅等（2019）等主要考虑在线零售商的销售模式选择；如 Liu 等（2020）、Wei 等（2020a）、Chen 等（2020）等主要研究制造商的销售模式选择。基于本书 1.2 节陈述的原因，本章既考虑在线零售商的销售模式选择，又考虑制造商的销售模式选择。另外，与本章最相关的是考虑溢出效应时销售模式的选择，Yan 等（2018）研究了存在批发模式的情况下，溢出效应对于引入代售模式的影响，发现当溢出效应比较大时，制造商偏好引入代售模式，从而控制市场价格；Abhishek 等（2016）研究了溢出效应对于竞争的在线零售商的销售模式选择的影响，发现在均衡的情况下，在线零售商在负的溢出效应时偏好代售模式，另外，他指出制造商也偏好代售模式，主要是因为可以控制市场价格；马敬佩等（2020）针对信息产品，研究了溢出效应对于销售模式选择的影响，发现当溢出效应比较大时（绝对值大），制造商偏好代售模式；反之，则偏好批发模式。以上文献都指出制造商偏好选择代售模式，从而可以控制市场价格，保护和促进线下销售。Abhishek 等（2016）指出在线零售商在负的溢出效应下偏好选择代售模式。关于二手商品的研究，Choi 等（2018）和 Mutha 等（2019）主要关注的是二手商品的回收渠道；Feng 等（2019）研究了二手商品和新品竞争的问题；Esenduran 等（2020）研究了二手商品的在线销售渠道的问题；Shen 等（2020）研究了在线零售商平台上二手商品的质量问题。以上文献，特别是研究溢出效应影响销售模式选择的文献为本书提供了坚实的理论基础，但是都没有涉及本章研究的关键问题。

5.2　模型描述

考虑一个制造商和一个在线零售商构成的在线供应链。其中，制造商通过在线零售商销售新品，在线零售商利用其信誉、网络技术、以及吸引的大量消费者，还在线自营该产品的二手商品，本书 1.1 节阐述了新品和二手商品的线上竞争。另外，本章把溢出效应作为一个重要因素进行研究，参考行业的大多数情况，假设制造商也线下销售该新品，进一步参考溢出效应的文献［Yan 等（2018），Abhishek 等（2016）和马敬佩等（2020）］，下文对制造商的线下利润函数进行了特别的刻画。

5.2.1　在线销售

在线销售过程中，制造商通过在线零售商将新品销售给在线消费者，在线零售商和制造商的销售模式可以选择代售模式或批发模式。在代售模式下，假设平台费率为 $\beta \in (0, 1)$，其是一个外生变量。尽管制造商还需要每年支付固定的会员费，但是该会员费非常少，假设其可以忽略不计

（Tian 等，2018；Liu 等，2020）。在销售模式选择的文献中，针对平台费率，许多文献都做了以上假设（Tian 等，2018；Geng 等，2018；Liu 等，2020；Wei 等，2020a）。在该模式下，制造商以 p_n 的市场价格直接通过在线零售商将新品销售给在线消费者，然后将收益的 β 倍作为平台使用费支付给在线零售商，收益的（$1 - \beta$）倍作为其利润。在批发模式下，在线零售商先以批发价 w 采购新品，然后再以市场价格 p_n 将新品销售给在线消费者。另外，在线零售商也自营该产品的二手商品，假设其以市场价格 p_o 将产品销售给在线消费者（Shen 等，2020）。

在新品和二手商品竞争的情况下，参考 Feng 等（2019）和 Shen 等（2020）的文献对于需求函数的设置，假设新品的质量为 1，二手商品的平均质量为 $\mu \in (0, 1)$，从而，一个典型消费者购买新产品获得的效用是 $v - p_n$，购买二手商品获得的效用为 $\mu v - p_o$，因此，可以获得新品的需求函数为：

$$q_n = 1 - (p_n - p_o)/(1 - \mu) \tag{5.1}$$

二手商品需求的需求函数为：

$$q_o = (p_n - p_o)/(1 - \mu) - p_o/\mu \tag{5.2}$$

另外，为了让消费者打消对二手商品质量的顾虑，在线零售商往往把二手商品的质量信息以质检报告等形式公布在其购买网站上（详见附录中图 C.5.5），所以假设二手商品的质量信息是对称的。

参考研究销售模式的文献，如 Tian 等（2018）、Geng 等（2018）、Kwark 等（2017）、Liu 等（2020）、Chen 等（2020）等，本章假设生产成本和销售成本为零。

决策顺序为：在代售模式下，制造商先决策新品的市场价格，然后在线零售商决策二手商品的市场价格；在批发模式下，制造商首先决策新品的批发价，然后在线零售商再决策新品的市场价格，接着在线零售商决策二手商品的市场价格。其中，为了反映实际情况，假设二手商品的市场价格总是在新品的市场价格之后决策（Shen 等，2020）。

5.2.2　在线销售的溢出效应

参考 Yan 等（2018）和 Abhishek 等（2016），线上销售会对制造商的线下销售产生巨大的影响，即产生溢出效应。参考此类文献，本章对溢出效应做出相同的假设。用 τ 表示每一单位的线上销售对于制造商线下销售的影响，下文统称为溢出效应系数。当 $-1 < \tau < 0$ 时，表示线上销售会减少制造商的线下销售，即每一单位的线上销售会减少 τ 单位的线下销售；当 $1 > \tau > 0$ 时，表示线上销售会促进制造商的线下销售，即每一单位的线上销售会提高 τ 单位的线下销售。由于本章既考虑了制造商在线销售新品，又考虑了在线零售商会在线销售该产品的二手商品，所以两者都会对制造商的线下销售造成影响。并且，由于在线产品的质量越低，对线下销售的影响越小（马敬佩 等，2020），因此，二手商品的销售对于制造商线下销售的影响小于新品，用 τq_n 表示新品的线上销售对制造商线下销售的影响，$\tau \mu q_o$ 表示二手商品线上销售对于制造商线下销售的影响。假设制造商线下销售的市场价格为 1，基础的销售量为 Q，基于此，制造商线下销售的销售量可以刻画为 $Q + \tau(q_n + \mu q_o)$，制造商从线下传统渠道获取的利润为 $[Q + \tau(q_n + \mu q_o)] \times 1$。

5.3　均衡分析

该小节将分别计算代售模式和批发模式下制造商和在线零售商的最优决策以及均衡利润。用上标"A"和"W"分别表示代售模式和批发模式，用上标"$*$"表示最优解。用下标"m"和"e"分别表示制造商和在线零售商。

5.3.1　代售模式

在代售模式下，制造商以市场价格 p_n 直接将新品销售给在线消费者，并将收益的 β 倍作为平台使用费支付给在线零售商。另外，在线零售商以市场价格 p_o 将二手商品销售给在线消费者。线上销售的新品和二手商品对于制造商的线下销售都有影响，根据溢出效应的假设，制造商从传统线下渠道获得的利润为 $[Q + \tau(q_n + \mu q_o)] \times 1$。

因此，制造商的利润函数为：
$$\pi_m^A = q_n p_n (1 - \beta) + [Q + \tau(q_n + \mu q_o)] \times 1 \tag{5.3}$$
在线零售商的利润既包括制造商支付的平台使用费，还包括自营二手商品获得的利润，因此其利润函数为：
$$\pi_e^A = q_n p_n \beta + q_o p_o \tag{5.4}$$

决策顺序为：制造商首先确定 p_n，然后在线零售商决策 p_o。结合式（5.1）、式（5.2）中的需求函数，根据式（5.3）、式（5.4）中的利润函数，使用逆向归纳法，可以得到制造商和在线零售商的最优决策和均衡利润，从而有引理 5.1。其中，为了保证所有渠道的销售量不为负，需要满足 $\beta - 1 < \tau < 1 - \beta$。

引理 5.1　在代售模式下，制造商和在线零售商的最优决策和均衡利润如下：

（1）新品以及二手商品最优的市场价格分别为：

$$p_n^{A*} = \frac{(1-\tau-\beta)(1-\mu)}{(2-\beta\mu-\mu)(1-\beta)}, \quad p_o^{A*} = \frac{(1-\tau-\beta)(1-\mu)(1+\beta)\mu}{2(2-\beta\mu-\mu)(1-\beta)};$$

（2）新品和二手商品最优的销售量为：

$$q_n^{A*} = \frac{1-\beta+\tau}{2-2\beta}, \quad q_o^{A*} = \frac{1-\beta-\tau}{4-2\beta\mu-2\mu};$$

（3）制造商和在线零售商的均衡利润为：

$$\pi_m^{A*} = \frac{(1+2\mu\tau-\mu)\,\beta^2 + (2\mu-2\mu\tau-2\tau-2)\,\beta-\mu-\tau^2+\tau^2+2\tau+1}{2\,(2-\beta\mu-\mu)\,(1-\beta)} + Q,$$

$$\pi_e^{A*} = \frac{(1-\mu)\,(1-\tau-\beta)\,(3\beta^3-4\beta^2-\mu\tau\beta^2-\mu\beta^2-3\mu\beta-2\mu\tau\beta+4\tau\beta+4\beta-\mu\tau+\mu)}{4\,(2-\beta\mu-\mu)^2(1-\beta)^2}。$$

由引理 5.1 可知，$\partial p_n^{A*}/\partial\tau < 0$，$\partial q_n^{A*}/\partial\tau > 0$，$\partial p_o^{A*}/\partial\tau < 0$，$\partial q_o^{A*}/\partial\tau < 0$，这表明随着溢出效应系数 τ 的增加，新品的市场价格越低，市场销量越高，而二手商品的市场价格和销量都会降低。具体地，在正的溢出效应下（τ 是正值），线上销售（包含新品和二手商品）对于制造商的线下销售具有促进作用，τ 越大，促进作用越明显，由于制造商掌握新品的市场价格决策权，所以其会扭曲地降低新品的市场价格来增加新品的销售量，即增加线上的销售量，从而促进其线下销售。由于在线零售商的二手商品跟随制造商的新品定价，所以二手商品也会降低市场价格。尽管二手商品的市场价格降低了，但是随着 τ 的增加，制造商提高新品销售的动机会变得更加强烈，所以二手商品面对的竞争愈发激烈，从而使二手商品的销售量减少。在负的溢出效应下（τ 是负值），线上销售（包含新品和二手商品）会减少制造商的线下销售，τ 越小（溢出效应越明显），减少的程度越高，制造商越偏好扭曲地提高新品的市场价格来减少其销售量，即减少线上销售，从而保护线下销售。然而，随着新品的市场价格提高以及市场销售的减少，

二手商品会在提高市场价格的同时，侵占新品的原有市场，乘机扩大销售量。换句话说，在负的溢出效应下，随着 τ 的增加，新品的市场价格越低，市场销量越高，而二手商品的市场价格和销量都会越低。结合以上分析，可以发现，无论是在正的溢出效应还是负的溢出效应下，随着 τ 的变化，新品的销售量和二手商品的销售量呈现相反的变化，即随着 τ 的增加（减少），新品销量增加（减少），二手商品的销量减少（增加）。

5.3.2 批发模式

在批发模式下，制造商将新品以 w 的价格批发给在线零售商，在线零售商以市场价格 p_n 将新品销售给在线消费者。另外，在线零售商以市场价格 p_o 将二手商品销售给在线消费者。线上销售的新品和二手商品对于制造商的线下销售都有影响，根据溢出效应的假设，制造商从线下获取的利润为 $[Q + \tau(q_n + \mu q_o)] \times 1$。

因此，制造商的利润函数为：

$$\pi_m^W = q_n w + [Q + \tau(q_n + \mu q_o)] \times 1 \tag{5.5}$$

在线零售商的利润函数为：

$$\pi_e^W = q_n(p_n - w) + q_o p_o \tag{5.6}$$

决策顺序为：制造商首先决策 w，其次在线零售商决策 p_n，最后在线零售商决策 p_o。结合式（5.1）、式（5.2）中的需求函数，根据式（5.5）、式（5.6）中的利润函数，使用逆向归纳法，可以得到制造商和在线零售商的最优决策和均衡利润，从而有引理 5.2。

引理 5.2   在批发模式下，制造商和在线零售商的最优决策和均衡利润如下：

（1）新品的批发价、新品和二手商品的市场价格分别为：

$$w^{W*} = \frac{(1-\tau)(1-\mu)}{2}, \quad p_n^{W*} = \frac{1}{2} + \frac{(1-\tau)(1-\mu)}{4}, \quad p_o^{W*} = \frac{\mu}{2};$$

（2）新品和二手商品最优的销售量为：

$$q_n^{W*} = \frac{1+\tau}{4}, \quad q_o^{W*} = \frac{1-\tau}{4};$$

（3）制造商和在线零售商的最优利润分别为：

$$\pi_m^{W*} = \frac{(1-\mu)\ \tau^2 + 2\mu\tau + 2\tau - \mu + 1}{8} + Q, \quad \pi_e^{W*} = \frac{(1-\mu)\ \tau^2 - 2\mu\tau + 2\tau + 3\mu + 1}{16}。$$

由引理 5.2 可知，$\partial q_n^{W*}/\partial \tau > 0$，$\partial q_o^{W*}/\partial \tau < 0$，这表明与代售模式相同，随着溢出效应系数 τ 的增加，新品的市场销量越高，而二手商品的市场销量越低。与代售模式不同的是，在批发模式下，制造商无法掌握市场价格决策权，只能通过批发价间接地改变市场价格。

5.4　在线销售模式的选择

本小节首先分析制造商的销售模式选择，其次再分析在线零售商的销售模式选择，最后对双方的选择进行比较。

5.4.1　制造商的销售模式选择

本小节首先分析两种销售模式下，溢出效应系数对于制造商的线上以及线下利润的影响；其次再比较两种销售模式下制造商的线下利润的大小；再次，再比较两种销售模式下制造商线上利润的大小；最后得到制造商关于销售模式的选择。用下标"mon"和"moff"分别表示制造商线上和线下的利润。

通过引理 5.1、引理 5.2 中的最优价格、最优销售量以及相应的利润函数，可以分别得到代售模式和批发模式下线上和线下的利润，然后求关于溢出效应系数 τ 的一阶导数，可以分别得到定理 5.1、定理 5.2。

定理 5.1　在代售模式下，溢出效应系数对于制造商线上和线下利润的影响如下：

（1）当 $\tau > 0$ 时，$\partial \pi_{\mathrm{mon}}^{A*}/\partial \tau < 0$。否则，当 $\tau < 0$ 时，$\partial \pi_{\mathrm{mon}}^{A*}/\partial \tau > 0$。

（2）当 $\tau > 0$ 时，$\partial \pi_{\mathrm{moff}}^{A*}/\partial \tau > 0$。当 $\tau < 0$ 时：如果 $\mu > 1/2$ 且 $\beta < \beta_1$，则 $\partial \pi_{\mathrm{moff}}^{A*}/\partial \tau > 0$；如果 $\mu > 1/2$ 且 $\beta > \beta_1$，或者 $\mu < 1/2$ 且 $0 < \beta < 1$，则 $\tau < \tau_1$，$\partial \pi_{\mathrm{moff}}^{A*}/\partial \tau < 0$，$\tau > \tau_1$，$\partial \pi_{\mathrm{moff}}^{A*}/\partial \tau > 0$。其中，$\beta_1 = \dfrac{2\mu - 1}{\mu}$；

$$\tau_1 = \frac{\beta\mu + \beta - 1 - \beta^2\mu}{2 - 2\mu}, \quad \tau_1 < 0。$$

定理 5.1（1）表明制造商的线上利润随着 τ 的增加先增加后减少，详见数值算例中的图 5.1。具体地，在正的溢出效应的情况下（$\tau > 0$），制造商的线上利润总是随着 τ 的增加而减少；在负的溢出效应的情况下

（$\tau < 0$），制造商的线上利润总是随着 τ 的增加而增加。这是因为在正的溢出效应下，线上销售可以促进制造商的线下销售，由于制造商在代售模式下有市场价格决策权，所以其总是通过扭曲地降低新品的市场价格来提高销售量，从而增加线下的需求。随着 τ 的增加，扭曲行为越明显，线上利润越小。在负的溢出效应下，线上销售会减少制造商的线下销售，因此，制造商会扭曲地提高新品的市场价格来减少销售量，从而保护其线下销售。τ 越大（溢出效应越不明显），线上销售减少线下销售的程度越不明显，制造商通过扭曲行为获得的利润越小，所以这种扭曲行为越弱，因此，随着 τ 的增加，制造商的线上利润也增加。

定理 5.1（2）的后半部分表明在考虑二手商品的情况下，面对负的溢出效应时（$\tau < 0$），存在二手商品对制造商保护线下销售努力的抵消现象。具体地，在第一种情况下，即当二手商品的质量比较高，且平台费率比较低时，制造商的线下利润总是随着 τ 的增加而增加；在第二种情况下，即二手商品的质量和平台费率都比较高时，或者当二手商品的质量比较低时，制造商的线下利润总是随着 τ 的增加先减少后增加。这里首先分析第一种情况，即当二手商品的质量比较高，且平台费率比较低时，制造商的线下利润总是随着 τ 的减少而减少，或者说，当 τ 最小的时候，线下的利润也是最小的。在面对负的溢出效应时，线上销售会减少制造商的线下销售，因此，制造商会扭曲地提高新品的市场价格来减少销售量，从而保护线下销售。τ 越小（溢出效应越明显），其扭曲行为越明显，制造商的线下利润应该是随着 τ 的减少而增加，但是，此处表现为线下利润随着 τ 的减少而减少，当 τ 最小的时候，线下的利润也是最小的。该结论原因如下。面对负的溢出效应时，制造商会扭曲地提高新品的市场价格从而减少销售量，然而，在线零售商会乘机大幅度地增加二手商品的销售量，二手商品销售量的增加同样会减少制造商的线下销售，因此在线零售商的行为会对制造商的努力形成抵消现象。一方面，当二手商品的质量比较高时，二手商品抵消制造商的努力的程度就比较高；另一方面，在线零售商的利润既来自制造商销售新品支付的平台使用费，又来自自营二手商品的利润收入，当平台费率比较低的时候，在线零售商从新品获取的利润会比较小，因此，在线零售商并不会过度地考虑二手商品对于新品的竞争。所以，当二手商品的质量比较高且平台费率比较低时（$\mu > 1/2$ 且 $\beta < \beta_1$），在线零售商的行为会完全抵消制造商的努力。因此，随着 τ 的变小，线上销售减

少线下销售的程度越明显，制造商的线下利润越小，见数值算例中的图5.2（c）。下文称制造商的努力被二手商品完全抵消的现象为强的抵消现象。下面解释第二种情况，分两类进行分析。第一类，当二手商品的质量比较高且平台费率比较高时（$\mu > 1/2$ 且 $\beta > \beta_1$），由于平台费率比较高，在线零售商从新品获得的利润比较大，此时，在线零售商会充分地考虑二手商品销售量的增加对于新品产生的竞争，因此，二手商品与新品的竞争会得到缓解。具体表现为，当 τ 比较小时，制造商的扭曲程度比较高，即制造商的努力程度比较高，但是由于竞争程度比较低，所以制造商的努力没有被二手商品完全抵消，制造商的线下利润随着 τ 的减少而增加，下文将制造商的努力没有被二手商品完全抵消的现象称为弱的抵消现象；当 τ 比较大时，制造商的扭曲程度比较低，或者说制造商的努力程度比较低，所以，尽管竞争程度比较低，但是仍然完全抵消了制造商的努力，此时，制造商的线下利润随着 τ 的减少而减少，由于是完全抵消现象，所以我们仍然称该现象为强的抵消现象。因此，当二手商品的质量比较高且平台费率比较高时，存在强弱抵消现象并存的局面，详见数值算例中的图5.2（d）。第二类，当二手商品的质量比较低时（$\mu < 1/2$ 且 $0 < \beta < 1$），由于二手商品的质量比较低，竞争比较弱，所以表现为强弱抵消现象并存的局面，与二手商品质量比较高且平台费率比较高时相同。另外，可以证明在强弱抵消现象并存的情况下，平台费率的增加会使抵消程度减弱。具体地，在定理 5.1（2）中，求边界 τ_1 关于平台费率 β 的一阶导，可以得到 $\partial \tau_1 / \partial \beta > 0$。该结论表明在强弱抵消现象并存的情况下，平台费率越高，边界 τ_1 越大，即制造商的线下利润随着 τ 的增加而增加的区间范围越小，或者说强的抵消现象的区间范围在变小，弱的抵消现象的区间范围在增加。这说明在强弱抵消现象并存的情况下，平台费率的增加有利于抵消程度的减弱，原因是平台费率的增加缓解了竞争。另外，将第一种情况与第二种情况下的第一类进行比较，同样可以发现，平台费率增加后，强的抵消现象变成了强弱抵消现象并存的局面，这说明，平台费率的增加会使抵消程度减弱。总之，随着平台费率的增加，二手商品和新品的竞争程度减弱，所以无论是在强的抵消现象下还是在强弱抵消现象并存的情况下，平台费率的增加都可以削弱抵消程度。

定理 5.1（2）的前半部分表明，当面对正的溢出效应时（$\tau > 0$），τ 越大，制造商的线下利润越大，这是因为此时只存在弱的抵消现象。具体地，在负的溢出效应下，线上销售会减少制造商的线下销售，制造商不得不提高新品的价格来减少销量，相当于制造商在放弃原有的市场，并且二手商品可以在提高价格的情况下，增加销售量（见定理 5.1），因此，在线零售商提高二手商品的销售量的动机非常强烈，二手商品有可能完全抵消制造商的努力；然而在正的溢出效应下，线上销售会促进制造商的线下销售，制造商会降低新品的市场价格来增加销量，制造商并没有放弃原有的市场，相反，加大了对于二手商品的压力，所以，二手商品的销售量减少了，二手商品不会完全抵消制造商的努力。因此，在正的溢出效应下，不存在强的抵消现象，只存在弱的抵消现象，此处与负的溢出效应不同。由于只存在弱的抵消现象，所以 τ 越大，制造商的线下利润越大。

定理 5.2 在批发模式下，溢出效应系数对于制造商线上和线下利润的影响如下：

（1）当 $\tau > 0$ 时，$\partial \pi_{\mathrm{mon}}^{W*}/\partial \tau < 0$；否则，当 $\tau < 0$ 时，$\partial \pi_{\mathrm{mon}}^{W*}/\partial \tau > 0$。

（2）当 $\tau > 0$ 时，$\partial \pi_{\mathrm{moff}}^{W*}/\partial \tau > 0$。当 $\tau < 0$ 时，如果 $\mu > 1/3$，则 $\partial \pi_{\mathrm{moff}}^{W*}/\partial \tau > 0$；如果 $\mu < 1/3$，则 $\tau > \tau_2$，$\partial \pi_{\mathrm{moff}}^{W*}/\partial \tau > 0$，$\tau < \tau_2$，$\partial \pi_{\mathrm{moff}}^{W*}/\partial \tau < 0$。其中，$\tau_2 = \dfrac{1 + \mu}{2\mu - 2}$，$\tau_2 < 0$。

定理 5.2（1）详见数值算例中的图 5.1，定理 5.2（2）详见数值算例中的图 5.2（a）、图 5.2（b）。在批发模式下，一方面，溢出效应系数对于制造商线上利润的影响与代售模式相同，即制造商的线上利润随着 τ 的增加先增加后减少。另一方面，溢出效应系数对于制造商线下利润的影响与代售模式不完全相同，无论是代售模式还是批发模式都有抵消现象的发生，唯一不同的是，在批发模式下，没有平台费率，而在代售模式下，平台费率可以对抵消现象进行调节。

那么，在代售模式下，当平台费率比较低时，平台费率对于抵消现象的削弱程度有限，此时制造商的线下利润在哪种销售模式下更大？当平台费率比较高时，平台费率可以很大程度地削弱抵消现象，此时哪种销售模式下制造商的线下利润更大呢？为此，下文对比了两种销售模式下制造商的线下利润的大小。因为本章主要关注的是新品和二手商品的线上销售都存在的情况，所以，在代售模式下，为了保证所有的销售量不为负，需要保证 $\beta - 1 < \tau < 1 - \beta$。进一步，为了保证两种销售模式具有可比性，所以在以下所有的对比过程中，两种销售模式下都假设 $\beta - 1 < \tau < 1 - \beta$，并

且该限制条件也使下面的对比更具有现实意义。

定理 5.3　当 $\tau > 0$ 时，$\pi_{\text{moff}}^{A*} > \pi_{\text{moff}}^{W*}$。当 $\tau < 0$ 时：如果 $\beta < \beta_2$ 时，$\pi_{\text{moff}}^{A*} < \pi_{\text{moff}}^{W*}$；如果 $\beta > \beta_2$，则 $\tau > \tau_3$，$\pi_{\text{moff}}^{A*} < \pi_{\text{moff}}^{W*}$，$\tau < \tau_3$，$\pi_{\text{moff}}^{A*} > \pi_{\text{moff}}^{W*}$。

其中，$\tau_3 = \dfrac{\beta^2\mu^2 - 3\beta^2\mu + 2\beta\mu - \mu^2 + 2\beta + \mu - 2}{(1+\beta)(1-\mu)(2-\beta\mu+\mu)}$，且 $\tau_3 < 0$；

$$\beta_2 = \frac{2 + \mu - \mu^2 - \sqrt{4 + 4\mu + 9\mu^4 - 10\mu^3 - 3\mu^2}}{2\mu - 2\mu^2}。$$

定理 5.3 可以参见数值算例中的图 5.3。定理 5.3 表明，在正的溢出效应下，与批发模式相比，代售模式总是使制造商的线下利润更大。该结论说明在正的溢出效应下，由于只存在弱的抵消现象，所以抵消现象不是关键因素；因此，代售模式可以赋予制造商市场价格决策权，从而可以更好地促进线下销售。在负的溢出效应下，受平台费率的影响，当平台费率比较低时，批发模式下的线下利润总是大于代售模式下的线下利润；当平台费率比较高时，如果溢出效应系数比较大，则批发模式下的线下利润更大，反之，则代售模式下的更大。该结论表明，在负的溢出效应下，代售模式并不一定能够更好地保护线下销售。当平台费率比较低时，尽管在两种销售模式下都存在抵消现象，但是，相对于代售模式，批发模式在削弱该现象方面更有优势。具体地，在代售模式下，当平台费率比较低时，总是表现为强的抵消现象；在批发模式下，无论是新品还是二手商品的价格都是在线零售商做出决策，为了获得最大的利润，在线零售商会同时权衡两者的销售量，在一定程度上缓解了竞争，从而削弱了抵消现象。因此，批发模式下的制造商的线下利润比代售模式下更大。当平台费率比较高时，在代售模式下，在线零售商从新品中获得的利润比较大，所以在线零售商会充分地考虑二手商品销量的增加对于新品的竞争，此时抵消现象受溢出效应系数的影响。具体地，当 τ 比较小时，代售模式下主要表现为弱的抵消现象（见定理 5.1），所以，代售模式相对于批发模式可以更好地保护线下销售；当 τ 比较大时，代售模式下主要表现为强的抵消现象（见定理 5.1），所以批发模式又比代售模式更好。

为了能够给制造商的销售模式选择提供理论基础，我们也对比了两种销售模式下制造商的线上利润，即定理 5.4。

定理 5.4　当 $\beta > \beta_3$ 时，$\pi_{\text{mon}}^{W*} > \pi_{\text{mon}}^{A*}$。当 $\beta < \beta_3$ 时：如果 $\tau > \tau_5$ 或者 $\tau < \tau_4$，则 $\pi_{\text{mon}}^{W*} > \pi_{\text{mon}}^{A*}$；如果 $\tau_4 < \tau < \tau_5$，则 $\pi_{\text{mon}}^{W*} < \pi_{\text{mon}}^{A*}$。

其中，$\beta_3 = \dfrac{2+\mu}{4-\mu}$，$\tau_5 = \dfrac{\sqrt{2+4\beta^2+\mu-\beta^2\mu-6\beta}}{\sqrt{2\beta+\mu+2-\beta^2\mu}}$，$\tau_4 = -\tau_5$。

定理 5.4 详见数值算例图中的 5.4。定理 5.4 表明，当平台费率很高时，相对于代售模式，批发模式总是使制造商的线上利润更大。这主要是因为平台费率太高了，所以在代售模式下，制造商剩下的收益很小。当平台费率比较低时，其销售模式选择主要受溢出效应系数的影响，如果该系数的绝对值很大，即 τ 非常大或者非常小时，制造商从扭曲的行为中获取的线下利润非常大，所以总是牺牲其线上利润，又由于代售模式下制造商可以直接决策市场价格，而批发模式下制造商只能间接地通过批发价来控制市场价格，所以在代售模式下，制造商可以更大幅度地牺牲线上利润来获取线下的利润，因此，批发模式下的线上利润更大。相反，其通过扭曲行为获取的利润不高，所以代售模式下的线上利润更大。

下面，主要研究制造商的销售模式选择，通过对比制造商在代售模式和批发模式下的总利润，即对比定理 5.1、定理 5.2 中的第三项，可以得到定理 5.5。

定理 5.5　当 $\beta < \beta_4$ 时，溢出效应系数仅存在一个边界，即如果 $\tau < \tau_7$，则制造商选择批发模式，如果 $\tau > \tau_7$，制造商选择代售模式；当 $\beta_4 < \beta < \beta_5$ 时，溢出效应系数存在两个边界，如果 $\tau > \tau_7$ 或者 $\tau < \tau_6$，制造商选择代售模式，如果 $\tau_6 < \tau < \tau_7$，则选择批发模式；当 $\beta_5 < \beta < \beta_6$ 时，溢出效应系数又仅存在一个边界，如果 $\tau < \tau_7$，则制造商选择批发模式，如果 $\tau > \tau_7$，制造商选择代售模式；当 $\beta > \beta_6$ 时，制造商总是选择批发模式。

其中，$\beta_4 = \dfrac{(\sqrt{2}-\sqrt{2}\mu-2)\mu}{\mu^2-2\mu-1}$，$\beta_5 = \dfrac{(\sqrt{2}\mu-\sqrt{2}-2)\mu}{\mu^2-2\mu-1}$，$\beta_6 = \dfrac{2\sqrt{2-\mu}-2}{1-\mu}$，

$$\tau_6 = \dfrac{\beta^2\mu^2-3\beta^2\mu-2\beta\mu+\mu^2+2\beta+\mu-2-\sqrt{(\beta-\mu)^2(1-\beta)(2-\beta\mu-\mu)}}{(1+\beta)(1-\mu)(2-\beta\mu+\mu)},$$

$$\tau_7 = \dfrac{\beta^2\mu^2-3\beta^2\mu-2\beta\mu+\mu^2+2\beta+\mu-2+\sqrt{(\beta-\mu)^2(1-\beta)(2-\beta\mu-\mu)}}{(1+\beta)(1-\mu)(2-\beta\mu+\mu)}。$$

定理 5.5 见数值算例中的图 5.5。定理 5.5 表明制造商的销售模式选择主要受平台费率和溢出效应系数的影响。进一步分析定理 5.5，可以发现当溢出效应系数比较小时，该结论与以往结论完全不同。以往的结论表明，当溢出效应系数 τ 比较小时，制造商总是会选择代售模式，从而控制

市场价格（马敬佩 等，2019；Abhishek 等，2016）。本章的结论表明当溢出效应系数比较小时：如果平台费率比较低（$\beta < \beta_4$ 且 $\tau < \tau_7$），则制造商偏好选择批发模式；当平台费率增加后（$\beta_4 < \beta < \beta_5$ 且 $\tau < \tau_6$），制造商又偏好选择代售模式；当平台费率进一步增加达到一定程度时（$\beta_5 < \beta < \beta_6$ 且 $\tau < \tau_7$），制造商又偏好选择批发模式。下面主要就该结论进行分析。当 $\beta < \beta_4$ 且 $\tau < \tau_7$ 时，此时溢出效应系数 $\tau_7 < 0$，为负的溢出效应系数，且平台费率非常低，因此代售模式下总是存在强的抵消现象，而批发模式又可以更好地缓解竞争，从而削弱抵消现象，所以制造商选择批发模式。当 $\beta_4 < \beta < \beta_5$ 且 $\tau < \tau_6$ 时，此时溢出效应系数 $\tau_6 < 0$，为负的溢出效应系数，且平台费率的增加会削弱抵消现象，因此，当 τ 非常小时，代售模式下总是弱的抵消现象，所以制造商会选择代售模式。当 $\beta_5 < \beta < \beta_6$ 且 $\tau < \tau_7$ 时，平台费率进一步增加，当 τ 非常小时，代售模式下的抵消现象会更弱，然而平台费率的增加限制了 τ 不能非常小，如果 τ 非常小，则新品的线上销售量会为负，另外，很高的平台费率意味着在代售模式下制造商要支付更多的平台使用费给在线零售商，所以在有意义的区间内，当 $\tau < \tau_7$ 时，制造商总是偏好批发模式。

定理 5.5 还表明当平台费率非常高时，即 $\beta > \beta_6$ 时，无论溢出效应为正为负，制造商总是选择批发模式。最关键的原因是因为在面对二手商品的竞争的情况下，如果平台费率过高，溢出效应又非常大时（非常小时），新品（二手商品）的线上销售量会为负值。并且，过高的平台费率总是使代售模式下的制造商支付非常高的平台使用费，从而代售模式下的线上利润总是会低于批发模式下的线上利润（见定理 5.4），所以在本章研究的有意义的区间内，制造商总是选择批发模式。

定理 5.5 的其他情况与以往的研究结论并无明显的不同，即当溢出效应系数比较大时，制造商偏好代售模式，最主要原因是因为抵消作用不是主导因素（要么在正的溢出效应下是弱的抵消现象；要么在负的溢出效应下溢出效应系数接近于零，溢出效应不明显），而代售模式对于制造商的线下销售的保护作用成为主导因素。

5.4.2　在线零售商的销售模式选择

本小节首先分析两种销售模式下，溢出效应系数对于在线零售商的第一部分利润和第二部分利润的影响（其中，在线零售商第一部分利润在代售模式下指收取的平台使用费，在批发模式下指转售新品获取的利润，第二部分利润指销售二手商品获取的利润）；其次再比较两种销售模式下第一部分利润的大小；再次比较两种销售模式下第二部分利润的大小；最后比较在线零售商在不同销售模式下总利润的大小，得到在线零售商关于销售模式的选择。用下标"ef"和"es"分别表示第一部分利润和第二部分利润。注意，在线零售商的利润都来自线上销售。

通过引理5.1、引理5.2中的最优价格、最优销售量以及相应的利润函数，可以分别得到代售模式和批发模式下在线零售商第一部分和第二部分的利润，然后求关于溢出效应系数 τ 的一阶导数，可以分别得到定理5.6、定理5.7。

定理5.6　在代售模式下，溢出效应系数对于在线零售商第一部分和第二部分利润的影响如下：

（1）当 $\tau > 0$ 时，$\partial\pi_{ef}^{A*}/\partial\tau < 0$；当 $\tau < 0$ 时，$\partial\pi_{ef}^{A*}/\partial\tau > 0$。

（2）$\partial\pi_{es}^{A*}/\partial\tau < 0$。

定理5.6（1）表明在代售模式下，在线零售商的第一部分利润，即平台使用费的收入随着溢出效应系数 τ 的增加先增加后减少。这是因为平台使用费是制造商线上利润的 β 倍，所以溢出效应系数 τ 对该部分利润的影响与对制造商线上利润的影响一致（见定理5.1）。定理5.6（2）表明在线零售商的第二部分利润，即二手商品的利润随着溢出效应系数 τ 的增加而减少。在负的溢出效应下（τ 是负值），随着 τ 的增加，线上销售减少线下销售的程度减少，制造商的扭曲行为降低，即新品的市场价格降低，制造商把新品原来丢失的市场又抢占了回来，所以在线零售商的第二部分利润减少；在正的溢出效应下（τ 是正值），随着 τ 的增加，线上销售促进线下销售的程度增加，制造商的扭曲行为增加，即制造商会扭曲地降低新品的市场价格，制造商进一步侵占了二手商品的市场，所以在线零售商的第二部分利润也会减少。

定理5.7　在批发模式下，溢出效应系数对于在线零售商第一部分和第二部分利润的影响如下：

（1）$\partial\pi_{ef}^{W*}/\partial\tau > 0$；

（2）$\partial\pi_{es}^{W*}/\partial\tau < 0$。

定理5.7（1）表明在批发模式下，在线零售商的第一部分利润，即向制造商采购然后转售新品获取的利润随着溢出效应系数 τ 的增加而增加。

这是因为在批发模式下，制造商只能通过批发价来扭曲其市场价格。具体地，在负的溢出效应下（τ 是负值），随着 τ 的增加，线上销售减少线下销售的程度减少，制造商的扭曲行为降低，即新品的批发价降低；在正的溢出效应下（τ 是正值），随着 τ 的增加，线上销售促进线下销售的程度增加，制造商的扭曲行为增加，即制造商会扭曲地降低新品的批发价。因此，随着 τ 的增加制造商不断地降低批发价，从而减少了在线零售商获取新品的成本，或者说缓解了双重边际效应，所以第一部分利润在批发模式下随着 τ 的增加而增加。定理 5.7（2）与定理 5.6（2）的结论以及原因相同，此处不再赘述。

那么受溢出效应系数 τ 的影响，在线零售商的第一部分利润在哪种销售模式下更大呢？第二部分利润呢？因此，下面的定理 5.8、定理 5.9 总结了这两个问题。

定理 5.8 当 $\beta < \beta_7$ 时，$\pi_{\text{ef}}^{W*} > \pi_{\text{ef}}^{A*}$；当 $\beta > \beta_7$ 时，如果 $\tau > \tau_9$ 或者 $\tau < \tau_8$，$\pi_{\text{ef}}^{W*} > \pi_{\text{ef}}^{A*}$，如果 $\tau_8 < \tau < \tau_9$，$\pi_{\text{ef}}^{A*} > \pi_{\text{ef}}^{W*}$。

其中，β_7 的存在性详见附录。

$$\tau_8 = \frac{\left[(1-\beta)(\beta^2-1)\mu - 2(1-\beta)^2 - (1-\beta)\sqrt{\begin{array}{c}(\mu^4-8\mu^3+16\mu^2-8\mu)\beta^4+(4\mu^3-24\mu+16)\beta^3+ \\ (-2\mu^4+4\mu^3+20\mu^2-48\mu+32)\beta^2+ \\ (-12\mu^3+40\mu^2-32\mu)\beta+\mu^2(\mu-2)^2\end{array}} \right]}{(1+\beta)(1-\mu)(2+2\beta-\mu+2\beta\mu-\beta^2\mu)}$$

$$\tau_9 = \frac{\left[(1-\beta)(1-\beta^2)\mu + 2(1-\beta)^2 - (1-\beta)\sqrt{\begin{array}{c}(\mu^4-8\mu^3+16\mu^2-8\mu)\beta^4+(4\mu^3-24\mu+16)\beta^3+ \\ (-2\mu^4+4\mu^3+20\mu^2-48\mu+32)\beta^2+ \\ (-12\mu^3+40\mu^2-32\mu)\beta+\mu^2(\mu-2)^2\end{array}} \right]}{(1+\beta)(1-\mu)(2+2\beta-\mu+2\beta\mu-\beta^2\mu)}$$

定理 5.8 表明当平台费率比较低时，在线零售商的第一部分利润在批发模式下更大。当平台费率比较高时，则其受溢出效应系数 τ 的影响，当溢出效应比较明显时（τ 很大或很小时），第一部分利润在批发模式下更大；当溢出效应不明显时，则在代售模式下更大。在代售模式下，一方面比较低的平台费率意味着作为第一部分利润的平台使用费比较少；另一方面，由于比较低的平台费率意味着新品和二手商品在代售模式下竞争比较激烈，所以代售模式下制造商线上直接销售新品的利润也会降低，从而在线零售商获取的平台使用费也会减少。然而，在批发模式下，由于新品和二手商品的市场价格都是由在线零售商决策，所以在一定程度上缓解了两者之间的竞争。综上，当平台费率比较低时，第一部分利润在批发模式下更大。当平台费率比较高时，若溢出效应系数非常大或非常小，则第一部分利润在批发模式下依然更大。随着平台费率的增加，由于平台使用费的增加以及竞争的缓解，第一部分利润在代售模式下会增加。然而，当溢出效应系数非常大或非常小时，制造商的扭曲行为会非常严重，制造商的线上利润会非常小，且在代售模式下，第一部分利润来自在线零售商向制造商收取的平台使用费（制造商线上利润的 β 倍），所以第一部分利润也会非常小。综上，当平台费率比较高且溢出效应系数非常大或非常小时，批发模式下的第一部分利润依然更大。

定理 5.9 当 $\beta < \beta_8$ 时，$\pi_{es}^{W*} > \pi_{es}^{A*}$；当 $\beta_8 < \beta < \beta_9$ 时，如果 $\tau > \tau_{10}$，$\pi_{es}^{W*} > \pi_{es}^{A*}$，如果 $\tau < \tau_{10}$，则 $\pi_{es}^{A*} > \pi_{es}^{W*}$；当 $\beta > \beta_9$ 时，则 $\pi_{es}^{W*} > \pi_{es}^{A*}$。

其中，β_8，β_9 的存在性详见附录。

$$\tau_{10} = \frac{\left\{ \begin{array}{c} \sqrt{[(\beta-1)(\beta+1)^2\mu^2+4(\beta+1)^2\mu-8\beta^2-4\beta-4](2-\beta\mu-\mu)^2(\beta-1)} \\ -\beta^3\mu^2+(4-\mu^2)\beta^2-(4-\mu^2)\beta+\mu^2 \end{array} \right\}}{4(1+\beta)(\mu-1)}$$

定理 5.9 表明当平台费率比较低的时候，在线零售商第二部分利润在批发模式下更大。当平台费率增加时，受溢出效应系数的影响，当溢出效应系数很小时，代售模式下更大；当溢出效应系数很大时，批发模式下更大。当平台费率进一步增加，即非常大时，批发模式下总是更大。当平台费率比较低时，一方面，在代售模式下，由于平台费率比较低，在线零售商从平台使用费获取的利润比较少，所以二手商品与新品的竞争比较激烈（制造商确定新品的市场价格，在线零售商确定二手商品的市场价格）；另一方面，批发模式下新品和二手商品的市场价格都是由在线零售商决策，在一定程度上缓解了两者的竞争。综上，所以当平台费率比较低的时候，在线零售商的第二部分利润在批发模式下总是更大。当平台费率增加到一定程度时，如果溢出效应系数比较小，则第二部分利润在代售模式下会更大。这是因为：一方面，在代售模式下，随着平台费率增加，在线零售商从平台使用费中获取的利润增加，所以二手商品与新品的竞争得到缓解，二手商品在代售模式下的利润增加；另一方面，当溢出效应系数非常小时，制造商会扭曲地提高新品的市场价格来保护线下销售，此行为使二手商品可以大幅度地侵占新品原有的市场，二手商品的利润就会增加，并且与批发模式相比，在代售模式下，制造商有权控制市场价格，从而使扭曲行为更严重，二手商品的利润增加的幅度更大。综上，当平台费率增加到一定程度时，如果溢出效应系数比较小，则第二部分利润在代售模式下会更大。当平台费率进一步增加，即非常大时，批发模式下总是更大。这主要是因为，如果平台费率过高，溢出效应又非常大时（非常小时），新品（二手商品）的线上销售量会为负值，所以在本章研究的有意义的区间内，批发模式下会更大。

定理 5.10　当 $\beta < \beta_{10}$ 时，在线零售商总是选择批发模式。当 $\beta > \beta_{10}$ 时：溢出效应系数存在两个边界，如果 $\tau > \tau_{12}$ 或者 $\tau < \tau_{11}$，则在线零售商选择批发模式；如果 $\tau_{11} < \tau < \tau_{12}$，则在线零售商选择代售模式。其中，$\beta_{10}$ 的存在性详见附录；

$$\tau_{11} = \frac{\left\{ 2(\beta-1)\sqrt{\begin{array}{c}\left[\begin{array}{c}(\beta^4-2\beta^2+1)\mu^3+(-3\beta^4+2\beta^3+\beta^2-8\beta-4)\mu^2\\+(3\beta^4-2\beta^3+11\beta^2+12\beta)\mu-4\beta^3-8\beta^2\end{array}\right](2-\beta\mu-\mu)^2(\mu-1)+\\(\beta-1)(1-\mu)(1-\beta)[4+(1-\beta)^2\mu^2]\end{array}}\right\}}{(1+\beta)[(1+\beta)(1-\beta)^2\mu^2+(-4\beta^2+4\beta-8)\mu+4\beta+4](1-\mu)}$$

$$\tau_{12} = \frac{\left\{ -2(\beta-1)\sqrt{\begin{array}{c}\left[\begin{array}{c}(\beta^4-2\beta^2+1)\mu^3+(-3\beta^4+2\beta^3+\beta^2-8\beta-4)\mu^2\\+(3\beta^4-2\beta^3+11\beta^2+12\beta)\mu-4\beta^3-8\beta^2\end{array}\right](2-\beta\mu-\mu)^2(\mu-1)+\\(\beta-1)(1-\mu)(1-\beta)[4+(1-\beta)^2\mu^2]\end{array}}\right\}}{(1+\beta)[(1+\beta)(1-\beta)^2\mu^2+(-4\beta^2+4\beta-8)\mu+4\beta+4](1-\mu)}$$

当平台费率比较低时，在线零售商总是选择批发模式，这是因为此时无论是第一部分利润还是第二部分利润在批发模式下都更大（见定理 5.8、定理 5.9）。当平台费率比较高时，如果溢出效应系数非常小（$\tau < \tau_{11}$），在线零售商的第二部分利润在代售模式下比较大。然而，在此条件下，由于在代售模式下制造商有权利决策市场价格，所以其扭曲行为比在批发模式下更明显，制造商的在线利润会非常小，从而在线零售商收取的平台使用费也会非常低，即在线零售商的第一部分利润在批发模式下比较大。进一步，由于此时平台费率比较高，在代售模式下，在线零售商的第一部分利润占总利润的比重比较大，所以当平台费率比较高且溢出效应系数非常

小时，在线零售商总是选择批发模式。随着溢出效应系数的增加，无论在哪种销售模式下，在线零售商的第二部分利润都会不断地减少（见定理5.6、定理5.7），所以当溢出效应系数比较大时，在线零售商选择何种销售模式，主要判断第一部分的利润的大小。根据定理5.8，当 $\tau_{11} < \tau < \tau_{12}$ 时，在线零售商选择代售模式；当 $\tau > \tau_{12}$ 时，在线零售商选择批发模式。

5.4.3 帕累托改进区域

本小节主要对比制造商和在线零售商关于销售模式的选择，分析在何种条件下双方选择同一种销售模式，即双方帕累托改进区域（双赢区域）。由于在对比过程中，部分边界无法对比大小，所以在该情况下进行定性的描述，同时，忽略了部分不重要的情况。对比定理5.5和定理5.10，可以发现如下一系列的结论。（可以证明 $\beta_{10} < \beta_5$ 恒成立，详细证明见附录）

首先，可以发现当 $0 < \beta < min\{\beta_4, \beta_{10}\}$，且 $\tau < \tau_7$ 时，双方都偏好选择批发模式。即当平台费率比较低，且溢出效应系数也比较小时，双方都选择批发模式可以达到双赢。

其次，可以发现在 $max\{\beta_4, \beta_{10}\} < \beta < \beta_5$ 的情况下，制造商和在线零售商很难达到双赢。具体地，制造商在溢出效应明显时，偏好选择代售模式，溢出效应不明显时偏好选择批发模式；与制造商相反，在线零售商在溢出效应明显时，偏好选择批发模式，溢出效应不明显时偏好选择代售模式。

再次，当 $\beta_5 < \beta < \beta_6$ 时，如果 $\tau < min\{\tau_7, \tau_{11}\}$，那么双方都偏好选择批发模式。即当平台费率相对较高时，如果溢出效应系数比较小，那么双方选择批发模式可以达到双赢。

最后，当 $\beta > \beta_6$ 时，如果 $\tau > \tau_{12}$ 或者 $\tau < \tau_{11}$，那么双方都偏好选择批发模式。即当平台费率非常高时，如果溢出效应明显，那么双方选择批发模式可以达到双赢。

5.5 数值算例

为了更加直观地考察、验证以上的结论，本节将使用数值算例的方法进行分析。由于本书的最优解只包含四个参数，分别为 Q、μ、β、τ，所以下文始终令 $Q = 1$，然后各部分结合相应的结论，分别对 μ、β 赋予不同的数值来呈现在不同的情况下，溢出效应系数 τ 对于线上利润、线下利润以及供应商销售模式选择的影响。其中，为了保证所有渠道的销售量不为负，以及两种销售模式的可比性，有 $\beta - 1 < \tau < 1 - \beta$。图 5.1 中虚线表示代售模式，实线表示批发模式。

第一，分析在两种销售模式下，溢出效应对于制造商线上利润的影响。令 $\mu = 0.6$，$\beta = 0.1$，从图 5.1 可以看出，无论在哪种销售模式下，随着 τ 的增加，制造商的线上利润总是先增加后减少。具体地，在负的溢出效应下，随着 τ 的增加，制造商的线上利润总是增加；在正的溢出效应下，随着 τ 的增加，制造商的线上利润总是减少。以上结论见定理 5.1（1）、定理 5.2（1）。

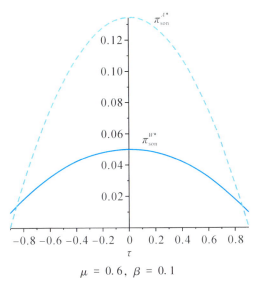

$$\mu = 0.6, \ \beta = 0.1$$

图 5.1　溢出效应系数 τ 对于制造商线上利润的影响

第二，分析在两种销售模式下，溢出效应系数对于制造商线下利润的影响。在批发模式下，考察 $\mu = 0.1$ 以及 $\mu = 0.7$ 两种情况；在代售模式下，令 $\mu = 0.7$，考察 $\beta = 0.1$、$\beta = 0.8$ 两种情况，此设置主要解释平台费率对于抵消现象的影响，如图 5.2 所示。在批发模式下：图 5.2（a）揭示了当二手商品质量比较高的时候，由于负的溢出效应下仅存在强的抵消现象，所以制造商的线下利润总是随着 τ 的增加而增加；图 5.2（b）显示由于二手商品的质量比较低，在负的溢出效应下存在强弱抵消现象并存的局面，所以，制造商的线下利润随着 τ 的增加先减少后增加。在代售模式下，平台费率会影响抵消现象，所以可以发现：在图 5.2（c）中，当平台费率比较低的时候，在负的溢出效应下仅存在强的抵消现象，所以制造商的线下利润总是随着 τ 的增加而增加；在图 5.2（d）中，当平台费率比较高的时候，在负的溢出效应下存在强弱抵消现象并存的局面，所以制造商的线下利润随着 τ 的增加先减少后增加。以上结论见定理 5.1（2）、定理 5.2（2）。

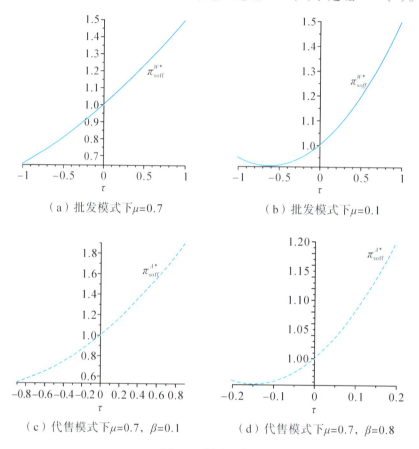

（a）批发模式下 $\mu=0.7$　　　　（b）批发模式下 $\mu=0.1$

（c）代售模式下 $\mu=0.7$、$\beta=0.1$　　　　（d）代售模式下 $\mu=0.7$、$\beta=0.8$

图 5.2　抵消现象

第三，对比两种销售模式下制造商线下利润的大小。令 $\mu=0.5$，分别考查平台费率为 $\beta=0.1$、$\beta=0.6$ 时的两种情况。观察图 5.3，可以发现：在正的溢出效应下，由于只存在弱的抵消现象，抵消现象不占主导，所以无论平台费率的高低，代售模式赋予制造商市场价格的决策权使制造商的线下利润在代售模式下总是比较大。在负的溢出效应下，当平台费率比较低的时候，代售模式下总是强的抵消现象，而批发模式可以更好地缓解竞争，削弱抵消现象，所以批发模式下的线下利润总是更大，即图 5.3（a）；

然而，当平台费率比较高的时候，代售模式下的抵消现象得到一定程度的缓解，所以受溢出效应系数的影响，如果溢出效应系数比较大，则批发模式下的线下利润更大。以上结论见定理5.3。

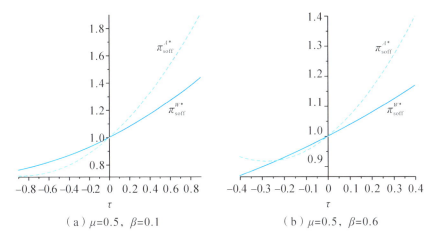

（a）$\mu=0.5$、$\beta=0.1$ （b）$\mu=0.5$、$\beta=0.6$

图5.3 制造商线下利润在两种销售模式下的对比

第四，对比不同销售模式下制造商线上利润的大小。令$\mu=0.6$，分别考查$\beta=0.1$、$\beta=0.8$的情况，如图5.4所示。在图5.4（a）中，平台费率比较低，如果溢出效应非常明显（非常大或者非常小），制造商的线上利润在批发模式下比较大；反之，在代售模式下更大。在图5.4（b）中，平台费率比较高，所以，无论溢出效应系数的大小，制造商的线上利润在批发模式下总是最大的，该结论见定理5.4。

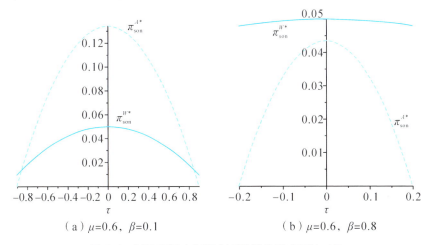

（a）$\mu=0.6$、$\beta=0.1$ （b）$\mu=0.6$、$\beta=0.8$

图5.4 制造商线上利润在两种销售模式下的对比

第五，在不同的平台费率以及溢出效应系数下，比较制造商的总利润在两种销售模式下的大小。令 $\mu = 0.4$，分别考查 $\beta = 0.1$、$\beta = 0.6$、$\beta = 0.8$、$\beta = 0.9$ 四种情况。观察图 5.5，可以发现与定理 5.5 相同的结论。图 5.5（a）表明，当平台费率非常低的时候，如果溢出效应系数非常小，则选择批发模式，如果溢出效应系数比较大，则选择代售模式；图 5.5（b）表明当平台费率增加到一定程度，则溢出效应系数非常大和非常小时选择代售模式，反之则选择批发模式；图 5.5（c）表明当平台费率进一步增加，则结论又与平台费率非常低时相同；当平台费率非常高时，则制造商应该选择批发模式，见图 5.5（d）。

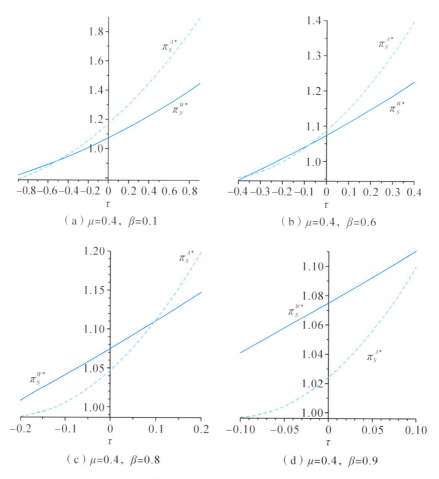

图 5.5　制造商总利润在两种销售模式下的对比

第六，首先，分析在两种销售模式下，溢出效应对于在线零售商第一部分利润的影响；其次，比较平台费率对于不同销售模式下第一部分利润大小的影响。令 $\mu = 0.5$，分别考察 $\beta = 0.1$、$\beta = 0.5$ 两种情况。从图5.6可以看出，在批发模式下，在线零售商的第一部分利润总是随着溢出效应系数的增加而增加；而在代售模式下，第一部分利润随着溢出效应系数总是先增加后减少，该结论见定理5.6（1）、定理5.7（1）。另外，从图5.6还可以发现，当平台费率比较低时，第一部分利润在批发模式下总是更大；而当平台费率比较高时，如果溢出效应明显，则批发模式下更大，如果溢出效应不明显，则代售模式下更大，该结论见定理5.8。

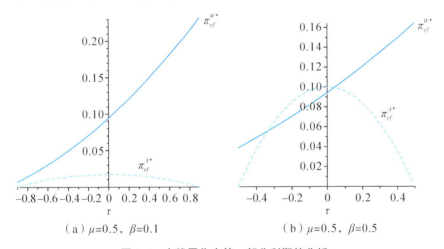

（a）$\mu = 0.5$，$\beta = 0.1$ （b）$\mu = 0.5$，$\beta = 0.5$

图5.6　在线零售商第一部分利润的分析

第七，首先，分析在两种销售模式下，溢出效应对于在线零售商第二部分利润的影响；其次，比较平台费率对于不同销售模式下第二部分利润大小的影响。令 $\mu = 0.5$，分别考察 $\beta = 0.1$、$\beta = 0.5$，以及 $\beta = 0.9$ 三种情况。从图5.7可以看出，无论是在代售模式还是批发模式下，在线零售商的第二部分利润总是随着溢出效应系数的增加而减少，该结论见定理5.6（2）、定理5.7（2）。另外，从图5.7还可以发现，当平台费率比较低时，第二部分利润在批发模式下总是更大；而当平台费率居中时，如果溢出效应系数比较小，则代售模式下更大，如果溢出效应比较大，则批发模式下更大；当平台费率非常高时，第二部分利润在批发模式下总是更大，该结论见定理5.9。

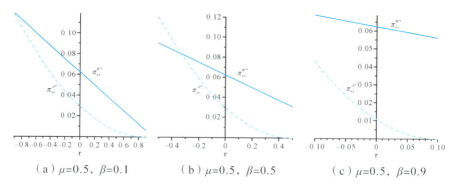

（a）$\mu=0.5$，$\beta=0.1$ （b）$\mu=0.5$，$\beta=0.5$ （c）$\mu=0.5$，$\beta=0.9$

图 5.7　在线零售商第二部分利润的分析

第八，在不同的平台费率以及溢出效应系数下，比较制造商的总利润在两种销售模式下的大小。令 $\mu=0.5$，为了更加明显地呈现结论，分别考察 $\beta=0.3$、$\beta=0.7$ 两种情况。从图 5.8 可以发现，当平台费率比较低时，在线零售商总是会选择批发模式；当平台费率比较高时，如果溢出效应明显，在线零售商会选择批发模式，如果溢出效应不明显，在线零售商会选择代售模式，该结论见定理 5.10。

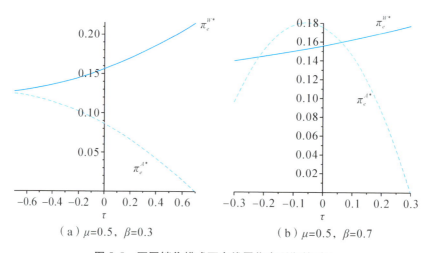

（a）$\mu=0.5$，$\beta=0.3$ （b）$\mu=0.5$，$\beta=0.7$

图 5.8　不同销售模式下在线零售商利润的对比

5.6 本章小结

本章构建了一个包含一个制造商和一个在线零售商的在线供应链，其中制造商在线上线下同时销售新品，在线零售商除了为制造商提供渠道之外，还自营该产品的二手商品。本章通过构建代售模式和批发模式下的博弈模型，确定了双方的最优决策，探究了溢出效应对于制造商线上线下销售的影响，以及对于在线零售商新品和二手商品获利的影响，在此基础上分别研究了制造商和在线零售商关于销售模式的最优选择，得到了如下主要结论：

①二手商品会对制造商保护和促进线下销售的努力形成抵消现象。在正的溢出效应下，总是表现为弱的抵消现象，所以制造商的努力总是会促进线下销售的增长；在负的溢出效应下，抵消现象受到平台费率的影响，即平台费率比较低时，表现为强的抵消现象，平台费率比较高时，表现为弱的抵消现象，所以平台费率比较低时，制造商的努力无法保护线下销售。

②在线零售商从新品中获取的收益在代售模式下表现为平台使用费，所以会随着制造商线上利润的变化而变化；在批发模式下，随着溢出效应系数的增加，在线零售商获取新品的成本总是降低，因此，在线零售商从新品中获取的收益会随着溢出效应系数的增加而增加。关于在线零售商从二手商品中获取的收益，无论何种销售模式，随着溢出效应系数的增加，二手商品的市场总是被新品侵占，因此该收益总是降低。

③关于制造商销售模式的选择：当平台费率非常低时，如果溢出效应系数比较小（大），则供应商应选择批发模式（代售模式）；当平台费率相对比较低时，如果溢出效应系数比较小或比较大（居中），则供应商应选择代售模式（批发模式）；当平台费率相对比较高时，供应商的选择与平台费率非常低时一致；当平台费率非常高时，则供应商总是应该选择批发模式。关于在线零售商销售模式的选择：当平台费率比较低时，在线零售商应该选择批发模式；当平台费率比较高时，如果溢出效应比较大或比较小，则在线零售商应该选择批发模式，当溢出效应系数居中时，在线零售商应该选择代售模式。双方的选择并不是存在分歧，在一定条件下选择批

发模式对双方都有利，具体为：当平台费率比较低且溢出效应系数也比较小时，当平台费率相对比较高且溢出效应系数比较小时，当平台费率非常高且溢出效应比较大或比较小时（非居中的情况）。

结合以上的结论，有如下管理启示：

①当双方选择批发模式时，在线零售商应该观察溢出效应系数的大小，溢出效应系数越大，在线零售商越可以通过更低的批发价获取新品；无论在何种销售模式下，如果溢出效应系数越小，在线零售商应该增加二手商品的采购，因为新品的在线销售会减少。

②当在线零售商自营二手商品时，制造商做销售模式的选择应该考虑二手商品的抵消现象。具体地，当平台费率非常低且溢出效应系数比较小时，选择代售模式无法保护线下销售，反而应该选择可以缓解新品和二手商品竞争的批发模式；其他情况下，制造商不需要考虑该抵消现象，应该选择代售模式来保护和促进线下销售。对于在线零售商来说，与制造商的选择并不总是存在分歧，当平台费率比较低且溢出效应系数也比较小时，当平台费率相对比较高且溢出效应系数比较小时，或者当平台费率非常高且溢出效应比较大或比较小时（非居中的情况），选择批发模式对双方都有利。

6 考虑物流服务的情形下在线销售模式选择研究

6.1 引言

随着在线零售业的发展，在线供应链中出现了两种销售模式：一种是批发模式，一种是代售模式（Tian 等，2018；张旭梅 等，2020）。在批发模式下，在线零售商先从制造商处采购商品，然后再把商品销售给消费者；在代售模式下，制造商向在线零售商支付一定的平台使用费之后，可以通过其平台直接向消费者销售商品，而在线零售商只是提供了一个服务平台（Abhishek 等，2016）。制造商和在线零售商到底采取何种销售模式受到了理论界和实业界的关注。

另外，对于在线零售业来说，物流服务具有举足轻重的作用（Qin 等，2020）。这是因为，对于在线购物来说，物流服务是其重要组成部分，物流服务水平的高低直接影响消费者是否能够及时获得商品、商品能否保持完好，并进一步影响到消费者的购买欲望和忠诚度。因此，物流服务是除了价格之外，影响市场需求的又一个重要因素。然而，物流服务的成本是最重要的支出之一，其包括库存、快递等成本，占收益的 25% 以上（Kapner，2014）。在多数的物流服务运作中，代售模式下由制造商承担物流成本并决策物流服务水平，批发模式下由在线零售商承担物流成本并决策物流服务水平，如京东和亚马逊组成的在线供应链；但是也有与之不同的，比如，澳大利亚的在线零售商 Kogan，在代售模式下物流成本由其承担，并决策服务水平（www. kogan. com）。并且，有学者研究发现在批发模式下，制造商和零售商都偏好承担物流服务成本（Li 等，2016）。

综上所述，在批发模式下，制造商主要通过批发商品获取收益，在线零售商主要通过转售制造商的商品赚取收益；在代售模式下，制造商在付出一定的平台使用费之后直接销售商品获取收益，在线零售商通过收取平台使用费获利。那么，在不同的模式下，双方获取收益的途径不同，因而双方对物流服务的态度也不同，对物流服务的不同态度会带来不同的物流服务成本支出，从而会提供不同的物流服务水平，并带来不同的市场需求。换句话说，不同的销售模式下，不同的物流服务承担者会带来不同的成本支出和不同的运营效率。因此，对于制造商和在线零售商来说，在不同的销售模式下物流服务由哪一方承担更好呢？另外，在代售模式或批发模式下，哪一方承担可以使物流服务水平更高呢？基于物流服务承担者的决策，制造商和在线零售商分别会偏好选择何种销售模式呢？在考虑物流服务的情况下，本章通过构建包含一个在线零售商和一个制造商的在线供应链，使用博弈论的方法，试图回答以下问题：第一，在代售模式下，双方偏好由哪一方承担物流服务，在批发模式下，又如何？以上选择对于物流服务水平有什么影响？第二，在线零售商和制造商分别偏好选择哪一种销售模式？双方是否会在某些条件下偏好相同的销售模式，即是否存在双赢区域（帕累托改进区域）？第三，代售模式下，在线零售商又如何设置平台费率？

在现有的关于销售模式选择的研究中，理论界取得了一系列的成果。如 Hao 和 Fan（2014）、Tan 等（2016），以及 Gaimon 等（2017）以电子书行业为背景，对不同模式的价格、特征等进行了研究，并分析了在何种条件下电子书应该以代售模式分销；Abhishek 等（2016）和 Yan 等（2018）在考虑溢出效应的情况下，分别研究了竞争的在线零售商模式选择的策略和代售渠道的引入策略；Jiang 等（2011）、Zhang（2020）、Kwark 等（2017）在信息不对称的环境下，分别研究了产品的需求信息对于在线零售商销售模式选择和独立零售商行为的影响、在渠道入侵时在线零售商信息共享决策对于销售模式选择的影响、不同的销售模式选择如何成为在线零售商通过第三方信息获利的工具；Tian 等（2018）研究了上游竞争和订单完成成本对于销售模式选择的影响；Geng 等（2018）研究了不同销售模式下捆绑销售的战略，以及销售模式的选择问题；另外，张旭梅等（2019；2020）在考虑附加服务的情况下，研究了合作策略的选择。

关于服务承担的问题，经典的文献主要在批发模式下，研究了服务的承担问题：比如 Li 等（2012）、Canan savaskan 等（2004）发现无论是延保服务还是回收服务，离消费市场最近者提供的延保服务和回收服务最有效率；Li 等（2016）以在线零售中的物流服务以及企业中的售后服务为背景，使用一种特别的非线性模型，研究发现无论是制造商还是零售商都偏好由自己承担服务。

另外还有学者将质量、推销服务与合同选择结合进行了研究。比如 Zhang 等（2019）研究了质量对于收益共享合同和固定费合同的影响，并对两种合同进行了对比；Jin 等（2015）以电器商场为背景，研究了渠道权力结构和商场资金限制对不同的推销服务决策权与不同的合同类型组成的四种模式选择的影响，并对比了四种模式。以上文献与本章存在非常大的区别，主要表现在：Zhang 等（2019）研究的固定费合同与本章的两类模式都不相同，且研究的主题是质量对于合同的影响；Jin 等（2015）研究的主题是渠道权力结构和商场资金限制对服务决策权和合同类型组成的四种模式的影响，与本章的研究主题不一样，研究结论完全不一样，另外收益分享费率是内生的，与电商行业情况不符。

以上文献都没有涉及本书的研究内容，但是为本书的研究提供了坚实的理论基础。

6.2　模型描述

考虑一个制造商和一个在线零售商组成的在线供应链，制造商通过在线零售商销售商品。其中销售模式可以选择批发模式也可以选择代售模式。在批发模式下，在线零售商以批发价 w 向制造商采购商品，然后再以 p 的市场价格销售给在线消费者；在代售模式下，制造商通过在线零售商的在线平台直接以 p 的市场价格销售给在线消费者，而在线零售商设置一个平台费率 β，收益的 β 倍作为平台使用费归在线零售商，收益的 $(1-\beta)$ 倍归制造商。

关于平台费率的设置有如下假设。由于在线零售商无法准确掌握制造商的利润，但是可以掌握其收益，所以实业界都是按照收益进行分配的（Zhang 和 Zhang，2020；Geng 等，2018）。尽管制造商还需要每年支付一个固定的会员费，但是该会员费非常少，假设其可以忽略不计（Tian 等，

2018；Liu 等，2020）。在销售模式选择的文献中，针对平台费率，许多文献都做了以上假设（Tian 等，2018；Geng 等，2018；Liu 等，2020；Wei 等，2020）。考虑到资费标准比较高的平台如旅游类平台的资费标准为 15%~25%，电子印刷行业类平台的资费标准大约为 30%（Geng 等，2018），而其他电商平台的资费都比较低，如京东 2019 年的平台资费标准为 2%~10%（https：//rule.jd.com/rule/ruleDetail.action？ ruleId = 4657）。为了反映制造商可以保留大部分收益的事实，本章假设平台费率 β 的范围为 $0 < \beta < 1/3$。为了能够更加全面地分析研究结论，本章在讨论部分研究了 $1/3 < \beta < 1$ 的情况。

由于物流服务水平是影响在线零售市场需求的关键因素，所以本章假设物流服务水平的提高会增加市场需求。物流服务是一种需求加强型服务（Qin 等，2020），或者说，市场需求除了对市场价格敏感之外，也对物流服务水平敏感。根据引言的论述，物流服务成本可能由制造商承担，也可能由在线零售商承担，令该服务的服务水平为 s。一般情况下，服务成本的支出会随着服务水平的提高而增加，比如需要购买更快捷的快递服务，需要更高质量的仓储管理等，并且服务水平的提高是边际成本递增的，或者说通过提升物流服务水平来增加需求费用会变得越来越高。为了反映以上的事实，假设提供物流服务的成本为 $(ks^2)/2$（Porteus，1986；Fine 和 Porteus，1989），其中 k 表示单位服务所需要的成本。假设无论是制造商还是在线零售商提供物流服务，其单位服务所需要的成本 k 都相同（Canan Savaskan 等，2004）。除了以前的文献做了相同的假设之外，本章做如此假设还因为提供物流服务不是制造商和在线零售商的主业，他们提供服务所需要的单位成本相差不会特别大。不失一般性，假设 $k = 1$，则提供物流服务的成本支出为 $s^2/2$。因为提供物流服务的固定成本为沉没成本，所以假设其为零（Li 等，2016；Canan Savaskan 等，2004）。

参考 Jin 等（2015）的研究，由于考虑的是垄断的情况，所以在不同销售模式下企业都面对相同的市场，进一步参考文献（Qin，2020）刻画物流服务和市场价格同时影响在线零售市场需求时的需求函数，设定本章的需求函数为

$$q = \alpha - \gamma p + \theta s \tag{6.1}$$

其中 q 为市场需求；p 和 s 分别代表了市场价格和物流服务水平，为决策变量；α、γ 和 θ 分别表示潜在市场需求、需求对于价格的敏感度、需求对于

物流服务的敏感度，为外生变量。假设所有的决策变量和参数都为正值。

参考文献（Zhang，2019），为了更加全面地刻画通过提升物流服务水平的方式来增加市场需求的效率，令 $t = \theta^2/\gamma$，用 t 来刻画该效率，并称 t 为服务效率，即 t 越大，通过提高物流服务水平的方式带来的市场需求的增加越显著。本章关于服务效率设置的具体含义如下：① θ/γ 是物流服务水平对需求的影响与价格对需求的影响的比值，其越大表示物流服务水平对需求的影响越大，而价格对需求的影响越小，即相对于价格，物流服务对于需求的影响越显著。因为随着商品的趋同，越来越多的公司通过服务而非低价来获得竞争优势（Chiu 等，2014），因此价格可变区间变小，价格对需求的影响变小而服务对于需求的影响变大，所以该值趋向于变大。②单独的 θ 代表了需求对于物流服务的敏感性，θ 越大，表示物流服务水平的提高可以更加促进需求的增加。③两者的乘积依然可以表示物流服务水平对于需求的影响程度，正如文献（Zhang，2019）认为乘积之后，仍然可以表示售后服务水平对于需求的影响程度。另外，我们通过求均衡需求关于 t 的一阶导数，可以看出，无论在何种销售模式下，无论由哪一方承担物流服务，均衡需求关于 t 的一阶导数都大于零，表明服务效率越高，均衡需求越大，详见附录第14项。由于要同时决策服务水平和价格，所以我们需要保证有解的存在，即海塞矩阵负定，从而可以得到 $t \in (0, 2)$，具体证明过程见附录。

参考研究销售模式的文献，如 Tian 等（2018），Geng 等（2018），Kwark 等（2017），Liu 等（2020），Chen 等（2020）等，本章假设生产成本和销售成本为零。

本章的博弈顺序分为三个阶段：第一阶段，在线零售商决策是批发模式还是代售模式；第二阶段，双方决策是由制造商还是由在线零售商承担物流服务；第三阶段，各企业决策价格和物流服务水平（详细过程见均衡分析）。首先决策销售模式，然后再选择物流服务的承担者，这是因为销售模式的选择一般都是一个不太容易改变的长期决策，因为该决策涉及销售渠道的变化，还涉及市场价格决策权的归属、获利模式的改变等，所以这是一个长期决策。但是由于物流服务一般都是外包，那么物流服务成本由谁来承担，一般只涉及成本支出的改变，因此，相对于销售模式的选择来说，比较容易决策，是一个短期决策。

6.3 均衡分析

本章用上标"WM""WE""AM""AE"分别表示批发模式下由制造商承担物流服务，批发模式下由在线零售商承担物流服务，代售模式下由制造商承担物流服务，代售模式下由在线零售商承担物流服务。用下标"m""e"分别表示制造商和在线零售商，用上标"$*$"表示最优解。下面结论的具体证明过程见附录。

6.3.1 批发模式且制造商承担物流服务（WM）

在该方案下，在线供应链的销售模式为批发模式，且物流服务由制造商承担。由于制造商承担物流服务，且在线零售商从制造商处批发商品，然后再销售给最终消费者，所以制造商的利润函数为

$$\pi_m^{WM} = (\alpha - \gamma p + \theta s)w - s^2/2 \tag{6.2}$$

在线零售商的利润函数为

$$\pi_e^{WM} = (\alpha - \gamma p + \theta s)(p - w) \tag{6.3}$$

决策顺序为：制造商首先同时决策服务水平和批发价，然后在线零售商决策市场价格。根据式（6.2）以及式（6.3）所列的利润函数，通过逆向归纳法可以得到在批发模式下由制造商承担物流服务的均衡解及相关的利润，从而得到引理 6.1。

引理 6.1 在批发模式下由制造商承担物流服务时，最优的批发价格、服务水平、市场价格，市场需求量及利润分别为

（1）$w^{WM*} = 2\dfrac{\alpha}{\gamma}\dfrac{1}{4-t}$； $s^{WM*} = \dfrac{\alpha\theta}{\gamma}\dfrac{1}{4-t}$； $p^{WM*} = 3\dfrac{\alpha}{\gamma}\dfrac{1}{4-t}$；

$q^{WM*} = \dfrac{\alpha}{4-t}$。

（2）$\pi_m^{WM*} = \dfrac{\alpha^2}{\gamma}\dfrac{1}{8-2t}$； $\pi_e^{WM*} = \dfrac{\alpha^2}{\gamma}\dfrac{1}{(4-t)^2}$。

观察引理 6.1，可以发现当物流服务能够更加促进市场需求时，即服务效率更高时，制造商会使服务水平更高，从而市场的需求也会增加，但是由于制造商付出成本提高了服务水平，所以其会提高批发价，从而带来

了双重边际效应，进一步提高了市场的价格，因此会影响整个渠道的效率。尽管如此，供应链双方还是都偏好高的服务效率，因为这可以大幅度提高市场需求，且这种效应相比于双重边际效应带来的市场需求的减少来说，占主导地位，因此服务效率越高，双方的利润也会越大。

6.3.2　批发模式且在线零售商承担物流服务（WE）

在该方案下，销售模式为批发模式，物流服务由在线零售商承担。由于在线零售商承担物流服务，且在线零售商先从制造商处批发商品，然后再销售给最终消费者，所以制造商的利润函数为

$$\pi_m^{WE} = (\alpha - \gamma p + \theta s)w \tag{6.4}$$

在线零售商的利润函数为

$$\pi_e^{WE} = (\alpha - \gamma p + \theta s)(p - w) - s^2/2 \tag{6.5}$$

决策顺序为：制造商首先决策批发价，然后在线零售商同时决策服务水平和市场价格。根据式（6.4）以及式（6.5）所列的利润函数，通过逆向归纳法可以得到在批发模式下由在线零售商承担物流服务的均衡解及相关的利润，从而得到引理6.2。

引理6.2　在批发模式下由在线零售商承担物流服务时，最优的批发价格、服务水平、市场价格，市场需求量及利润分别为

$$(1)\ w^{WE*} = \frac{\alpha}{2\gamma};\ s^{WE*} = \frac{\alpha\theta}{\gamma}\frac{1}{4 - 2t};\ p^{WE*} = \frac{\alpha}{\gamma}\frac{3 - t}{4 - 2t};\ q^{WE*} = \frac{\alpha}{4 - 2t}。$$

$$(2)\ \pi_m^{WE*} = \frac{\alpha^2}{\gamma}\frac{1}{8 - 4t};\ \pi_e^{WE*} = \frac{\alpha^2}{\gamma}\frac{1}{16 - 8t}。$$

通过引理6.2，可以看出，批发价和服务效率无关，或者说提高服务水平不会增加双重边际效应。无论是制造商还是在线零售商都偏好更高的服务效率。与由制造商承担物流服务一样，服务效率越高，服务水平越高，市场需求量越大，市场价格越高。另外，对比引理6.1、引理6.2，可以发现在批发模式下，如果由在线零售商承担物流服务，那么物流服务水平更高。

6.3.3　代售模式且制造商承担物流服务（AM）

在该方案下，销售模式为代售模式，物流服务由制造商承担。由于物流服务由制造商承担，而在线零售商只是提供一个平台，并不做决策，因

此，制造商的利润函数为

$$\pi_m^{AM} = (\alpha - \gamma p + \theta s)p(1 - \beta) - s^2/2 \tag{6.6}$$

在线零售商的利润函数为

$$\pi_e^{AM} = (\alpha - \gamma p + \theta s)p\beta \tag{6.7}$$

决策顺序为：制造商同时决策服务水平和市场价格，从而得到在代售模式下由制造商承担物流服务的均衡解及相关的利润，从而得到引理6.3。

引理 6.3 在代售模式下由制造商承担物流服务时，最优的服务水平、市场价格，市场需求量及利润分别为：

（1） $s^{AM*} = \dfrac{\alpha\theta(1 - \beta)}{\gamma}\dfrac{1}{2 - (1 - \beta)t}$; $\quad p^{AM*} = \dfrac{\alpha}{\gamma}\dfrac{1}{2 - (1 - \beta)t}$;

$q^{AM*} = \dfrac{\alpha}{2 - (1 - \beta)t}$。

（2） $\pi_m^{AM*} = \dfrac{\alpha^2}{\gamma}\dfrac{1 - \beta}{4 - 2(1 - \beta)t}$; $\quad \pi_e^{AM*} = \dfrac{\beta\alpha^2}{\gamma}\dfrac{1}{[2 - (1 - \beta)t]^2}$。

与引理6.1、引理6.2相比，引理6.3中依然表现出服务效率越高，服务水平越高，市场价格越高，市场需求量越大以及相应的利润越大的特性，以及制造商和在线零售商都偏好更高的服务效率。另外，随着平台费率 β 的增加，服务水平越低，市场价格越低以及市场需求量减少。这是因为平台费率越高，在线零售商分配的收益就越大，而制造商留下的收益就越小，制造商用于提升物流服务水平的收益就越小，从而造成了服务水平等的下降。

6.3.4 代售模式且在线零售商承担物流服务（AE）

在方案 AE 下，在线供应链的销售模式为代售模式，物流服务由在线零售商承担。由于在线零售商承担物流服务，而制造商通过在线零售商直接销售商品，所以制造商的利润函数为：

$$\pi_m^{AE} = (\alpha - \gamma p + \theta s)p(1 - \beta) \tag{6.8}$$

在线零售商的利润函数为：

$$\pi_e^{AE} = (\alpha - \gamma p + \theta s)p\beta - s^2/2 \tag{6.9}$$

决策顺序如下：首先，在线零售商决策服务水平，然后由制造商决策市场价格。通过计算发现，即便在线零售商后决策服务水平，也不影响所有结果。根据式（6.8）、式（6.9）所列利润函数，通过逆向归纳法可以得到在代售模式下由在线零售商承担物流服务的均衡解及相关的利润，从而得到引理 6.4。

引理 6.4　在代售模式下由在线零售商承担物流服务时，最优的服务水平、市场价格，市场需求量及利润分别为：

$$(1)\ s^{AE*} = \frac{\alpha\theta\beta}{\gamma}\frac{1}{2-\beta t};\qquad p^{AE*} = \frac{\alpha}{\gamma}\frac{1}{2-\beta t};\qquad q^{AE*} = \frac{\alpha}{2-\beta t}\,\circ$$

$$(2)\ \pi_m^{AE*} = \frac{\alpha^2}{\gamma}\frac{1-\beta}{(2-\beta t)^2};\qquad \pi_e^{AE*} = \frac{\beta\alpha^2}{\gamma}\frac{1}{4-2\beta t}\,\circ$$

通过观察引理 6.4，同样发现其具有服务效率越高，服务水平越高，市场价格越高，市场需求量越大以及相应的利润越大的特性，以及制造商和在线零售商都偏好更高的服务效率。与引理 6.3 正好相反，随着平台费率的增加，服务水平降低，市场销售价格降低，销售数量增加。这是因为此时物流服务是由在线零售商承担，随着平台费率的增加，在线零售商的利润就会更大，其就有更多的利润可以用于物流服务水平的提升，从而增加销售量，使市场价格相应的提升。另外，通过对制造商和在线零售商的利润求关于 β 的导数，可以发现随着 β 的增加，制造商的利润会不断减少，但是在线零售商的利润会不断增加。这是因为平台费率越高，制造商分配的收益就会越小，虽然在线零售商可以分配更多的收益用于提升物流服务水平，但是相对于服务水平提升为制造商带来的利润的增加，制造商分配的收益的减少占主导位置，所以制造商的利润会随着平台费率的增加而减少。另外，随着平台费率的增加，在线零售商可以分配更大的收益，从而有更大的收益用于提升服务水平来增加需求，所以平台费率的增加会使在线零售商的利润增加。

6.4　决策分析

6.4.1　物流服务承担者的决策

该小节将分别分析在批发模式，以及代售模式下物流服务承担者的决策，即博弈的第二阶段。

在批发模式下，根据引理 6.1、引理 6.2，比较由制造商承担物流服务以及由在线零售商承担物流服务时制造商和在线零售商的均衡利润，可以发现由在线零售商承担服务时，双方的利润更大，从而得到定理 6.1。

定理 6.1 在批发模式下，无论是制造商还是在线零售商都偏好由在线零售商承担物流服务。

定理 6.1 表明在批发模式下，制造商和在线零售商都会选择物流服务由在线零售商承担。这主要是因为，如果由制造商来承担物流服务，随着服务水平的提高以及需求量的增加，制造商会相应地提高批发价，从而会导致双重边际效应的增加，并且服务效率越高，双重边际效应越大，从而降低了渠道的效率。但是由在线零售商来承担物流服务时，在线零售商负责物流服务的成本，批发价并不会增加，因而其可以更好地通过提高物流服务水平来增加市场需求。从引理 6.2 中，也可以看到在批发模式且由在线零售商承担物流服务的情况下，批发价与服务效率无关。另外，由在线零售商承担物流服务，其可以同时决策市场价格和物流服务水平，从而使物流水平更高，市场需求更大，双方的利润也更大。所以在批发模式下，无论是制造商还是在线零售商都偏好由在线零售商承担物流服务。

Li 等（2016）通过研究发现双方都愿意承担服务，与本章的结论不同。结论不同的原因是 Li 等（2016）和本章研究的商品类型不同，即两者的企业销售不同类型的商品。Li 等（2016）研究的商品类型为：价格和服务的变动对市场需求的影响幅度非常大，即市场需求会随着价格和服务的变动成倍变动。本章研究的商品类型为：价格和服务的变动对市场需求的影响幅度相对来说比较小，即市场需求不会随着价格和服务的变动成倍的变动。因此，在 Li 等（2016）的研究中，当制造商承担物流服务时，即便高的物流服务水平会造成双重边际效应，由于物流服务能够成倍地增加市场需求，所以其主要考虑设置更高的服务水平来增加需求，此时的物流服务水平最高，从而使其利润大于零售商承担服务时的利润；当零售商承担物流服务时，尽管服务的增加会带来成倍的市场需求，但是价格的增加却会大幅度减少需求，从而造成服务成本的损失，而零售商拥有价格和服务的决策权，所以可以权衡两者使边际利润最大，此时虽然服务水平没有制造商承担服务时大，但是更大的边际利润使零售商的利润大于制造商承担服务时的利润。而本章研究的商品类型如上所述，因此，需求不会随着价格和服务的变动成倍的变动，从而双重边际效应会占主导，正如上一段所分析，双方都偏好由在线零售商承担物流服务。

在代售模式下，比较引理 6.3、引理 6.4，可以得到在代售模式下，物流服务承担的决策，即定理 6.2。

    定理 6.2   在代售模式下，无论是制造商还是在线零售商都偏好由制造商来承担物流服务。

    同样，比较在代售模式下由制造商承担物流服务时与由在线零售商承担物流服务时双方的均衡利润，可以得到定理 6.2。定理 6.2 表明制造商和在线零售商都偏好由制造商来承担物流服务。本章是首次研究在代售模式下服务承担的决策，发现在代售模式下，平台费率的高低会影响双方分配到的收益，从而影响用于提升物流服务水平的收益，最终影响服务承担的决策。但是在基本模型中，为了反映实业界总是留存更大的收益给制造商的事实，其设置了范围偏低的平台费率，所以制造商总是有更大的收益用于提升其销售商品的物流服务水平，增加需求，从而使服务水平的决策能够最大化双方的利益。因此，无论是制造商还是在线零售商都偏好制造商来承担物流服务。

6.4.2   在线销售模式的选择

    本小节解决博弈第一阶段在线零售商对于销售模式的选择的问题，鉴于本书研究思路中陈述的原因，下文也对制造商关于销售模式的选择进行了研究，最后分析双方是否存在帕累托改进区域，即双赢区域。

    在定理 6.1、定理 6.2 中，我们发现如果在批发模式下，制造商和在线零售商都偏好由在线零售商承担物流服务，如果在代售模式下，双方都偏好由制造商来承担物流服务。因此，我们只需要对比批发模式且由在线零售商承担物流服务与代售模式且由制造商承担物流服务时在线零售商的均衡利润，就可以得到在线零售商关于模式的决策，即对比引理 6.2 与引理 6.3 中在线零售商的均衡利润，从而有定理 6.3。由于下文不再考虑批发模式且由制造商承担物流服务的情况以及代售模式且由在线零售商承担物流服务的情况，所以本书将批发模式且由在线零售商承担物流服务与代售模式且由制造商承担物流服务这两种情况简称为批发模式和代售模式。

    定理 6.3   当 $0 < \beta \leqslant 1/4$，且 $0 < t \leqslant -2(2\sqrt{\beta^3} + 3\beta - 1)/(\beta^2 - 2\beta + 1)$ 时，或者当 $0 < \beta < 1/3$，且 $2(2\sqrt{\beta^3} - 3\beta + 1)/(\beta^2 - 2\beta + 1) < t < 2$ 时，在线零售商总是选择批发模式；当 $0 < \beta < 1/3$，且 $-2(2\sqrt{\beta^3} + 3\beta - 1)/(\beta^2 - 2\beta + 1) < t \leqslant 2(2\sqrt{\beta^3} - 3\beta + 1)/(\beta^2 - 2\beta + 1)$ 时，在线零售商

总是选择代售模式。

为了更加清晰地表达定理6.3，把其用图6.1表示。通过图6.1，可以清晰地看到，在线零售商销售模式的决策依赖于平台费率 β 和服务效率 t，当平台费率低于0.25且服务效率比较低时，或者当平台费率低于1/3且服务效率比较高时，在线零售商选择批发模式；其他情况下，在线零售商选择代售模式。

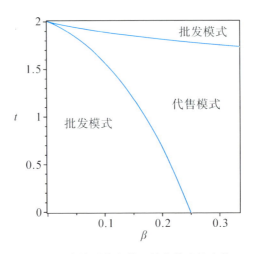

图6.1　在线零售商关于销售模式的决策

当平台费率低于0.25，且服务效率比较低时，在线零售商选择批发模式。这是因为在代售模式下，双方会选择由制造商承担物流服务，此时，一方面平台费率的降低会直接减少在线零售商从制造商处分到的收益；另一方面，当服务效率比较低时，即通过提高物流服务水平来增加需求的能力降低时，制造商获取的收益会降低，而在线零售商的利润是从制造商处分配而来，所以在线零售商的利润也会降低。尽管较低的服务效率使在批发模式下的在线零售商的利润也降低了，但是在代售模式下，较低的平台费率和服务效率会同时减少在线零售商的利润，所以其在代售模式下降低得更明显。因此，在以上区域，在线零售商更偏好批发模式。

当平台费率在 $0 < \beta < 1/3$，且服务效率比较高时，在线零售商也会选择批发模式。这是因为在批发模式下，随着服务效率变高，即物流服务水平更能够增加需求时，在线零售商的利润会增加，而平台费率的增加却不会带来影响。但是在代售模式下，平台费率提高会从两方面影响在线零售商的利润，一方面平台费率提高会直接增加在线零售商的利润；另一方面

平台费率提高，会导致制造商收益减少，即用于提升物流服务水平的收益减少（注意在代售模式下双方选择由制造商承担物流服务），尤其是当服务效率非常高时，该种影响更加显著，所以其不利于制造商通过提升物流服务水平来增加需求，从而提高其利润，也会减少在线零售商的利润。当服务效率高的时候，第二方面的因素占据主导。因此，通过以上比较可以发现，批发模式下在线零售商的利润增加了，但是代售模式下其利润减少了，所以批发模式下的利润大于代售模式下的利润。

在其他情况下，在线零售商会选择代售模式。此时的服务效率和平台费率使在线零售商的利润在代售模式下更大。

本章也考虑了制造商对于销售模式的选择，通过对比不同销售模式下制造商的均衡利润，即对比引理 6.2 与引理 6.3 中制造商的均衡利润，从而有定理 6.4。

定理 6.4 当 $t \leqslant 1$ 时，无论平台费率的高低，制造商总是偏好代售模式；当 $0 < \beta \leqslant 1/3$，且 $1 < t \leqslant 2(1 - 2\beta)/(1 - \beta)$ 时，制造商偏好代售模式；当 $0 < \beta < 1/3$，且 $2(1 - 2\beta)/(1 - \beta) < t < 2$ 时，制造商偏好批发模式。

为了更加清晰地表达定理 6.4，把其用图 6.2 表示。通过图 6.2，可以更加清晰地看到，当服务效率低于 1 时，制造商总是偏好代售模式；在服务效率高于 1 且平台费率低于 1/3 的区域，如果服务效率比较高，制造商偏好批发模式，反之，则偏好代售模式。

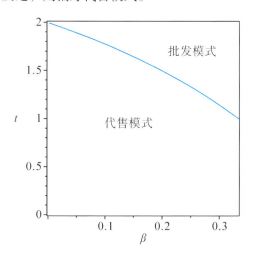

图 6.2　制造商关于销售模式的决策

注意，在批发模式下双方选择由在线零售商承担物流服务，在代售模式下，双方选择由制造商承担物流服务。当服务效率低于 1 时，由于服务效率比较低，在代售模式下，平台费率提高并不会大幅度降低制造商从提高物流服务水平中获取利润，且本章为了反映实业界的真实情况，设置的平台费率比较低，所以相对于批发模式下的双重边际效应来说，制造商更偏好代售模式。但是在服务效率高于 1 的区域内，如果服务效率比较高，那么平台费率变高，留存给制造商的收益就会比较低，从而就会大大影响制造商通过提高物流服务水平来增加利润的动机，所以制造商会偏好批发模式；反之，如果服务效率比较低，并不会大幅度影响制造商通过提高物流服务水平来提高利润，因而制造商偏好代售模式。

很有意思的是，通过比较制造商和在线零售商对于代售模式和批发模式的偏好，发现它们之间存在两个帕累托改进区域，从而得到定理 6.5。

定理 6.5　当 $-2(2\sqrt{\beta^3} + 3\beta - 1)/(\beta^2 - 2\beta + 1) < t \leq 2(1 - 2\beta)/(1 - \beta)$，且 $0 < \beta < 1/3$ 时，制造商和在线零售商都偏好代售模式；当 $2(2\sqrt{\beta^3} - 3\beta + 1)/(\beta^2 - 2\beta + 1) < t < 2$，且 $0 < \beta < 1/3$ 时，制造商和在线零售商都偏好批发模式。

图 6.3 清晰地表示了定理 6.5。在第一个区域，相对于选择批发模式，制造商和在线零售商同时选择代售模式会提高利润；而在第二个区域，相对于代售模式，制造商和在线零售商同时选择批发模式会提高利润。因此这两个区域为双方的帕累托改进区域。

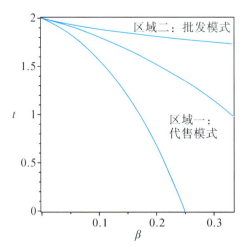

图 6.3　帕累托改进区域

6.4.3　代售模式下平台费率的设置

对制造商求关于平台费率 β 的导数，可以发现，平台费率越高，制造商的利润越小。这是因为在线零售商得到了更多的收益作为平台使用费，不但直接减少了制造商的利润，也使服务水平下降。对在线零售商求关于 β 的导数，可以发现并不是平台费率越高在线零售商的利润就越大，从而得到定理 6.6。

定理 6.6　在代售模式下，且由制造商承担物流服务时：当服务效率 $t < 2/(1+\beta)$ 时，平台费率越高，在线零售商的利润越大；当服务效率 $t \geqslant 2/(1+\beta)$ 时，平台费率越高，在线零售商的利润越小。

定理 6.6 是一个违反直觉的结论。从表面上看，平台费率越高，在线零售商就可以获得越多的利润。但是定理 6.6 表明对于在线零售商来说，平台费率并不是越高越好，而与服务效率有关。这主要是因为在代售模式下，且由制造商承担物流服务时，平台费率会从两方面影响制造商和在线零售商的利润：一方面平台费率的增加会直接增加在线零售商的利润，减少制造商的收益，从而减少其利润；另一方面平台费率的增加，会导致制造商分配到的收益减少，从而影响物流服务水平的提升，进一步影响市场需求，尤其是当服务效率非常高时，这种影响更加显著，因此不利于制造商通过提升物流服务水平来增加需求从而提高其收益，从而减少在线零售商的利润。所以，当服务效率比较低的时候，平台费率越高，在线零售商的利润越大，这是因为此时服务效率比较低，第一种影响因素占主导，因而直接增加了在线零售商的利润；反之，当服务效率非常高的时候，第二种影响因素占主导，平台费率的增加会导致制造商用于提升物流服务水平的收益减少，因而不利于制造商通过提升服务水平来提高其收益，从而减少在线零售商的利润。

6.4.4　不同销售模式下渠道效率的对比

本部分将对比渠道之间的效率高低。本章用渠道的整个利润之和，即制造商和在线零售商利润之和来衡量渠道的效率。

首先，分析平台费率和服务效率对于代售模式下渠道效率的影响，以及服务效率对于批发模式下渠道效率的影响。对两个渠道的利润求关于平台费率和服务效率的导数，可以得到定理 6.7。

定理6.7 服务效率越高，批发模式下渠道的效率越高；平台费率或服务效率越高，代售模式下渠道的效率越低。

很直观，服务效率越高，批发模式下渠道的效率越高。但是在代售模式下，由于在线零售商要从制造商处分配一部分收益，平台费率越高，则制造商越没有足够的收益去充分提高物流服务水平，从而来提高需求，增加整个渠道的效率，所以对于渠道的效率影响越严重。另外，服务效率越高，该种影响越显著，所以无论是平台费率还是服务效率变高都会降低代售模式下整个渠道的效率。

其次，对比批发模式和代售模式下渠道的利润，可以得到定理6.8。

定理6.8 当 $2(2\beta^2 + 1 - \beta - 2\sqrt{\beta^4 + \beta^2 - \beta^3}) / (1 - \beta)^2 < t < 2$，且 $0 < \beta < 1/3$ 时，批发模式下的渠道效率更高；当 $0 < t < 2(2\beta^2 + 1 - \beta - 2\sqrt{\beta^4 + \beta^2 - \beta^3}) / (1 - \beta)^2$，且 $0 < \beta < 1/3$ 时，则代售模式下渠道的效率更高。

定理6.8表明当平台费率低于1/3时，如果服务效率比较高，则批发模式的渠道效率高；如果服务效率比较低，则代售模式的渠道效率高。从定理6.7可以看出，服务效率变高会显著降低代售模式下渠道的效率，所以服务效率比较高时，批发模式下渠道的效率将超越代售模式下渠道的效率。

6.5 关于平台费率范围的讨论

在基本模型中，根据实业界的具体情况，我们将平台费率的范围设置为了 $0 < \beta < 1/3$。那么当 $1/3 < \beta < 1$ 时，供应链双方对于物流服务承担的决策是怎么样的？又会对销售模式的选择产生怎么样的影响呢？本节对以上问题进行了讨论。详细证明过程见附录。

首先，关于物流服务承担的决策，平台费率范围的设置只会影响代售模式的情况，对于批发模式并无影响。所以先对比代售模式下由制造商承担物流服务以及由在线零售商承担物流服务时制造商的均衡利润，然后再对比两种情况下在线零售商的均衡利润，由此可以得到两个边界。因为以上边界只受平台费率和服务效率两个参数的影响，参考 Yan 等（2018）的研究，可以将其用图6.4表示。如图6.4所示，其中虚线表示制造商对于物流服务承担者偏好的边界，该虚线可以表示为 $\beta = (3 - \sqrt{9 - 2t})/t$。具体为，当 $0 < \beta < (3 - \sqrt{9 - 2t})/t$ 时，制造商偏好由自己承担物流服务；当 $(3 - \sqrt{9 - 2t})/t < \beta < 1$ 时，制造商偏好由在线零售商承担物流服务。图6.4 中的实线表示在线零售商对于物流服务承担者的偏好，该实线可以表示为 $\beta = (t - 3 + \sqrt{9 - 2t})/t$。具体为，当 $0 < \beta < (t - 3 + \sqrt{9 - 2t})/t$ 时，在线零售商偏好由制造商承担物流服务；当 $(t - 3 + \sqrt{9 - 2t})/t < \beta < 1$ 时，在线零售商偏好由自己承担物流服务。

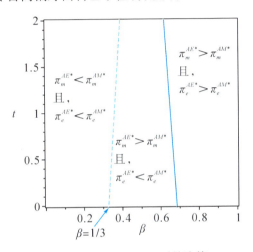

图6.4　$1/3 < \beta < 1$ 时的决策

如图6.4所示，$t = 0$ 与虚线 $\beta = (3 - \sqrt{9 - 2t})/t$ 相交后，$\beta = 1/3$；$t = 2$ 与虚线 $\beta = (3 - \sqrt{9 - 2t})/t$ 相交后，$\beta = (3 - \sqrt{5})/2$。又因为当 $0 < t < 2$ 时，$(3 - \sqrt{5})/2 > (3 - \sqrt{9 - 2t})/t > 1/3$，所以 $\beta = 1/3$ 是一个不受参数 t 影响的边界，这是基本模型中选取具体的数值 $\beta = 1/3$ 作为上界的原因之一。

根据图6.4，结合以上分析，在 $1/3 < \beta < (3 - \sqrt{9 - 2t})$ 的区域内，本章的结论仍然与基本模型一致。下面主要分析 $\beta > (3 - \sqrt{9 - 2t})/t$ 的情况，包括在代售模式下物流服务承担者的偏好，即定理6.9，以及在线零售商关于运营模式的决策，即定理6.10。

定理 6.9　在代售模式下，当 $(3 - \sqrt{9 - 2t})/t < \beta < (t - 3 + \sqrt{9 - 2t})/t$，且 $0 < t < 2$ 时，制造商偏好由在线零售商承担物流服务，而

在线零售商偏好由制造商承担物流服务；当 $(t-3+\sqrt{9-2t})/t<\beta<1$，且 $0<t<2$ 时，双方都偏好由在线零售商承担物流服务。

图 6.4 中虚线左边的区域为基本模型中研究的情况，虚线右边的所有区域显示了定理 6.9。其中虚线和实线中间的区域，即当平台费率居中时，双方都偏好由对方来承担物流服务；实线右边的区域，即当平台费率很高时，双方都偏好由在线零售商承担物流服务。这是由于，当平台费率很高时，主要收益由在线零售商获取，此时由在线零售商来承担物流服务可以使物流服务水平最高，从而增加双方的利润。但是，当平台费率居中时，双方都没有足够多的收益使物流服务水平达到最高，此时，承担物流服务只会变成一种负担，所以都不愿意承担物流服务。

其次，我们来分析物流服务承担的决策对于在线零售商运营模式选择的影响，如图 6.5 所示。当平台费率居中时，双方都偏好由对方来承担物流服务。由于在线零售商具有更大的市场权力，制造商不得不承担物流服务。如果制造商承担物流服务，那么在线零售商关于模式的选择与基本模型一致。而当平台费率很高时，对比引理 6.2、引理 6.4 中在线零售商和制造商的均衡利润，可以得到定理 6.10。

定理 6.10 在 $(t-3+\sqrt{9-2t})/t<\beta<1$ 的情况下：当 $2(4\beta-1)/3\beta<t<2$ 时，在线零售商选择批发模式，否则，选择代售模式；当 $t>(7+\beta+\sqrt{\beta^2-114\beta+113})/32$ 或者 $t<(7+\beta-\sqrt{\beta^2-114\beta+113})/32$ 时，制造商选择批发模式，否则，选择代售模式。

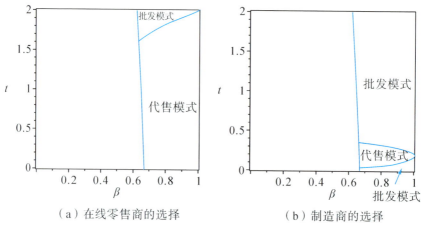

（a）在线零售商的选择　　　　（b）制造商的选择

图 6.5　当 $(t-3+\sqrt{9-2t})/t<\beta<1$ 时销售模式的选择

图 6.5（a）呈现了当平台费率非常高时在线零售商的销售模式选择，即在平台费率很高的情况下，如果服务效率比较高，则在线零售商选择批发模式；如果服务效率比较低，则在线零售商选择代售模式。另外，图 6.5（b）呈现了在平台费率很高的情况下制造商的销售模式选择，即如果服务效率比较高或者比较低，则制造商选择批发模式；如果服务效率居中，则制造商选择代售模式。

6.6　本章小结

针对一个制造商和一个在线零售商组成的在线供应链，本章在考虑物流服务的情况下，分析了四种方案，即批发模式下由制造商承担物流服务（WM），批发模式下由在线零售商承担物流服务（WE），代售模式下由制造商承担物流服务（AM），代售模式下由在线零售商承担物流服务（AE），研究了四种方案下双方关于市场价格和物流服务水平的最优决策，进一步探究了不同销售模式下双方关于物流服务承担者的决策，以此为基础，研究了双方关于销售模式的选择，另外，也研究了在线零售商关于平台费率的设置等问题，主要得到了如下结论：

①在批发模式下，制造商和在线零售商都偏好由在线零售商来承担物流服务；在代售模式下，双方都偏好由制造商来承担物流服务。以上决策总是使提供的物流服务水平更高。

②在线零售商关于销售模式的选择如下：当平台费率比较低时，如果服务效率比较低，则在线零售商应该选择批发模式；另外，无论平台费率的高低，如果服务效率非常高，在线零售商应该选择批发模式；其他情况下，在线零售商应该选择代售模式。制造商关于销售模式的选择如下：当服务效率比较低时，无论平台费率的高低，制造商应该选择代售模式；当服务效率比较高时，如果平台费率比较低，则制造商应该选择代售模式，如果平台费率比较高，则制造商应该选择批发模式。双方存在两个双赢的区域：第一，当服务效率比较高时，双方都偏好选择批发模式；第二，当平台费率比较低且服务效率居中，或者平台费率比较高且服务效率比较低时，双方都偏好选择代售模式。

③当双方都选择代售模式时，关于平台费率有如下结论：当服务效率

比较低时，平台费率越高，在线零售商的利润越大；当服务效率比较高时，平台费率越低，在线零售商的利润越小。

结合以上的结论，有如下管理启示：

①在批发模式下，在线零售商承担物流服务对双方都有利；在代售模式下，制造商承担物流服务对双方都有利。同时，如果通过物流服务水平来吸引在线消费者，那么以上的决策总是可以使物流服务水平更高。

②当物流服务能够显著影响市场需求时，在线零售商应该选择批发模式，此时，制造商也偏好选择批发模式，双方不存在分歧。

③当双方都选择代售模式时，在线零售商并不应该总是提高平台费率。当服务效率比较低时，提高平台费率对在线零售商有利；当服务效率比较高时，在线零售商应该降低平台费率。

7 在线销售模式的选择：
批发模式、代售模式、混合模式

7.1 引言

最近几年，在线销售快速发展。根据 Statista. com 的报告，在 2017年，全球范围内的在线销售额达到了 2.29 万亿美元，并且预测在 2021 年，在线销售额会达到 4.48 万亿美元；Forrester Research 的报告显示，2016年，西欧市场的在线销售额达到了 7 800 亿美元，并预测未来 5 年会以年平均 12%增长。由于在线销售的快速发展，全球范围内出现了许多在线零售商，例如美国的亚马逊和易贝，中国的天猫、淘宝和京东，印度的Flipkart 等。其中在线零售商的三种模式受到了实业界的重点关注，也成为最近的研究热点。这三种模式分别为：代售模式，即制造商通过向在线零售商支付一定的费用，然后直接通过在线零售商的平台向消费者销售商品；批发模式，即在线零售商先向制造商采购商品，然后再销售给最终用户；混合模式，一个在线零售商既采购商品销售给最终用户，也允许制造商在支付一定的费用后，直接在其平台上销售商品。

例如，亚马逊和京东从批发模式成功转型为混合模式，亚马逊在 2015年其代售模式的销售额占 45%，京东的代售模式的销售额占 40%；而天猫原来作为中国代售模式的标杆，2012 年也开通了批发模式，即天猫超市；除了上述在线零售商转型为混合模式之外，美国的百思买仍然坚持批发模式；Zappos. com 一开始是代售模式，然后又转变为批发模式；而中国的淘宝仍然是代售模式。那么在线零售商更偏向选择哪种销售模式呢？

在电子书行业，发行商在亚马逊上通过批发模式销售纸质书籍，通过代售模式销售电子书；惠氏集团在天猫上直接销售商品，但是消费者也可以在天猫超市里购买到惠氏集团相同的商品；阿迪达斯既通过官方旗舰店以代售模式直接销售商品，也通过京东自营旗舰店以批发模式销售竞争性的商品。然而，制造商李维斯在京东和天猫上并没有批发模式。那么制造商更偏好哪种销售模式呢？

为了研究以上的问题，本章构建了包含一个制造商和一个在线零售商的供应链，对比研究了代售模式、批发模式、混合模式。

关于代售模式与批发模式，学术界进行了很好的研究，并取得了一系列的研究成果。Jiang 等（2011）等将产品分为"短尾商品""长尾商品"，研究了在此信息不对称的情况下，电商平台对代售合约和批发合约的选择，以及为应对在线零售商的侵入，拥有"短尾商品"的销售商的抛售行为；Hao 和 Fan（2014）以亚马逊公司和苹果公司销售电子书为背景，研究了电子书市场代售合约和批发合约下的商品定价，发现代售合约定价低的原因是零售商互补品销售行为的存在；Hagiu 和 Wright（2015）假设促销对需求的影响是每一个制造商的私人信息，从而在信息不对称的情况下，对于批发合约与代理合约的选择问题，研究发现在一定条件下代理合约更受偏好，但是该研究没有将电商平台的收费设置为收益分配系数，而是固定收费；Abhishek 等（2016）考虑了一个制造商、两个电商平台的结构，在电商销售渠道对传统销售渠道销售有正负影响的情况下，研究了渠道交叉影响系数和下游竞争系数对电商平台在批发合约与代理合约选择时的影响，研究主要结论为当渠道交叉影响系数是正值时，电商平台偏向选择批发合约，反之，电商平台偏向选择代理合约；Tan 等（2016）考虑了一个电子书发行商和两个竞争的电商平台零售商的结构，分析了收益分配系数对上游发行商和下游零售商合约选择的影响；Kwark 等（2017）研究了代理合约和批发合约可以作为零售商从第三方信息如消费者评论等获益的工具，研究结果显示在一定条件下，当第三方信息精确度高时，零售商偏好批发合约，反之，则偏好代理合约；Gaimon 等（2017）研究了电子书市场中一个发行商和一个电商平台组成的供应链，考虑了单渠道战略、双渠道战略、固定价格战略，揭露了代理合约受到偏好的原因包括上游制造商对于市场价格的控制权和收益系数的值；Geng 等（2018）研究了捆绑销售战略与合约选择的互动，研究发现，由于捆绑效应和电商平台在降价时的共担行为，所以在批发合约下，制造商喜欢捆绑销售，在代售合约下，制造商喜欢分开销售；Yan 等（2018）在考虑电商销售渠道对传统销售渠道销售有正负影响的情况下，研究了一个制造商和一个电商平台组成的供应链结构中，渠道交叉影响系数对于制造商和电商平台是否引入代理合约的影响，该研究很好地解释了电商平台在保留批发合约的情况下引入代理合约的趋势；Tian 等（2018）考虑了两个制造商和一个电商平台组成的结构中，研究了批发合约对于上游制造商的竞争缓解和代理合约对于双重边际效应的消除的均衡，结论表明当竞争激烈时，电商平台偏好选取批发合约，竞争较弱时，偏向签订代理合约。

另外，与本书相关的研究文献还有制造商渠道选择与管理的研究，或双渠道管理的相关文献，如 Chiang 等（2003）考虑了消费者对于渠道的偏好，研究了一个双渠道结构，研究结果表明，制造商可以设置直销渠道作为一个潜在的威胁，从而促使零售商降价，获取间接的收益；Tsay 和 Agrawal（2004）研究了在价格相等的双渠道中，服务效率和运营成本对制造商选取双渠道、单个直销渠道还是单个传统渠道时的影响，并进一步对双渠道供应链进行了协调；Chen 等（2008）考虑了在顾客对直销渠道商品获取时的等待时间有偏好的情况下，直销渠道的服务水平和传统渠道的服务水平对于制造商的最优渠道战略选择的影响；Cai（2010）研究了制造商对于零售渠道的选择问题，包括双渠道、单个直销渠道、单个传统渠道、两个传统零售渠道，并进一步对制造商关于渠道选择的问题进行了协调；Ryan 等（2012）分别研究了电商平台是否提供平台服务、是否开通直销渠道的情况下，零售商和电商平台的决策，以及协调问题；Matsui（2016）研究了包含一个制造商和一个零售商的双渠道中，决策顺序对于均衡的影响；Wang（2018）等研究了一个包含有传统零售渠道的制造商对于在线渠道的选择问题，即，是选择直销渠道还是选择代售合约，并考虑了价格决策顺序对于均衡结果的影响；Shen 等（2018）研究了制造商对于双渠道、电商平台代售模式、实体店传统销售模式的选择；但斌等（2016）研究了一个包含有传统渠道的制造商对于在线渠道的选择问题，即，是开辟直销渠道还是在电商平台上采取批发合约销售商品，以及相关的对比研究；范小军和刘艳（2016）考虑了消费者对商品的价值差异和对服务的偏好差异，研究了只有一个传统渠道的制造商引入一个直销渠道之后，服务和价格竞争的问题；陈国鹏等（2016）考虑了在存在价格折扣的直销渠道情况下，双渠道供应链的广告协调问题。

关于在线零售商模式选择的文献主要研究了上游竞争、渠道交叉效应、互补品，下游竞争、物流成本等对模式选择的影响，发现了代售模式相对于批发模式更有效率，但并没有很好地解决为什么主要的在线零售商都选择混合模式。另外，在渠道管理方面的文献中与本书最相关的是 Shen 等（2018）的研究，但是主要有以下区别，他们主要研究了如国美、苏宁等销售平台的入驻费和收益共享费对渠道选择的影响，而电商平台的注册费很少，所以本书与其他模式选择的文献一样，忽略了注册费，主要研究平台费（收益共享费）对销售模式选择的影响；他们的第一种模式包含了制造商、销售平台、传统零售商，实质上是双渠道，第三种模式是制造商和传统零售商，而本书所有的三种模式都是包含了一个制造商和一个在线零售商；在他们的第一种模式中制造商和销售平台只有收益共享的关系，制造商和传统零售商只有销售竞争的关系，而本书中制造商和在线零售商既有收益共享的关系，又有销售竞争的关系；另外结论也完全不一样。

本书构建了包含一个制造商和一个在线零售商的供应链，对比研究了在线销售系统常用的批发模式、代售模式、混合模式三种模式，通过研究发现，无论平台费率高低，在线零售商和制造商都不会偏好代售模式，当平台费率比较高时，在线零售商选择混合模式，反之选择批发模式；而当平台费率比较低时，制造商偏好混合模式，反之偏好批发模式；进一步研究发现在线零售商与制造商之间存在帕累托改进区域，且对批发渠道的偏好越弱、竞争越小，帕累托改进区域越大；另外，研究发现混合模式的效率是最高的，当竞争比较小，对批发渠道的偏好比较强时，批发模式的效率高于代售模式。

7.2　模型描述

考虑一个制造商和一个在线零售商构成的供应链，有三种可能的模式：代售模式，批发模式，混合模式，如图 7.1 所示。在代售模式下，制造商向在线零售商支付平台使用费，并使用平台销售商品；在批发模式下，在线零售商向制造商购买商品然后销售给最终消费者；在混合模式下，在线零售商既向制造商购买商品销售给消费者，也允许制造商支付一定的平台使用费，通过平台直接销售商品，此时其拥有两个渠道，分别为批发渠道和代售渠道。

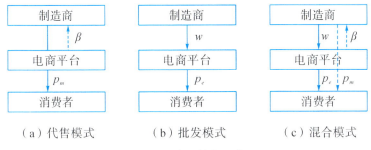

图 7.1　在线销售系统

参考 Shen 等（2018）的研究，本书定义制造商通过在线零售商销售的需求函数和在线零售商采购商品销售给消费者时的需求函数分别为

$$q_m = 1 - p_m + \gamma p_e \qquad (7.1)$$
$$q_e = \alpha - p_e + \gamma p_m \qquad (7.2)$$

其中 p_m，p_e 分别为制造商和在线零售商的销售价格，γ 为两者之间的竞争程度，α 和 1 分别代表了市场的潜在需求。α 也可以表示消费者的渠道偏好，如果 $\alpha > 1$，则表示消费者更加偏好从在线零售商处购买商品，即偏好批发渠道；反之，则偏好在制造商处购买商品，即偏好代售渠道。一般情况下，由于在线零售商能够提供更好的服务以及代表着更好的质量保证，如京东自营使用更好的京东物流服务、提供更好的售后保障、对商品进行严格的质量监督，以及品牌效应等，所以消费者更加偏好批发模式，即京东自营。所以本书假设 $\alpha > 1$，且如果 $\alpha \leq 1$，其对于本章的结论也没有影响。另外，制造商以批发价 w 将商品出售给在线零售商，在线零售商的使用费为比例费 β。为不失一般性，假设制造商的生产成本和运营成本为零。

在渠道里，在线零售商一般都有最大的市场能力，相对而言，制造商的市场能力比较弱。因此，本书假设在线零售商是斯塔克尔伯格博弈的领导者，制造商是追随者。所以博弈顺序如下：首先，在线零售商选择销售模式，制造商决定是否接受该销售模式；其次，如果接受的是混合模式，则制造商决策批发价和代售渠道的市场销售价，然后在线零售商决策批发渠道的市场销售价；如果接受的是批发模式，则制造商决策批发价，然后在线零售商决策市场销售价；如果接受的是代售模式，则制造商是市场价格的控制者，制造商直接决策市场销售价（假设制造商不会不选，因为不选其利润为零）。

7.3 均衡分析

该小节将分别计算制造商和在线零售商的最优批发价，市场销售价，从而可以获得混合模式、批发模式、代售模式下的均衡利润。

7.3.1 混合模式下的均衡分析

在混合模式下，制造商既向在线零售商支付平台费率 β 后通过在线零售商向消费者销售商品，也将商品以批发价 w 出售给在线零售商，所以此时制造商的利润函数为：

$$\pi_m^h = w^h(\alpha - p_e^h + \gamma p_m^h) + (1 - p_m^h + \gamma p_e^h)p_m^h(1 - \beta) \tag{7.3}$$

而在线零售商的利润既有从制造商处购买商品之后销售的收入，也有为制造商提供平台收取的平台费，所以其利润函数如下：

$$\pi_e^h = (p_e^h - w^h)(\alpha - p_e^h + \gamma p_m^h) + (1 - p_m^h + \gamma p_e^h)p_m^h\beta \tag{7.4}$$

使用逆向归纳法，首先求解在线零售商的市场销售价格，再决策制造商的批发价和市场销售价格，因为海塞矩阵大于零，所以最后可以分别得到在线零售商的最优市场销售价和制造商的最优批发价及市场销售价，即引理 7.1。

引理 7.1 在混合模式下，最优的批发价、在线零售商和制造商的最优市场销售价、及均衡利润为：

(1) $w^{h*} = \dfrac{\alpha + \gamma - \beta\gamma - \alpha\beta\gamma^2}{2(1 - \gamma^2)}$;

(2) $p_e^{h*} = \dfrac{3\alpha + 2\gamma - \alpha\gamma^2}{4(1 - \gamma^2)}$, $p_m^{h*} = \dfrac{1 + \alpha\gamma}{2(1 - \gamma^2)}$;

(3) $\pi_e^{h*} = \dfrac{8\alpha\gamma\beta + 4\beta + [(1 - (1 - 4\beta)\gamma^2]\alpha^2}{16(1 - \gamma^2)}$;

$\qquad \pi_m^{h*} = \dfrac{(1 - \beta)(4\alpha\gamma + 2) + [(1 - (2\beta - 1)\gamma^2]\alpha^2}{8(1 - \gamma^2)}$。

7.3.2 批发模式下的均衡分析

在批发模式下，在线零售商仅仅从制造商处以批发价 w^w 采购商品，然

后以价格 p_e^w 出售给最终消费者，此时并没有制造商的代售渠道，所以我们首先考虑在线零售商的需求函数。参考 Tian 等（2018）和 Shen 等（2018）的研究，假设 $q_m^w = 0$，从而有 $p_m^w = 1 + \gamma p_e^w$，替换它到在线零售商的需求函数式（7.2），从而可以得到在线零售商的需求函数为 $q_e^w = \alpha + \gamma - (1 - \gamma^2)p_e^w$。因为此时制造商只有从商品销售给在线零售商中获取利润，所以其利润函数为：

$$\pi_m^w = w^w[\gamma + \alpha - (1 - \gamma^2)p_e^w] \tag{7.5}$$

而在线零售商的利润只有从制造商处购买商品之后销售的收入，所以其利润函数如下：

$$\pi_e^w = p_e^w[\gamma + \alpha - (1 - \gamma^2)p_e^w] \tag{7.6}$$

使用逆向归纳法，可以分别得到在线零售商的最优市场销售价和制造商的最优批发价，即引理 7.2。

引理 7.2　在批发模式下，最优的批发价、市场销售价、及均衡利润为：

（1）$w^{w*} = \dfrac{\alpha + \gamma}{2(1 - \gamma^2)}$；

（2）$p_e^{w*} = \dfrac{3(\alpha + \gamma)}{4(1 - \gamma^2)}$；

（3）$\pi_e^{w*} = \dfrac{(\alpha + \gamma)^2}{16(1 - \gamma^2)}$；$\pi_m^{w*} = \dfrac{(\alpha + \gamma)^2}{8(1 - \gamma^2)}$。

7.3.3　代售模式下的均衡分析

在代售模式下，在线零售商不销售商品，仅仅为制造商提供平台服务。制造商向在线零售商支付一定的平台费率 β 后，直接以价格 p_m^a 向消费者销售商品。同样参考 Tian 等（2018）和 Shen 等（2018）的研究，假设 $q_e^a = 0$，从而有 $p_e^a = \alpha + \gamma p_m^a$，替换它到制造商的需求函数式（7.1），从而可以得到制造商的需求函数为 $q_m^a = 1 + \alpha\gamma - (1 - \gamma^2)p_m^a$。因为此时制造商通过向平台支付一定的平台使用费后直接向消费者销售商品，所以其利润函数为：

$$\pi_m^a = [1 + \alpha\gamma - (1 - \gamma^2)p_m^a]p_m^a(1 - \beta) \tag{7.7}$$

而在线零售商的利润只是从制造商处收取的平台使用费，所以其利润函数如下：

$$\pi_e^a = \left[1 + \alpha\gamma - (1 - \gamma^2)p_m^a \right] p_m^a \beta \qquad (7.8)$$

此时，在线零售商并不参与决策，只有制造商决策其市场销售价格，从而使其利润最大化，求 π_m^a 关于 p_m^a 的一阶导数，从而可以得到引理 7.3。

引理 7.3 在代售模式下，最优的市场销售价、及均衡利润为：

(1) $p_m^{a*} = \dfrac{1 + \alpha\gamma}{2(1 - \gamma^2)}$；

(2) $\pi_e^{a*} = \dfrac{(1 + \alpha\gamma)^2 \beta}{4(1 - \gamma^2)}$； $\pi_m^{a*} = \dfrac{(1 + \alpha\gamma)^2(1 - \beta)}{4(1 - \gamma^2)}$。

7.4 决策分析

该小节将对比混合模式、代售模式、批发模式下在线零售商的利润，从而分析在线零售商的模式选择。由于制造商处于跟随者的地位，无法决策模式，所以我们分析了制造商的模式偏好，从而进一步研究博弈双方是否存在帕累托改进区域。

7.4.1 在线零售商的模式选择

根据引理 7.1、引理 7.2、引理 7.3，我们可以得到在线零售商在混合模式、代售模式、批发模式下的均衡利润。

首先，比较在线零售商在混合模式和代售模式下的均衡利润：

$$\Delta_e^{ha} = \pi_e^{h*} - \pi_e^{a*} = \frac{8\alpha\gamma\beta + 4\beta + \left[(1 - (1 - 4\beta)\gamma^2 \right] \alpha^2}{16(1 - \gamma^2)} - \frac{(1 + \alpha\gamma)^2 \beta}{4(1 - \gamma^2)} = \frac{\alpha^2}{16}$$

从以上结论我们可以得到，无论平台费率的高低，消费者对两个渠道的偏好如何，以及竞争的大小，相对于代售模式，在线零售商总是选择混合模式。

其次，比较在线零售商在混合模式和批发模式下的均衡利润，可以得到：

$$\Delta_e^{hw} = \pi_e^{h*} - \pi_e^{w*}$$

$$= \frac{8\alpha\gamma\beta + 4\beta + \left[(1 - (1 - 4\beta)\gamma^2 \right] \alpha^2}{16(1 - \gamma^2)} - \frac{(\alpha + \gamma)^2}{16(1 - \gamma^2)}$$

$$= \frac{\left[(1 - 4\beta)\alpha^2 + 1 \right] \gamma^2 + (2 - 8\beta)\alpha\gamma - 4\beta}{16\gamma^2 - 16}$$

从以上结论我们可以得到，混合模式和批发模式存在一个边界 $\beta_1 = \dfrac{\gamma(\alpha^2\gamma + 2\alpha + \gamma)}{4(\alpha\gamma + 1)^2}$，当 $\beta \in (\beta_1, 1)$，在线零售商选择混合模式；相反，当 $\beta \in (0, \beta_1)$，在线零售商选择批发模式。

最后，我们比较在线零售商在代售模式和批发模式下的均衡利润，可以得到：

$$
\begin{aligned}
\Delta_e^{aw} &= \pi_e^{a*} - \pi_e^{w*} \\
&= \frac{(1 + \alpha\gamma)^2\beta}{4(1 - \gamma^2)} - \frac{(\alpha + \gamma)^2}{16(1 - \gamma^2)} \\
&= \frac{(4\beta\alpha^2 - 1)\gamma^2 + (8\beta - 2)\alpha\gamma - \alpha^2 + 4\beta}{16\gamma^2 - 16}
\end{aligned}
$$

从以上结论我们可以得到，代售模式和批发模式存在一个边界 $\beta_2 = \dfrac{\alpha^2 + 2\alpha\gamma + \gamma^2}{4(\alpha\gamma + 1)^2}$，当 $\beta \in (\beta_2, 1)$，在线零售商选择代售模式，相反，当 $\beta \in (0, \beta_2)$，在线零售商选择批发模式。

比较 β_1 和 β_2 的大小，可以发现 $\beta_2 > \beta_1$，所以面对混合模式、代售模式、批发模式三种选择时，当 $\beta \in (\beta_1, 1)$，在线零售商在混合模式下的均衡利润最大，而当 $\beta \in (0, \beta_1)$ 时，在线零售商在批发模式下的均衡利润最大，从而得到定理 7.1。

定理 7.1 当 $\beta \in (\beta_1, 1)$，在线零售商总是选择混合模式；当 $\beta \in (0, \beta_1)$ 时，在线零售商总是选择批发模式；无论平台费率高低，在线零售商都不会选择代售模式。

定理 7.1 表明在线零售商的模式选择与平台费率有关。当平台费率比较高时，在线零售商总是会选择混合模式，此时其利润最大；而当平台费率比较低时，在线零售商总是选择批发模式。而无论平台费率高低，在线零售商都不会选择代售模式。

代售模式和混合模式相比，无论平台费率的高低，在线零售商都会选择混合模式，这是因为在混合模式中，在线零售商的利润主要来自两方面：一方面是从制造商处采购商品，然后销售商品所得；另一方面是为制造商提供平台，向制造商收取的平台使用费。虽然在混合模式中，在线零售商与制造商在销售市场上直接竞争，从而制造商在混合模式中销售商品的数量少于在代售模式中的销售数量，造成在线零售商在混合模式中收取的平台使用费低于在代售模式中收取的平台使用费，但是在混合模式中在线零售商从销售商品中获取的利润总是可以弥补平台使用费的损失，而且还有剩余。所以无论平台费率高低，在线零售商都不会选择代售模式。

代售模式和批发模式相比，当平台费率比较高时，在线零售商选择代售模式，反之选择批发模式。在代售模式中，在线零售商的利润主要是向制造商收取的平台使用费，而在批发模式中，在线零售商的利润来自销售制造商的商品。所以如果平台费率比较高时，即在线零售商向制造商收取的平台使用费比较高时，相对于销售制造商的商品获取的利润来说，此时收益更大，反之，如果收取的平台使用费较低，则在线零售商更愿意去销售制造商的商品来获取利润。

批发模式和混合模式相比，虽然在线零售商在混合模式下，为制造商提供了直接向消费者销售商品的平台服务，从而使在线零售商销售制造商商品的利润减小，但是在线零售商会向制造商收取平台使用费来弥补这个损失。当平台费率高于一定值的时候，在线零售商收取的平台使用费不但弥补了这个损失，还有剩余，在线零售商选择使用混合模式；相反，如果平台费率低于该值时，平台使用费无法弥补该损失，则其选择批发模式。

综上，由于混合模式总是优于代售模式，所以只需要比较混合模式与批发模式。因此，当平台费率比较低时，在线零售商选择批发模式，反之，其选择混合模式。

7.4.2 制造商的模式选择

在本书中，假设在线零售商处于博弈的领导者地位，而制造商处于跟随者地位，所以其无法决策模式的选择。但是，在实际情况中，有许多制造商拥有的品牌价值非常高，市场占有率很高，比如 Nike、Adidas 等运动品牌，Apple 手机、茅台酒、帮宝适纸尿裤等，且在线零售商存在激烈的竞争，所以相对于在线零售商，制造商也有可能处于博弈的领导地位。另外，为了研究在线零售商和制造商是否存在帕累托改进区域，所以在本节研究制造商对于销售模式的偏好。

根据引理 7.1、引理 7.2、引理 7.3，我们可以得到在混合模式、代售模式、批发模式下制造商的均衡利润。

首先，我们比较制造商在混合模式和代售模式下的均衡利润：

$$\Delta_m^{ha} = \pi_m^{h*} - \pi_m^{a*}$$

$$= \frac{(1-\beta)(4\gamma\alpha+2) + [(1-(2\beta-1)\gamma^2]\alpha^2}{8(1-\gamma^2)} - \frac{(1+\alpha\gamma)^2(1-\beta)}{4(1-\gamma^2)}$$

$$= \frac{\alpha^2}{8}$$

从以上结论我们可以得到，无论平台费率的高低，消费者对两个渠道的偏好如何，以及竞争的大小，相对于代售模式，制造商总是偏好混合模式。

其次，我们比较制造商在混合模式和批发模式下的均衡利润，可以得到：

$$\Delta_m^{hw} = \pi_m^{h*} - \pi_m^{w*}$$

$$= \frac{(1-\beta)(4\gamma\alpha+2) + [(1-(2\beta-1)\gamma^2]\alpha^2}{8(1-\gamma^2)} - \frac{(\alpha+\gamma)^2}{8(1-\gamma^2)}$$

$$= \frac{[(2\beta-1)\alpha^2+1]\gamma^2 + (4\beta-2)\alpha\gamma + 2\beta - 2}{8\gamma^2 - 8}$$

从以上结论我们可以得到，混合模式和批发模式存在一个边界 $\beta_3 = \dfrac{\alpha^2\gamma^2 + 2\alpha\gamma - \gamma^2 + 2}{2(\alpha\gamma+1)^2}$。当 $\beta \in (\beta_3, 1)$ 时，制造商偏好批发模式；相反，当 $\beta \in (0, \beta_3)$ 时，制造商偏好混合模式。

最后，我们比较制造商在代售模式和批发模式下的均衡利润，可以得到：

$$\Delta_m^{aw} = \pi_m^{a*} - \pi_m^{w*}$$

$$= \frac{(1+\alpha\gamma)^2(1-\beta)}{4(1-\gamma^2)} - \frac{(\alpha+\gamma)^2}{8(1-\gamma^2)}$$

$$= \frac{[(2\beta-2)\alpha^2+1]\gamma^2 + (4\beta-2)\alpha\gamma + \alpha^2 + 2\beta - 2}{8\gamma^2 - 8}$$

从以上结论我们可以得到，代售模式和批发模式存在一个边界 $\beta_4 = \dfrac{2\alpha^2\gamma^2 - \alpha^2 + 2\alpha\gamma - \gamma^2 + 2}{2(\alpha\gamma+1)^2}$。当 $\beta \in (\beta_4, 1)$ 时，制造商偏好批发模式；相反，当 $\beta \in (0, \beta_4)$ 时，制造商偏好代售模式。

比较 β_3 和 β_4 的大小，我们可以发现 $\beta_3 > \beta_4$。所以面对混合模式、代售模式、批发模式三种模式时，当 $\beta \in (\beta_3, 1)$ 时，制造商在批发模式下的均衡利润最大；而当 $\beta \in (0, \beta_3)$ 时，制造商在混合模式下的均衡利润最大。从而得到定理7.2。

定理7.2　当 $\beta \in (\beta_3, 1)$ 时，制造商总是偏好批发模式；当 $\beta \in (0, \beta_3)$ 时，制造商总是偏好混合模式。无论平台费率高低，制造商都不会偏好代售模式。

定理7.2表明制造商对于平台模式的偏好也与平台费率有关。当平台费率比较高时，制造商总是偏好批发模式，此时其利润最大；而当平台费率比较低时，制造商总是偏好混合模式。而无论平台费率高低，制造商都不会偏好代售模式。

代售模式和混合模式相比，无论平台费率的高低，制造商总是偏好混合模式，这是因为在混合模式中，制造商的利润主要来自两方面，一方面是制造商将商品销售给在线零售商所得的利润，另一方面是制造商直接通过在线零售商向消费者销售商品获得的利润。虽然在混合模式中，在线零售商与制造商在销售市场上直接竞争，从而使制造商在混合模式中从直接销售给消费者的过程中获利减少，但是制造商向在线零售商销售商品所得的利润不但可以弥补竞争造成的损失，而且还有剩余。所以无论平台费率高低，制造商都偏好混合模式。

代售模式和批发模式相比，当平台费率比较高时，制造商偏好批发模式，反之偏好代售模式。在代售模式中，制造商的利润主要来自在向在线零售商支付一定的平台使用费之后，通过平台直接向消费者销售商品，而在批发模式中，制造商的利润来自向在线零售商销售商品。所以虽然代售模式效率比较高，但是如果平台费率比较高时，制造商使用平台向消费者销售商品的成本就会增加，因而制造商就会偏好批发模式；反之，如果收取的平台使用费较低，因为代售模式的效率比较高，所以制造商更偏向于代售模式。

批发模式和混合模式相比，虽然制造商在混合模式下又通过在线零售商向消费者直接销售商品，从而增加了与在线零售商的竞争，减少了制造商从向在线零售商销售商品的过程中获得的利润，但是当平台费率比较低的时候，制造商通过平台直接向消费者销售商品获得的利润可以弥补这个损失，且还有剩余，所以制造商此时偏好混合模式；反之，如果平台费率比较高时，制造商就无法弥补这个损失，从而偏好批发模式。

综上，由于混合模式总是优于代售模式，所以只需要对比混合模式与批发模式。因此，当平台费率比较低时，制造商选择混合模式，反之，其选择批发模式。

7.4.3 帕累托改进区域

定理 7.1 表明平台费率越高，在线零售商越偏好混合模式，定理 7.2 表明平台费率越高，制造商越偏好批发模式，因此本小节研究其是否存在帕累托改进区域。

比较 β_3 和 β_1 的大小：$\beta_3 - \beta_1 = \dfrac{4 + (\alpha^2 - 3)\gamma^2 + 2\alpha\gamma}{4(1 + \alpha\gamma)^2} > 0$，所以 $\beta_3 > \beta_1$，得到定理 7.3。

定理 7.3 对比分析在线零售商和制造商对三种模式的偏好，当 $\beta \in (\beta_1, \beta_3)$ 时，在线零售商和制造商都偏好混合模式，即该区域为双方的帕累托改进区域，在该区域，双方都选择混合模式。相比于其他模式，混合模式下双方的利润得到了提高。

定理 7.3 表明，当平台费率既不是很高，也不是很低时，制造商和在线零售商存在一个帕累托改进区域，在该区域，使用混合模式与其他两种模式相比，双方都能获得更高的利润。这主要是因为在线零售商此时设置的平台费率，使在线零售商和制造商都可以弥补由于增加销售渠道而使竞争加剧造成的损失，此时在线零售商和制造商都偏好混合模式。这也解释了为什么在电子书行业，发行商在亚马逊上通过批发模式销售印刷书籍，通过代售模式销售电子书；惠氏集团在天猫上直接销售商品，但是消费者也可以在天猫超市里购买到惠氏集团相同的商品；阿迪达斯既通过官方旗舰店以代售模式直接销售商品，也通过京东自营旗舰店以批发模式销售竞争性的商品。

下面考虑消费者对在线零售商批发渠道的偏好 α，以及在线零售商和制造商两者之间的竞争 γ 对于帕累托改进区域的影响。分别计算 β_1 和 β_3 关于 α 和 γ 的一阶导数，可以得到 $\dfrac{\partial\beta_1}{\alpha} > 0$，$\dfrac{\partial\beta_1}{\gamma} > 0$，$\dfrac{\partial\beta_3}{\alpha} < 0$，$\dfrac{\partial\beta_3}{\gamma} < 0$，从而可以得到定理 7.4。

定理 7.4 α 和 γ 越小，则 β_1 越小，β_3 越大，即在线零售商与制造商的帕累托改进区域越大。

定理 7.4 表明随着消费者对批发渠道的偏好程度的减弱，以及在线零售商与制造商竞争的缓和，在线零售商与制造商的帕累托改进区域会越来越大，此时在线零售商设置平台费率就有更大的空间。因为消费者对批发渠道的偏好程度减弱，即消费者认为批发模式和代售模式不同的程度越来越弱，即可认为是两者的竞争越来越小，而 γ 本来就是指制造商和在线零售商的竞争，所以根据定理 7.3，在线零售商和制造商更容易弥补由于增加销售渠道而使竞争加剧造成的损失，所以对于制造商来说平台费率就不用设置得那么低了，或对于在线零售商来说就不用设置得那么高了。

7.4.4 三种模式的效率对比分析

本小节将集中分析混合模式、代售模式、批发模式下整个在线销售系统的效率，在线销售系统的效率由在线销售系统的利润来衡量，即制造商与在线零售商的利润之和来反映。通过引理 7.1、引理 7.2、引理 7.3 很容易得到制造商和在线零售商在不同模式下的利润，把它们加总求和即得到整个在线销售系统的利润，我们用它来反映在线销售系统的效率。下面为了区别其他章节，我们用下标 T 来表示整个在线销售系统的利润。

在混合模式下，整个在线销售系统的利润为：

$$\pi_T^h = \pi_e^{h*} + \pi_m^{h*}$$

$$= \frac{8\alpha\gamma\beta + 4\beta + [(1-(1-4\beta)\gamma^2]\alpha^2}{16(1-\gamma^2)} + \frac{(1-\beta)(4\alpha\gamma+2) + [(1-(2\beta-1)\gamma^2]\alpha^2}{8(1-\gamma^2)}$$

$$= \frac{4+(3+\gamma^2)\alpha^2 + 8\alpha\gamma}{16(1-\gamma^2)}$$

在批发模式下，整个在线销售系统的利润为：

$$\pi_T^w = \pi_e^{w*} + \pi_m^{w*} = \frac{(\alpha+\gamma)^2}{16(1-\gamma^2)} + \frac{(\alpha+\gamma)^2}{8(1-\gamma^2)} = \frac{3(\alpha+\gamma)^2}{16(1-\gamma^2)}$$

在代售模式下，整个在线销售系统的利润为：

$$\pi_T^a = \pi_e^{a*} + \pi_m^{a*} = \frac{(1+\alpha\gamma)^2\beta}{4(1-\gamma^2)} + \frac{(1+\alpha\gamma)^2(1-\beta)}{4(1-\gamma^2)} = \frac{(1+\alpha\gamma)}{4(1-\gamma^2)}$$

因此，可以将混合模式在线销售系统的整个利润分别与批发模式、代售模式比较，从而得到 $\pi_T^h - \pi_T^a > 0$，$\pi_T^h - \pi_T^w > 0$。将批发模式下整个在线销售系统的利润与代售模式比较，可以得到 $\pi_T^w - \pi_T^a = \frac{(3-4\alpha^2)\gamma^2 - 2\alpha\gamma + 3\alpha^2 - 4}{16(1-\gamma^2)}$，从而得到批发模式和代售模式的一个边界

$$\alpha_o = \frac{2\sqrt{3}\,\gamma^2 - 2\sqrt{3} - \gamma}{4\gamma^2 - 3} \; \text{或} \; \gamma_o = \frac{2\sqrt{3}\,\alpha^2 - 2\sqrt{3} - \alpha}{4\alpha^2 - 3}$$。因为 $\alpha > 1$，所以进一步

求边界 γ_o 关于 α 的极限，$\lim\limits_{\alpha \to +\infty} \gamma_o = \frac{\sqrt{3}}{2}$。可得，当 $\alpha > \dfrac{2\sqrt{3}\,\gamma^2 - 2\sqrt{3} - \gamma}{4\gamma^2 - 3}$，

且 $\gamma < \dfrac{\sqrt{3}}{2}$ 时，$\pi_T^w > \pi_T^a$，得到定理 7.5。

定理 7.5 在混合模式、批发模式、代售模式中，混合模式的效率总是最高的，当 $\alpha > \dfrac{2\sqrt{3}\,\gamma^2 - 2\sqrt{3} - \gamma}{4\gamma^2 - 3}$，且 $\gamma < \dfrac{\sqrt{3}}{2}$ 时，批发模式的效率高于代售模式，反之，代售模式的效率高于批发模式。

定理 7.5 表明混合模式是相对于其他两种模式的，是效率最高的模式。这是因为相对于代售模式，批发模式体现了消费者对于批发渠道的偏好，但是批发模式会造成双重边际效应，且混合模式增加了销售量，所以混合模式使在线销售系统的效率最高。当消费者对批发渠道的偏好比较强时，即 α 比较大时，相对于代售模式，批发模式的效率比较高；而代售模式可以很好地缓解竞争，所以当竞争比较大，或者消费者对于批发渠道不是特别偏好时，相对于批发模式，代售模式的效率比较高。

7.5 本章小结

随着网络经济的快速发展，在线零售商的模式选择成为其在运营过程中的重要决策问题，如 Zappos. com 是批发模式，易贝是代售模式，但是亚马逊公司改变了原来单一的批发模式，在保留批发模式的情况下，为更多的制造商提供代售服务，京东亦如此，即转向了混合模式。而天猫则改变了原来单纯的代售模式，改为混合模式。所以混合模式、代售模式、批发模式，到底哪个效率高，成为实业界关注的焦点，也成为学术界研究的一个热点。本书以当前实业界比较流行的在线销售系统为背景，对比研究了混合模式、代售模式、批发模式。通过研究本章得出了以下主要结论：

①无论平台费率的高低，消费者对批发渠道的偏好强弱，竞争的大小，制造商和在线零售商都不偏好代售模式，这很好地解释了亚马逊为什么比易贝的市场份额高那么多，天猫为什么要从代售模式转向混合模式。

②当平台费率比较高时，在线零售商会选择混合模式，比如，在线零售商的数码电子类产品的平台费率比较高，所以在线零售商会有自营数码电子类的旗舰店，也为数码电子类制造商提供平台服务，允许其在平台上直接销售商品。

③进一步研究发现，制造商和在线零售商存在帕累托改进区域，在一定费率的情况下，制造商和在线零售商都偏好混合模式，所以在线零售商设置平台费率的时候，要考虑该帕累托改进区域的存在，且要考虑竞争的大小和消费者对于批发渠道的偏好程度，因为竞争越小，消费者对于批发渠道的偏好程度越低，该区域越大。

④本章也从整个系统的角度进行了研究，发现混合模式总能使在线销售系统的效率最高，当竞争比较小，在线零售商对批发渠道的偏好比较强时，批发模式的效率高于代售模式。

结合以上的结论，有如下管理启示：

①在线零售商不应该仅仅选择代售模式，应该根据以上阈值和条件选择批发模式或者混合模式，比如随着在线零售业的发展，仅仅提供代售模式的天猫陷入了经营困境，因此，尝试转向混合模式。

②在线零售商模式的选择并不总是会损害制造商的利益，因此，在线零售商销售模式的转换，并不会对平台的流量造成巨大的影响。

③混合模式可能提高整个供应链的效率，从而提高平台的竞争力。

8 结论与研究展望

8.1 本书结论

随着在线零售行业的发展，该行业产生了两方面的重要问题：一方面，在线零售商和制造商在不同的销售模式下采取何种渠道引入策略或者何种服务运作策略，进而如何影响市场价格和服务水平；另一方面，在线零售商和制造商又应该选择何种销售模式。这两方面的问题对于管理者来说是一个很大的挑战，所以此方面的问题也成为了学术界的一个研究热点。本书在第3、4、5、6、7章分别考虑了五类因素，即直销渠道、第三方在线渠道、在线零售商自营二手商品及溢出效应、物流服务、混合模式，通过使用博弈论的方法，得到了以下主要结论：

①在考虑直销渠道开通的情况下，本书分别研究了制造商和在线零售商关于销售模式的选择，以及在不同的销售模式下直销渠道的保留问题，主要的研究结论如下。第一，与以往结论不同，代售模式下的市场价格并不总是低于批发模式下的市场价格，在代售模式下，当平台费率比较高时，制造商会设置更高的市场价格，从而提高直销渠道的效率。第二，无论在何种策略下，制造商都应该保留直销渠道，在代售模式下，直销渠道能使在线零售商不至于设置过高的平台费率；在批发模式下，直销渠道可以缓解市场价格的双重边际效应，增加市场的销量，从而增加制造商的利润。第三，即便平台费率非常低，如果直销渠道的效率比较高，在线零售商也应该选择代售模式。这是因为：在批发模式下，如果直销渠道的效率比较高，那么制造商总是会提高批发价，在线零售商面对直销渠道的竞争不得不降低市场价格，其边际利润会非常小；在代售模式下，由于平台费

率比较低，制造商的扭曲行为比较弱，所以在线零售商总是可以收取比较多的平台使用费。第四，即便平台费率非常低，如果直销渠道的效率比较高，制造商也应该选择批发模式。这主要是因为，此时，制造商不但可以设置比较高的批发价，还可以迫使在线零售商设置比较低的市场价格来增加市场销量，所以制造商在批发模式下可以获取更高的利润。

②在考虑制造商引入第三方在线渠道策略的情况下，本书分别研究了制造商和在线零售商关于销售模式的选择，以及第三方零售商的发展策略。研究发现：第一，在批发模式下，当平台费率比较低时，制造商应该引入第三方在线渠道来提高市场竞争力；当平台费率比较高时，制造商不应引入第三方在线渠道。这是由于在线零售商会随着平台费率的增加而偏好提高市场价格增加第三方在线渠道的销售量，从而收取更多的平台使用费，所以制造商不得不面对在线零售商和第三方零售商都提高市场价格的情况。在代售模式下，制造商应该引入第三方在线渠道，这不仅可以使其避免支付过多的平台使用费，还可以使其规避直接销售时较低的销售效率造成的损失。第二，关于在线零售商销售模式选择的问题需要分两种情况，第一种情况是在两种销售模式下制造商都引入第三方在线渠道，第二种情况是仅在代售模式下制造商引入第三方在线渠道。在第一种情况下，当制造商的销售效率不处于两个极端的情况下，如果第三方在线渠道的折扣系数比较大，即便平台费率比较高，那么在线零售商也应该选择批发模式；在第二种情况下，当制造商的销售效率不处于两个极端的情况下，如果平台费率非常地高，那么在线零售商也应该选择批发模式。第三，关于制造商销售模式选择的问题同样需要分成以上两种情况。在第一种情况下，当制造商的销售效率不处于两个极端的情况下，如果第三方在线渠道的折扣系数比较大，即便平台费率非常低，制造商也应该选择批发模式；在第二种情况下，当平台费率非常高时，制造商应该选择批发模式。第四，对于第三方零售商来说，相较于代售模式下制造商直接销售商品，以及批发模式下在线零售商销售商品，其都处于竞争劣势，所以第三方零售商到底应该采取何种发展策略呢？研究结果表明，在代售模式下，第三方零售商总是应该提高消费者的效用，然而，在批发模式下，第三方零售商应该将消费者的效用保持在一个居中水平。

③考虑在线零售商自营二手商品时，本书研究了溢出效应对于制造商和在线零售商选择销售模式的影响。研究发现，二手商品的竞争，会对制

造商保护或促进线下销售的努力形成抵消现象，而平台费率会对该抵消现象进行调节，形成强的抵消现象和弱的抵消现象。主要结论为：第一，在正的溢出效应下，总是存在弱的抵消现象，所以对于制造商来说，代售模式更有利于其促进线下销售；在负的溢出效应下，由于存在强的抵消现象，且平台费率的增加会使抵消现象减弱，所以，当平台费率比较低的时候，批发模式可以使制造商更好地保护线下销售，当平台费率比较高时，只有溢出效应系数非常小时（非常大时），代售模式（批发模式）才能使制造商更好地保护线下销售。第二，当平台费率非常低时，如果溢出效应系数比较小（大），则制造商应该选择批发模式（代售模式）；当平台费率相对比较低时，溢出效应系数非常大或非常小，即溢出效应非常明显时（不明显），则制造商应该选择代售模式（批发模式）；当平台费率相对比较高时，制造商的选择与平台费率非常低时一致；当平台费率非常高时，制造商总是应该选择批发模式。第三，批发模式下，新品和二手商品都由在线零售商决策，所以可以缓解双方的竞争，与 Tian 等（2018）的批发模式缓解上游竞争的原理相似；代售模式下，随着平台费率增加，在线零售商获取的平台使用费增加，同样可以缓解新品和二手商品之间的竞争。因此，当平台费率比较低时，在线零售商从新品和二手商品获取的利润在批发模式下更大，此时，在线零售商总是应该选择批发模式；当平台费率比较高时，无论是批发模式和代售模式都可以缓解竞争，所以溢出效应系数的大小成为主导因素，当溢出效应非常明显时，即溢出效应系数非常大或非常小时（居中），在线零售商选择批发模式（代售模式）。

④在考虑物流服务的情况下，本书研究了不同销售模式下制造商和在线零售商双方关于物流服务承担者的选择，更进一步分别研究了双方关于销售模式的选择，主要研究结论如下。第一，在批发模式下，与制造商承担物流服务相比，在线零售商承担物流服务可以提供更高水平的物流服务；在代售模式下，与在线零售商承担物流服务相比，制造商承担物流服务可以提供更高水平的物流服务。第二，在批发模式下，由在线零售商承担物流服务会使制造商和在线零售商双方获取更高的利润；在代售模式下，由制造商承担物流服务会使双方获取更高的利润。第三，当平台费率比较低时，如果服务效率比较低，则在线零售商应该选择批发模式；另外，无论平台费率的高低，如果服务效率非常高，在线零售商也应该选择批发模式；其他情况下，在线零售商应该选择代售模式。第四，当服务效

率比较低时，无论平台费率的高低，制造商都应该选择代售模式；当服务效率比较高时，如果平台费率比较低，则制造商应该选择代售模式，如果平台费率比较高，则制造商应该选择批发模式。

⑤随着在线零售业的发展，许多制造商不仅通过批发模式销售商品，还通过代售模式销售商品，即通过混合模式销售商品，然而，也有制造商仅通过批发模式，或代售模式销售商品。那么，对于制造商和在线零售商来说，混合模式、批发模式、代售模式，哪种模式更好呢？为了研究以上问题，本书在一个在线零售商和一个制造商组成的供应链中，研究了在线零售商和制造商对于三种模式的选择与偏好。通过研究，本书得出了以下主要结论。第一，无论平台费率的高低，消费者对批发渠道的偏好强弱，竞争的大小，制造商和在线零售商都不偏好代售模式，这很好地解释了亚马逊为什么比易贝的市场份额高那么多，天猫为什么要从代售模式转向混合模式。第二，当平台费率比较高时，在线零售商会选择混合模式，比如，数码电子类产品的平台费率比较高，所以在线零售商会有自营数码电子类的旗舰店，也为数码电子类制造商提供平台服务，允许其在平台上直接销售商品。第三，进一步研究发现，制造商和在线零售商存在帕累托改进区域，在一定费率的情况下，制造商和在线零售商都偏好混合模式，所以在线零售商设置平台费率的时候，要考虑该帕累托改进区域的存在，且要考虑竞争的大小和消费者对于批发渠道的偏好程度，因为竞争越小、消费者对于批发渠道的偏好程度越弱，该区域越大。第四，从整个系统的角度进行研究，发现混合模式的效率是最高的，当竞争比较小，在线销售商对批发渠道的偏好比较强时，批发模式的效率高于代售模式。

8.2　研究展望

本书可以从以下几个方面进行进一步的研究：

①考虑信息不对称的情况。在实际运行中，在线零售商不断发展壮大，如京东、亚马逊等，其通过网络技术，利用拥有的在线平台的优势，掌握了大量的需求信息。那么，在第3、4、5章现有的供应链结构下，由于在线零售商和平台使用费支付方是收益共享的关系，那么，在线零售商的信息共享策略应该如何呢？更进一步，当考虑不对称的需求信息时，信

息共享策略和销售模式选择又会怎样相互影响呢？另外，除了需求信息，产品的质量信息、制造商的成本信息等在以上的供应链结构下，销售模式和信息分享策略又会怎样相互影响？因此，未来我们可以对以上问题展开研究。

②考虑物流服务共享策略。物流服务是在线零售的重要组成部分，一部分在线零售商，如京东和亚马逊，建设了自有的物流服务系统。Qin 等（2020）以及 He 等（2020）分别在不同的供应链结构下研究了在线零售商物流服务共享的策略。在线平台的存在，产生了许多不同的在线供应链结构，比如，本书各章节中呈现的供应链结构。那么，在不同的供应链结构下，物流服务共享策略是如何的？另外，物流服务共享策略和在线供应链销售模式选择之间会如何互动？因此，基于不同的供应链结构，研究销售模式与物流服务共享策略的互动是一个值得关注的方向。另外，随着在线零售的发展，在线零售商越来越倾向于通过提供各种服务来获取利润，比如金融服务、质量担保服务等，这些也是未来研究值得关注的。

③第三方零售商的发展以及其对在线零售商的影响。在线零售商的在线平台上，存在着非常多的第三方零售商（Jiang 等，2011），面对强势的制造商和在线零售商，其往往处于竞争弱势，其应该如何发展？第三方零售商的发展对于在线零售商又会产生怎么样的影响？在线零售商对于第三方零售商所售商品中的假冒伪劣商品又应该采取何种态度？不同销售模式下，第三方零售商的竞合策略会如何？本书第 4 章关于第三方零售商发展策略的研究还比较粗浅，以上问题值得进一步研究。

参考文献

［1］曹裕，易超群，万光羽. 基于制造商网络渠道选择的双渠道供应链定价与服务决策研究［J］. 管理工程学报，2021，35（2）：189-199.

［2］陈国鹏，张旭梅，肖剑. 在线渠道折扣促销下的双渠道供应链合作广告协调研究［J］. 管理工程学报，2016，30（4）：203-209.

［3］但斌，曲祯经，张海月，等. 供应链中制造商应对强势零售商的混合渠道策略［J］. 管理评论，2016，28（12）：213-224.

［4］杜志平，付帅帅，穆东，等. 基于4PL的跨境电商物流联盟多方行为博弈研究［J］. 中国管理科学，2020，28（8）：104-113.

［5］段玉兰，王勇，石国强. 考虑电商平台信息共享的平台渠道引入策略［J］. 预测，2021，40（1）：75-83.

［6］范丹丹，徐琪，程方正. 考虑退货影响的品牌商O2O渠道选择与决策优化［J］. 中国管理科学，2019，27（11）：141-151.

［7］范小军，刘艳. 制造商引入在线渠道的双渠道价格与服务竞争策略［J］. 中国管理科学，2016，24（7）：40-45.

［8］何海龙，李明琨. 有限管制下快递包装逆向物流三方博弈行为分析［J］. 工业工程与管理，2021，26（1）：157-164.

［9］胡玉真，李倩倩，江山. 跨境电商企业海外仓选址多目标优化研究［J］. 中国管理科学，2022，30（7）：201-209.

［10］戢守峰，孙琦，罗蓉娟. 考虑撤单率的电商配送服务能力自建与外包博弈模型与求解［J］. 系统工程理论与实践，2019，39（10）：2570-2580.

［11］李佩，魏航. 分销，平台还是混合：零售商经营模式选择研究［J］. 管理科学学报，2018，20（9）：50-75.

［12］李佩，魏航，王广永，等. 拥有自有品牌零售商的平台开放策略研究［J］. 中国管理科学，2019，27（3）：105-115.

［13］李佩，魏航，王广永，等. 考虑不同经营模式的零售商纵向整合策略选择：前向，后向还是不整合［J］. 中国管理科学，2020，28（9）：90-101.

［14］李佩，魏航，王广永，等. 基于产品质量和服务水平的零售商经营模式选择研究［J］. 管理工程学报，2020，34（5）：169-182.

［15］郎骁，邵晓峰. 消费者导向类型与电商全渠道决策研究［J］. 中国管理科学，2020，28（9）：164-175.

［16］梁喜，蒋琼，郭瑾. 不同双渠道结构下制造商的定价决策与渠道选择［J］. 中国管理科学，2018，26（7）：97-107.

［17］刘开军，张子刚. 多渠道供应链中物流系统的容量扩充与分配模型［J］. 中国管理科学，2019，17（5）：39-45.

［18］刘墨林，但斌，马崧萱. 考虑保鲜努力与增值服务的生鲜电商供应链最优决策与协调［J］. 中国管理科学，2020，28（8）：76-88.

［19］马敬佩，李文立，耿师导，等. 基于溢出效应的信息产品在线渠道销售模式选择策略［J］. 系统管理学报，2020，29（2）：251-261.

［20］马述忠，梁绮慧，张洪胜. 消费者跨境物流信息偏好及其影响因素研究：基于1 372家跨境电商企业出口运单数据的统计分析［J］. 管理世界，2020，36（6）：49-65.

［21］倪晓，程海芳，刘丛. 考虑消费者偏好的混合销售渠道决策模型［J］. 管理学报，2020，17（10）：1544-1553.

［22］浦徐进，冀博文，孙书省. 参照效应，渠道竞争和线上销售模式选择［J］. 商业研究，2019，502（2）：58-67.

［23］浦徐进，刘燃，金德龙. 考虑实体店公平关切的制造商线上渠道模式选择研究［J］. 运筹与管理，2019，28（11）：178-184.

［24］孙书省，浦徐进，韩广华. 考虑线下权力结构的制造商线上销售模式选择研究［J］. 中国管理科学，2019，27（5）：119-129.

［25］滕文波，庄贵军. 基于电子渠道需求预测的渠道模式选择［J］. 中国管理科学，2011，19（5）：71-78.

［26］田宇，但斌，刘墨林，等. 保鲜投入影响需求的社区生鲜O2O模式选择与协调研究［J］. 中国管理科学，2022，30（8）：173-184.

［27］万光羽，曹裕，易超群. 考虑渠道碳排放差异的零售商渠道选择策略［J］. 系统工程理论与实践，2021，41（1）：77-92.

［28］王聪，杨德礼. 电商平台折扣券对制造商双渠道策略的影响研究［J］. 系统工程理论与实践，2018，38（6）：1525-1535.

［29］魏杰，常美静. 基于电商平台的定价顺序和销售模式选择［J］. 系统工程，2021，39（1）：94-100.

［30］魏杰，田晨，卢静会. 基于电商平台的互补产品物流服务和销售模式选择研究［J］. 工业工程与管理，2021，26（2）：188-195.

［31］文悦，王勇，但斌，等. 电商平台自营和制造商直销的多渠道竞争策略研究［J］. 中国管理科学，2019，27（10）：80-92.

［32］文悦，王勇，段玉兰，等. 基于渠道接受差异和权力结构差异的电商平台自营影响研究［J］. 管理学报，2019，16（4）：603-614.

［33］武淑萍，于宝琴. 电子商务与快递物流协同发展路径研究［J］. 管理评论，2016，28（7）：93-101.

［34］夏德建，王勇，石国强. 自建 VS. 并购：物流一体化竞争下的电商平台演化博弈［J］. 中国管理科学，2020，28（4）：122-130.

［35］赵菊，刘龙，王艳，等. 基于电商平台的供应商竞争和模式选择研究［J］. 系统工程理论与实践，2019，39（8）：2058-2069.

［36］赵旭，汪永，胡斌. 电商平台自建物流与第三方物流企业间的协同配送机制研究［J］. 系统工程，2019，37（2）：81-90.

［37］张海强，杜荣，艾时钟. 考虑确权可信能力的知识产权管理平台确权渠道策略研究［J］. 中国管理科学，2022，30（11）：333-342.

［38］张旭梅，郑雁文，李梦丽. O2O 模式中存在附加服务的供应链合作策略研究［J］. 管理学报，2019，16（12）：1847-1863.

［39］张旭梅，郑雁文，李梦丽，等. O2O 模式中考虑附加服务和平台营销努力的供应链合作策略研究［J］. 中国管理科学，2022，30（2）：181-190.

［40］ABHISHEK V，JERATH K，ZHANG Z J. Agency selling or reselling? channel structures in electronic retailing［J］. Management Science，2016，62（8）：2259-2280.

［41］ALBA J，LYNCH J，WEITZ B, et al. Interactive home shopping: consumer, retailer, and manufacturer incentives to participate in electronic marketplaces [J]. Journal of Marketing, 1997, 61 (3): 38-53.

[42] ARDA Y. The marketplace dilemma: selling to the marketplace vs. selling on the marketplace [J]. Naval Research Logistics, 2021, 68 (6): 761-778.

[43] ARMSTRONG M, WRIGHT J. Two-sided markets, competitive bottlenecks and exclusive contracts [J]. Economic Theory, 2007, 32 (2): 353-380.

[44] ARYA A, MITTENDORF B, SAPPINGTON D E. The bright side of supplier encroachment [J]. Marketing Science, 2007, 26 (5): 651-659.

[45] BALASUBRAMANIAN S. Mail versus mall: a strategic analysis of competition between direct marketers and conventional retailers [J]. Marketing Science, 1998, 17 (3): 181-195.

[46] BALMERA J M T, LIN Z, CHENA W, et al. The role of corporate brand image for B2B relationships of logistics service providers in China [J]. Journal of Business Research, 2020, 117: 850-861.

[47] BERNSTEIN F, SONG J, ZHENG X. "Bricks-and-mortar" vs. "clicks-and-mortar": an equilibrium analysis [J]. European Journal of Operation Research, 2008, 187 (3): 671-690.

[48] BRYNJOLFSSON E, HU Y, RAHMAN M S. Battle of the retail channels: how product selection and geography drive cross-channel competition [J]. Management Science, 2009, 55 (11): 1755-1765.

[49] CAI G S. Channel selection and coordination in dual-channel supply chains [J]. Journal of Retailing, 2010, 86 (1): 22-36.

[50] CAILLAUD B, JULLIEN B. Chicken & egg: competition among intermediation service providers [J]. Rand Journal of Economics, 2003, 34 (2): 309-328.

[51] CUI R, LI M, LI Q. Value of high-quality logistics: evidence from a clash between SF express and alibaba [J]. Management Science, 2020, 66 (9): 3879-3902.

[52] CANAN SAVASKAN R, BHATTACHARYS S, WASSENHOVE L N. Closed-loop supply chain models with product remanufacturing [J]. Management Science, 2004, 50 (2): 239-252.

［53］ CAO K, XU Y, CAO J, et al. Whether a retailer should enter an e-commerce platform taking into account consumer returns［J］. International Transactions in Operation Reasearch, 2020, 27 (6): 2878-2898.

［54］ CHEN H, HAO Y, YAN Y. The introduction strategy of the emerging online marketplace considering risk attitude and channel power［J］. International Journal of General Systems, 2020, 49 (5): 470-496.

［55］ CHEN J, PUN H, LI W. Using online channel to defer the launch of discount retailing store［J］. Transportation Research Part E-Logistics and Transportation Review, 2018, 120: 96-115.

［56］ CHEN K Y, KAYA M, ÖZALP Ö. Dual sales channel management with service competition［J］. Manufacturing & Service Operations Management, 2008, 10 (4): 654-675.

［57］ CHEN L, NAN G, LI M. Wholesale pricing or agency pricing on online retail platforms: the effects of customer loyalty［J］. International Journal of Electronic Commerce, 2018, 22 (4): 576-608.

［58］ CHEN P, ZHAO R, YAN Y, et al. Promotional pricing and online business model choice in the presence of retail competition［J］. Omega, 2020, 94, 102085.

［59］ CHERRETT T, DICKINSON J, MCLEOD F, et al. Logistics impacts of student online shopping – evaluating delivery consolidation to halls of residence ［J］. Transportation Research Part C- Emerging Technologies, 2017, 78: 111-128.

［60］ CHIANG W Y K, CHHAJED D, HESS J D. Direct marketing, indirect profits: a strategic analysis of dual-channel supply-chain design［J］. Management Science, 2003, 49 (1): 1-20.

［61］ CHIU C H, CHOI T M, LI Y J, et al. Service competition and service war: a game-theoretic analysis［J］. Service Science, 2014, 6 (1): 63-76.

［62］ CHOI T M, CHOW P S, LEE C H, et al. Used intimate apparel collection programs: a game-theoretic analytical study［J］. Transportation Research Part E-Logistic Transportation Review, 2018, 109, 44-62.

［63］ DANTAS D C, TABOUBI S, ZACCOUR G. Which business model

for e-book pricing? [J]. Economics Letters, 2014, 125 (1): 126-129.

[64] ESENDURAN G, HILL J A, NOH I J. Understanding the choice of online resale channel for used electronics [J]. Production and Operations Management, 2020, 29 (5): 1188-1211.

[65] FENG L, ZHENG X, GOVINDAN K, et al. Does the presence of secondary market platform really hurt the firm? [J]. International Journal of Production Economics, 2019, 213, 55-68.

[66] FINE C, PORTEUS E. Dynamic process improvement [J]. Operation Research, 1989, 37 (4): 580-591.

[67] FOROS O, KIND H J, SHAFFER G. Apple's agency model and the role of most-favored-nation clauses [J]. Rand Journal of Economics, 2017, 48 (3): 673-703.

[68] FU H, KE G Y, LIAN Z, et al. 3PL firm's equity financing for technology innovation in a platform supply chain [J]. Transportation Research Part E-Logistics and Transportation Review, 2021, 147, 102239.

[69] GAO F, SU X. Online and offline information for omnichannel retailing [J]. Manufacturing & Service Operations Management, 2016, 19 (1): 84-98.

[70] GENG X, TAN Y R, WEI L. How add-on pricing interacts with distribution contracts [J]. Production and Operations Management, 2018, 27 (4): 605-623.

[71] HAGIU A. Merchant or two-sided platform? [J]. Review of Network Economics, 2007, 6 (2): 115-133.

[72] HAGIU A, SPULLBER D. First-party content and coordination in two-sided markets [J]. Management Science, 2013, 59 (4): 933-949.

[73] HAGIU A, WRIGHT J. Marketplace or reseller [J]. Management Science, 2015, 61 (1): 184-203.

[74] HAGIU A, WRIGHT J. Controlling vs. enabling [J]. Management Science, 2019, 65 (2): 577-595.

[75] HAO L, FAN M. An analysis of pricing models in the electronic book market [J]. MIS Quarterly, 2014, 38 (4): 1017-1032.

[76] HE B, GAN X, YUAN K. Entry of online presale of fresh produce: a

competitive analysis [J]. European Journal of Operational Research, 2019, 272 (1): 339-351.

[77] HE L, LIAO X, ZHANG Z G, et al. Analysis of online dual-channel supply chain based on service level of logistics and national advertising [J]. Quality Technology & Quantitative Management, 2016, 13 (4): 473-490.

[78] HE P, HE Y, XU H, et al. Online selling mode choice and pricing in an O2O tourism supply chain considering corporate social responsibility [J]. Electronic Commerce Research and Applications, 2019, 38, 100894.

[79] HE P, WEN J, YE S, et al. Logistics service sharing and competition in a dual-channel e-commerce supply chain [J]. Computers & Industrial Engineering, 2020, 149, 106849.

[80] HSIAO L, CHEN Y J. Strategic motive for introducing internet channels in a supply chain [J]. Production and Operations Management, 2014, 23 (1): 36-47.

[81] HU M, HUANG F, HOU H, et al. Customized logistics service and online shoppers' satisfaction: an empirical study [J]. Internet Research, 2016, 26 (2): 484-497.

[82] JAIN N K, GAJJAR H, SHAH B J. Electronic logistics service quality and repurchase intention in e-tailing: catalytic role of shopping satisfaction, payment options, gender and returning experience [J]. Journal of Retailing and Consumer Services, 2021, 59, 102360.

[83] JERATH K, ZHANG Z. Store within a store [J]. Journal of Marketing Research, 2010, 47 (4): 748-763.

[84] JIANG B, JERATH K, SRINIVASAN K. Firm strategies in the "Mid Tail" of platform-based retailing [J]. Marketing Science, 2011, 30 (5): 757-775.

[85] JIANG D, LI X. Order fulfilment problem with time windows and synchronisation arising in the online retailing [J]. International Journal of Production Research, 2021, 59 (4): 1187-1215.

[86] JIN Y N, WANG S J, HU Q Y. Contract type and decision right of sales promotion in supply chain management with a capital constrained retailer [J]. European Journal of Operational Research, 2015, 240 (2): 415-424.

[87] JOHNSON J P. The agency and wholesale models in electronic content markets [J]. International Journal of Industrial Organization, 2020, 69, 102581.

[88] KAPNER S. How the web drags on some retailers? [N]. The Wall Street Journal, 2014-12-2 (7).

[89] KIM Y, LEE Y. Cross-channel spillover effect of price promotion in fashion [J]. International Journal of Retail and Distribution Management, 2020, 48 (10): 1139-1154.

[90] KWARK Y, CHEN J Q, RAGHUNATHAN S. Platform or wholesale? a strategic tool for online retailers to benefit from third-party information [J]. MIS Quarterly, 2017, 41 (3): 763-781.

[91] LI GUO, ZHANG X, CHIU S M, et al. Online market entry and channel sharing strategy with direct selling diseconomies in the sharing economy era [J]. International Journal of Production Economics, 2019, 218: 135-147.

[92] LI H, LENG K, QING Q, et al. Strategic interplay between store brand introduction and online direct channel introduction [J]. Transportation Research Part E-Logistic Transportation Review, 2018, 118: 272-290.

[93] LI K P, MALLIK S, CHHAJED D. Design of extended warranties in supply chains under additive demand [J]. Production and Operations Management, 2012, 21 (4): 730-746.

[94] LI Q H, LI B. Dual-channel supply chain equilibrium problems regarding retail services and fairness concerns [J]. Applied Mathematical Modelling, 2016, 40 (15): 7349-7367.

[95] LI T, XIE J, ZHAO X. Supplier encroachment in competitive supply chains [J]. International Journal of Production Economics, 2015, 165: 120-131.

[96] LI X, LI Y J, CAI X Q, et al. Service channel choice for supply chain: who is better off by undertaking the service? [J]. Production and Operations Management, 2016, 25 (3): 516-534.

[97] LI Y, LI G, TAYI G K, et al. Omni-channel retailing: do offline retailers benefit from online reviews? [J]. International Journal of Production Economics, 2019, 218: 43-61.

［98］LI Z, GILBERT S M, LAI G. Supplier encroachment as an enhancement or a hindrance to nonlinear pricing［J］. Production and Operations Management, 2015, 24（1）: 89−109.

［99］LI Z, LU Q, TALEBIAN M. Online versus bricksand − mortar retailing: a comparison of price, assortment and delivery time［J］. International Journal of Production Research, 2015, 53（13）: 3823−3835.

［100］LIANG R, WANG J, HUANG M, et al. Truthful auctions for e − market logistics services procurement with quantity discounts［J］. Transportation Research Part B−Methodological, 2020, 133: 165−180.

［101］LIAO P, YE F, WU X. A comparison of the merchant and agency models in the hotel industry［J］. International Transactions in Operational Research, 2019, 26（3）: 1052−1073.

［102］LIU B, GUO X, YU Y, et al. Manufacturer's contract choice facing competing downstream online retail platforms［J］. International Journal of Production Research, 2021, 59（10）: 3017−3041.

［103］LIU J, KE H. Firms' preferences for retailing formats considering one manufacturer's emission reduction investment［J］. International Journal of Production Research, 2021, 59（10）: 3062−3083.

［104］LIU Y C, ZHANG Z J. The benefits of personalized pricing in a channel［J］. Marketing Science, 2006, 25（1）: 97−105.

［105］LU Q, LIU N. Effects of e − commerce channel entry in a two − echelon supply chain: a comparative analysis of single− and dual−channel distribution systems［J］. International Journal of Production Economics, 2015, 165: 100−111.

［106］LU Q, SHI V, HUANG J. Who benefit from agency model: a strategic analysis of pricing models in distribution channels of physical books and e − books［J］. European Journal of Operational Research, 2018, 264（3）: 1074−1091.

［107］MATSUI K. When should a manufacturer set its direct price and wholesale price in dual−channel supply chains［J］. European Journal of Operational Research, 2016, 258（2）: 501−511.

［108］MANTIN B, KRISHNAN H, DHAR T. The strategic role of third−

party marketplaces in retailing [J]. Production and Operations Management, 2014, 23 (11): 1937-1949.

[109] MORENO A, TERWIESCH C. Doing business with strangers: reputation in online service marketplaces [J]. Information Systems Research, 2014, 25 (4): 865-886.

[110] MUSSA M, ROSEN S. Monopoly and product quality [J]. Journal of Economic Theory, 1978, 18 (2): 301-317.

[111] MUTHA A, BANSAL S, GUIDE V D R. Selling assortments of used products to third-party remanufacturers [J]. Production and Operations Management, 2019, 28 (7): 1792-1817.

[112] NIU B, LI Q, CHEN L. Exclusive vs. competitive retailing: overseas vaccine supplier's channel selection considering profit and social responsibility objectives [J]. Computers and Industrial Engineering, 2021, 144, 106499.

[113] OW T T, WOOD C A. Which online channel is right? online auction channel choice for personal computers in the presence of demand decay [J]. Electronic Commerce Research and Applications. 2011, 10 (2): 203-213.

[114] PORTEUS E. Optimal lot sizing, process quality improvement and setup cost reduction [J]. Operation Research, 1986, 34 (1): 137-144.

[115] PU X, SUN S, SHAO J. Direct selling, reselling, or agency selling? manufacturer's online distribution strategies and their impact [J]. International Journal of Electronic Commerce, 2020, 24 (2): 232-254.

[116] QIN X L, LIU Z X, TIAN L. The strategic analysis of logistics service sharing in an e-commerce platform [J]. Omega, 2020, 92: 1-14.

[117] RAO S, GOLDSBY T J, GRIFFIS S E, et al. Electronic logistics service quality (e-LSQ): its impact on the customer's purchase satisfaction and retention [J]. Journal of Business Logistics, 2011, 32 (2): 167-179.

[118] RIAZATI M, SHAJARI M, KHORSANDI S. An incentive mechanism to promote honesty among seller agents in electronic marketplaces [J]. Electronic Commerce Research, 2019, 19, 231-255.

[119] ROCHET J C, TIROLE J. Platform competition in two-sided markets [J]. Journal of the European Economic Association, 2003, 1 (4): 990-

1029.

［120］ RYAN J K, SUN D, ZHAO X. Competition and coordination in on-line marketplaces ［J］. Production and Operations Management, 2012, 21 （6）: 997-1014.

［121］ SALMA K, SIMON P S. Offline retailers expanding online to compete with manufacturers: strategies and channel power ［J］. Industrial Marketing Management, 2018, 71: 203-214.

［122］ SHEN B, XU X, YUAN Q. Selling secondhand products through an online platform with blockchain ［J］. Transportation Research Part E-Logistic Transportation Review, 2020, 142, 102066.

［123］ SHEN Y L, WILLEMS S P, DAI Y. Channel selection and contracting in the presence of a retail platform ［J］. Production and Operations Management, 2019, 28 （5）: 1173-1185.

［124］ SHEN Y L, YANG X D, DAI Y. Manufacturer-retail platform interactions in the presence of a weak retailer ［J］. International Journal of Production Research, 2019, 57 （9）: 2732-2754.

［125］ SMITH M D, TELANG R. Piracy or promotion? the impact of broadband internet penetration on DVD sales ［J］. Information Economics and Policy, 2010, 22 （4）: 289-298.

［126］ SUN J, ZHANG X, ZHU Q. Counterfeiters in online marketplaces: stealing your sales or sharing your costs ［J］. Journal of Retailing, 2020, 96 （2）: 189-202.

［127］ TAN Y, CARRILLO J E. Strategic analysis of the agency model for digital goods ［J］. Production and Operations Management, 2017, 26 （4）: 724-741.

［128］ TAN Y, CARRILLO J E, CHENG H K. The agency model for digital goods ［J］. Decision Sciences, 2015, 47 （4）: 628-660.

［129］ TIAN L, VAKHARIA A, TAN Y R, et al. Marketplace, reseller, or hybrid: a strategic analysis of emerging e-commerce model ［J］. Production and Operations Management, 2018, 27 （8）: 1595-1610.

［130］ TSAY A A, AGRAWAL N. Channel conflict and coordination in the e-commerce age ［J］. Production & Operations Management, 2004, 13 （1）:

93-110.

[131] VAKULENKO Y, HELLSTROM D, HJORT K. What's in the parcel locker? exploring customer value in e-commerce last mile delivery [J]. Journal of Business Research, 2018, 88: 421-427.

[132] WANG C X, LENG M M, LIANG L P. Choosing an online retail channel for a manufacturer: direct sales or consignment? [J]. International Journal of Production Economics, 2018, 195 (1): 338-358.

[133] WANG J, YAN Y, DU H, at el. The optimal sales format for green products considering downstream investment [J]. International Journal of Production Research, 2020, 58 (4): 1107-1126.

[134] WANG T B, YAN, Li H. Decision and coordination of online channels with competition of substitute product's price and service [J]. Journal of Systems Engineering, 2018, 33 (4): 536-550.

[135] WANG Y T, LI Y L, HONG H T, et al. Information sharing strategies in a hybrid-format online retailing supply chain [J]. International Journal of Production Research, 2021, 59 (10): 3133-3151.

[136] WEI J, LU J, ZHAO J. Interactions of competing manufacturers' leader-follower relationship and sales format on online platforms [J]. European Journal of Operational Research, 2020, 280 (2): 508-522.

[137] WIRL F. Agency model and wholesale pricing: Apple versus amazon in the e-book market [J]. International Journal of the Economics of Business, 2018, 15 (2): 243-264.

[138] XU M, TANG W, ZHOU C. Procurement strategies of e-retailers under different logistics distributions with quality - and service - dependent demand [J]. Electronic Commerce Research and Applications, 2019, 35, 100853.

[139] XU X, CHEN Y, HE P, et al. The selection of marketplace mode and reselling mode with demand disruptions under cap-and-trade regulation [J]. International Transactions in Operational Research, 2023, 61 (8): 2738-2757.

[140] XU X, ZHANG M, DOU G. Coordination of a supply chain with an online platform considering green technology in the blockchain era [J]. Interna-

tional Transactions in Operational Research, 2023, 61 (11): 3793-3810.

[141] YAN B, CHEN Z, WANG X, et al. Influence of logistic service level on multichannel decision of a two-echelon supply chain [J]. International Journal of Production Research, 2020, 58 (11): 3304-3329.

[142] YAN W, XIONG Y, CHU J H, et al. Clicks versus bricks: the role of durability in marketing channel strategy of durable goods manufacturers [J]. International Journal of Operational Research, 2018, 165 (3): 909-918.

[143] YAN Y C, ZHAO R, LIU Z B. Strategic introduction of the marketplace channel under spillovers from online to offline sales [J]. European Journal of Operational Research, 2018, 267 (1): 65-77.

[144] YAN Y, ZHAO R, XING T. Strategic introduction of the marketplace channel under dual upstream disadvantages in sales efficiency and demand information [J]. European Journal of Operational Research, 2019, 273 (3): 968-982.

[145] YE F, YAN H, WU Y Z. Optimal online channel strategies for a hotel considering direct booking and cooperation with an online travel agent [J]. International Transactions in Operational Research, 2019, 26 (3): 968-998.

[146] YE F, YAN H, XIE W. Optimal contract selection for an online travel agent and two hotels under price competition [J]. International Transactions in Operational Research, 2022, 29 (2): 1274-1307.

[147] YE F, ZHANG L, LI Y. Strategic choice of sales channel and business model for the hotel supply chain [J]. Journal of Retailing, 2018, 94 (1): 33-44.

[148] YIN S Y, RAY S, GURNANI H, et al. Durable products with multiple used goods markets: product upgrade and retail pricing implications [J]. Marketing Science, 2010, 29 (3): 540-560.

[149] YOO W S, LEE E. Internet channel entry: a strategic analysis of mixed channel structures [J]. Marketing Science, 2011, 30 (1): 29-41.

[150] ZENNYO Y. Strategic contracting and hybrid use of agency and wholesale contracts in e-commerce platforms [J]. European Journal of Operational Research, 2020, 281 (1): 231-239.

[151] ZHANG C, WANG Y X, MA P. Optimal channel strategies in a

supply chain under green manufacturer financial distress with advance payment discount [J]. International Transactions in Operational Research, 2021, 28 (3): 1347-1370.

[152] ZHANG J, CAO Q N, HE X L. Contract and product quality in platform selling [J]. European Journal of Operational Research, 2019, 272 (3): 928-944.

[153] ZHANG J, DAS R, HELMINSKY A, et al. Fulfilment time performance of online retailers – an empirical analysis [J]. International Journal of Retail & Distribution Management, 2019, 47 (5): 493-510.

[154] ZHANG L, WANG J. Coordination of the physical and the online channels for a short-life-cycle product [J]. European Journal of Operation Research, 2017, 258 (2): 639-51.

[155] ZHANG S C, ZHANG J X. Agency selling or reselling: e-tailer information sharing with supplier offline entry [J]. European Journal of Operational Research, 2020, 280 (1): 134-151.

[156] ZHANG S G, DAN B, ZHOU M S. After-sale service deployment and information sharing in a supply chain under demand uncertainty [J]. European Journal of Operational Research, 2019, 279 (2): 351-363.

[157] ZHAO J, ZHU K. Channel competition and pricing decision with online channels opened by both a manufacturer and a retailer [J]. Journal of Systems Engineering, 2018, 33 (6): 834-844.

[158] ZHOU R, LIAO Y, SHEN W, et al. Channel selection and fulfillment service contracts in the presence of asymmetric service information [J]. International Journal of Production Economics, 2020, 222, 107504.

[159] ZHU C, YAO Z. Comparison between the agency and wholesale model under the e-book duopoly market [J]. Electronic Commerce Research, 2018, 18 (2): 313-337.

附录

A. 第3章的证明过程

1. 引理 3.1 的证明

在批发模式下，在线零售商和制造商的利润函数分别为式（3.3）、式（3.4），使用逆向归纳法求制造商和在线零售商的最优决策。首先，在给定批发价 w 的情况下，在线零售商和制造商确定最优的市场价格分别最大化式（3.3）、式（3.4）。由于 $\partial^2 \pi_e^W / \partial p_o^2 < 0$ 以及 $\partial^2 \pi_m^W / \partial p_d^2 < 0$，所以，联立 $\partial \pi_e^W / \partial p_o = 0$ 和 $\partial \pi_m^W / \partial p_d = 0$，求纳什均衡，得：

$$p_d = \frac{\theta(\theta - 3w - 1)}{\theta - 4} \tag{C.3.1}$$

$$p_o = \frac{\theta w - 2\theta + 2w + 2}{\theta - 4} \tag{C.3.2}$$

其次，将式（C.3.1）、式（C.3.2）代入式（3.4），$\partial^2 \pi_m^W / \partial w^2 < 0$，由 $\partial \pi_m^W / \partial w = 0$ 可以得到：

$$w^* = \frac{1}{2} \frac{\theta^2 + 8}{\theta + 8} \tag{C.3.3}$$

然后，将式（C.3.3）分别代入式（C.3.1）、式（C.3.2），可以得到：

$$p_d^{W*} = \frac{(10 - \theta)\theta}{2\theta + 16} \tag{C.3.4}$$

$$p_o^{W*} = \frac{12 - \theta^2 - 2\theta}{2\theta + 16} \tag{C.3.5}$$

最后，将式（C.3.3）、式（C.3.4）、式（C.3.5）分别代入式（3.3）、式（3.4），从而可以得到制造商和在线零售商在批发模式下的最优利润分别为：

$$\pi_m^{W*} = \frac{(2+\theta)^2}{4\theta+32} \qquad (C.3.6)$$

$$\pi_e^{W*} = \frac{(\theta+2)^2(1-\theta)}{(\theta+8)^2} \qquad (C.3.7)$$

另外，将式（C.3.4）、式（C.3.5）代入 $\theta > p_d/p_o$，该式子恒成立。

引理3.1证毕。

2. 推论3.1的证明

在批发模式下，有：

$$\frac{\partial w^*}{\partial \theta} = \frac{1}{2} \frac{\theta^2+16\theta-8}{(\theta+8)^2}$$

从而，可以得到 $\theta < 6\sqrt{2}-8$ 时，$\partial w^*/\partial \theta < 0$；当 $\theta > 6\sqrt{2}-8$ 时，$\partial w^*/\partial \theta > 0$。

推论3.1证毕。

3. 引理3.2的证明

在代售模式下，制造商和在线零售商的利润函数分别为式（3.5）、式（3.6）。由于在线零售商不参与决策，制造商同时决策直销渠道和在线零售渠道的市场价格，所以下面求解制造商的最优决策。求解式（3.5）关于 p_o 和 p_d 的海塞矩阵：

$$\begin{bmatrix} -\dfrac{2(1-\beta)}{1-\theta} & \dfrac{2-\beta}{1-\theta} \\[4mm] \dfrac{2-\beta}{1-\theta} & -\dfrac{2}{(1-\theta)\theta} \end{bmatrix}$$

因为 $D_1 = -(2-2\beta)/(1-\theta) < 0$，$D_2 = -\beta^2\theta+4\beta\theta-4\beta-4\theta+4$，所以，在满足条件 $-\beta^2\theta+4\beta\theta-4\beta-4\theta+4 > 0$ 的情况下，海塞矩阵负定，制造商的利润函数关于 p_o 和 p_d 是凹函数，存在最优解，从而得：

$$p_d^{A*} = \frac{\theta(2-\beta)(\theta+\beta-1-\theta\beta)}{\beta^2\theta-4\beta\theta+4\beta+4\theta-4} \qquad (C.3.8)$$

$$p_o^{A*} = \frac{2(\theta+\beta-1-\theta\beta)}{\beta^2\theta-4\beta\theta+4\beta+4\theta-4} \qquad (C.3.9)$$

将式（C.3.8）和式（C.3.9）代入式（3.5）、式（3.6），可以得到制造商和在线零售商在代售模式下的最优利润分别为：

$$\pi_m^{A*} = \frac{(1-\beta)^2(1-\theta)}{4-4\beta-(\beta-2)^2\theta} \qquad (C.3.10)$$

$$\pi_e^{A*} = \frac{2(1-\beta)\beta(1-\theta)((\theta-2)\beta-2\theta+2)}{(\beta^2\theta+(4-4\theta)\beta+4\theta-4)^2} \quad (\text{C.3.11})$$

另外，将式（C.3.8）、式（C.3.9）代入 $\theta > p_d/p_o$，该式子恒成立。

引理 3.2 证毕。

4. 推论 3.2 的证明

根据引理 3.1、引理 3.2，有：

$$p_o^{W*} - p_o^{A*} = \frac{(\theta^3+2\theta^2-12\theta)\beta^2-(4\theta^3+8\theta^2-28\theta+16)\beta+4\theta^3+8\theta^2-28\theta+16}{2[4-(\beta-2)^2\theta-4\beta](\theta+8)}$$

$$(\text{C.3.12})$$

由于分母总是为正，见引理 3.2，所以只需要确定式（C.3.12）中分子的正负，令 $m(\beta)=(\theta^3+2\theta^2-12\theta)\beta^2-(4\theta^3+8\theta^2-28\theta+16)\beta+4\theta^3+8\theta^2-28\theta+16$。首先，求其关于 β 的二阶导数，得 $\partial^2 m(\beta)/\partial\beta^2 < 0$，因此，其开口向下；求其对称轴得 $\beta^* = \frac{2(4+\theta)(1-\theta)^2}{\theta^3+2\theta^2-12\theta} < 0$，所以对称轴不在区间内；将 β 的两个边界，即 $\beta = 0$ 和 $\beta = \frac{2(\theta-1+\sqrt{1-\theta})}{\theta}$（由于 $-\beta^2\theta + 4\beta\theta - 4\beta - 4\theta + 4 > 0$）代入 $m(\beta)$，可以发现，$m(0) > 0$，然而，$m\left(\frac{2(\theta-1+\sqrt{1-\theta})}{\theta}\right) < 0$。综上，在 $0 < \beta < \frac{2(\theta-1+\sqrt{1-\theta})}{\theta}$ 的区间内必存在唯一一个解，即 $\beta = \frac{2(\theta^2+3\theta-4+\sqrt{5\theta^2+24\theta+16})(\theta-1)}{\theta(\theta^2+2\theta-12)}$，当 $\beta < \frac{2(\theta^2+3\theta-4+\sqrt{5\theta^2+24\theta+16})(\theta-1)}{\theta(\theta^2+2\theta-12)}$ 时，批发模式下的市场价格大于代售模式下的市场价格；当 $\frac{2(\theta^2+3\theta-4+\sqrt{5\theta^2+24\theta+16})(\theta-1)}{\theta(\theta^2+2\theta-12)} < \beta < \frac{2(\theta-1+\sqrt{1-\theta})}{\theta}$ 时，则代售模式下的市场价格大于批发模式下的市场价格。

推论 3.2 证毕。

5. 定理 3.1 的证明

根据引理 3.1、引理 3.2 得到的均衡解，对比在线零售商在批发模式和代售模式下的均衡利润，则有：

$$\pi_e^{W*} - \pi_e^{A*} =$$

$$\frac{(\theta+2)^2(1-\theta)(\beta^2\theta+(4-4\theta)\beta+4\theta-4)^2-2(1-\beta)\beta(1-\theta)(\theta+8)^2((\theta-2)\beta-2\theta+2)}{(\beta^2\theta+(4-4\theta)\beta+4\theta-4)^2(\theta+8)^2}$$

$$(\text{C}.3.13)$$

由于式（C.3.13）的分母总是正值，所以只需要考虑其分子的正负。通过观察，可以发现式（C.3.13）的分子非常复杂，然而其只包含两个参数 β 和 θ，所以参考文献 Yan 等（2018）及 Jerath 等（2010），将分子等于零时的线段用图 C.3.1 表示，其中虚线表示式（C.3.13）的分子等于零。由于虚线部分为隐函数，非常复杂很难得到其解析式，所以令 $\theta_1 = f_1(\beta)$，$\theta_2 = f_2(\beta)$ 来表示两条虚线，其中，$\theta_1 < \theta_2$。另外，在代售模式下需要满足限制条件 $-\beta^2\theta + 2\beta\theta - 4\beta - 4\theta + 4 > 0$，即 $\theta < \dfrac{4(1-\beta)}{\beta^2-4\beta+4}$，也可以将该

限制条件的边界画在图 C.3.1，为了方便表示，令 $\theta_3 = \dfrac{4(1-\beta)}{\beta^2-4\beta+4}$。从图

C.3.1 可知，有 $\theta_1 < \theta_2 < \theta_3$，所以，可以得到在区域 I 在线零售商选择批发模式，在区域 II 在线零售商选择代售模式，区域 III 在线零售商又选择批发模式，剩下的区域不在限制条件内，为无意义区域。令 $\theta = 0$ 代入式（C.3.13）的分子，可以得到 $\beta = 0.25$ 或者 $\beta = 1$。所以总结以上结论，可以得到定理 3.1。即当 $\beta < 0.25$ 时：如果 $0 < \theta < f_1(\beta)$，则在线零售商选择批发模式；如果 $f_1(\beta) < \theta < f_2(\beta)$，则其选择代售模式；如果 $f_2(\beta) <$

$\theta < \dfrac{4(1-\beta)}{\beta^2-4\beta+4}$，则其选择批发模式。当 $\beta > 0.25$ 时：如果 $0 < \theta < f_2(\beta)$

在线零售商选择代售模式；如果 $f_2(\beta) < \theta < \dfrac{4(1-\beta)}{\beta^2-4\beta+4}$，在线零售商选

择批发模式。

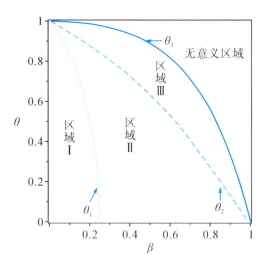

图 C.3.1　在线零售商销售模式的选择

定理 3.1 证毕。

6. 定理 3.2 的证明

根据引理 3.1、引理 3.2 得到的均衡解，对比制造商在批发模式和代售模式下的均衡利润，则有：

$$\pi_m^{W*} - \pi_m^{A*} = \frac{[(\beta - 2)\theta^2 + (4\beta - 6)\theta - 8\beta + 8][4\beta - 2 - (\beta - 2)\theta]}{4[4 - \beta^2\theta - (4 - 4\theta)\beta - 4\theta](\theta + 8)}$$

(C.3.14)

因为式（C.3.14）的分母总是正值，故只需要考虑其分子。分子的正负与式子 $(\beta - 2)\theta^2 + (4\beta - 6)\theta - 8\beta + 8$ 和式子 $4\beta - 2 - (\beta - 2)\theta$ 的正负相关。求解边界 $(\beta - 2)\theta^2 + (4\beta - 6)\theta - 8\beta + 8 = 0$，用 θ_4 表示该式子的解，可以得到 $\theta_4 = \dfrac{2\beta - 3 + \sqrt{12\beta^2 - 36\beta + 25}}{2 - \beta}$（另外一个根不在有意义的区间内，舍去）；求解边界 $4\beta - 2 - (\beta - 2)\theta = 0$，用 θ_5 表示该式子的解，可以得到 $\theta_5 = \dfrac{4\beta - 2}{\beta - 2}$，且当 $\beta = 0.5$ 时，$\theta_5 = 0$；限制条件 $-\beta^2\theta + 2\beta\theta - 4\beta - 4\theta + 4 > 0$，即可得知 $\theta < \dfrac{4 - 4\beta}{\beta^2 - 4\beta + 4}$，仍然用 θ_3 表示 $\dfrac{4 - 4\beta}{\beta^2 - 4\beta + 4}$，即 $\theta_3 = \dfrac{4 - 4\beta}{\beta^2 - 4\beta + 4}$。与定理 3.1 相同，将以上边界和限制条件用图 C.3.2 表

示，从图 C.3.2 中可以得到 $\theta_5 < \theta_4 < \theta_3$。因此，当 $\beta < 0.5$ 时：如果 $\theta < \dfrac{4\beta - 2}{\beta - 2}$，则制造商选择代售模式；如果 $\dfrac{4\beta - 2}{\beta - 2} < \theta < \dfrac{2\beta - 3 + \sqrt{12\beta^2 - 36\beta + 25}}{2 - \beta}$，则制造商选择批发模式；如果 $\dfrac{2\beta - 3 + \sqrt{12\beta^2 - 36\beta + 25}}{2 - \beta} < \theta < \dfrac{4 - 4\beta}{\beta^2 - 4\beta + 4}$，则制造商选择代售模式。

当 $\beta > 0.5$ 时：如果 $\theta < \dfrac{2\beta - 3 + \sqrt{12\beta^2 - 36\beta + 25}}{2 - \beta}$，则制造商选择批发模式；如果 $\dfrac{2\beta - 3 + \sqrt{12\beta^2 - 36\beta + 25}}{2 - \beta} < \theta < \dfrac{4 - 4\beta}{\beta^2 - 4\beta + 4}$，则其选择代售模式。整理以上结论，则可以得到定理 3.2.

定理 3.2 证毕。

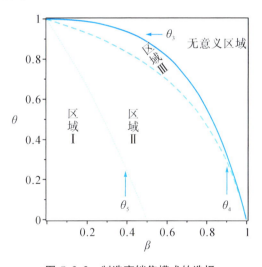

图 C.3.2　制造商销售模式的选择

7. 定理 3.3 的证明

对比定理 3.1 和定理 3.2 的结论，或者，将图 C.3.1 和图 C.3.2 放在同一张图中，即可得到定理 3.3，如图 C.3.3 所示。由图 C.3.3 可知，在区域 I 选择代售模式对双方都有利，在区域 II 选择批发模式对双方都有利。

定理 3.3 证毕。

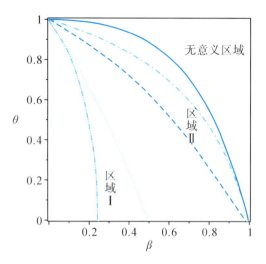

图 C.3.3　帕累托改进区域

8. 定理 3.4 的证明

当不存在直销渠道，只存在在线零售商渠道时，需求函数为 $1-p$。为了方便阐述，用上标"SW""SA"分别表示不存在直销渠道时的批发模式和代售模式。

因此，在 SW 下，制造商和在线零售商的 Stackelberg 博弈模型如下：

$$
\begin{cases}
\max\limits_{(w)} \pi_m^{SW} = (1-p)w \\
s.\ t.\ \max\limits_{(p)} \pi_e^{SW} = (1-p)(p-w)
\end{cases}
$$

从而，可以得到制造商和在线零售商的均衡利润分别为：

$$
\begin{cases}
\pi_m^{SW\,*} = \dfrac{1}{8} \\[2mm]
\pi_e^{SW\,*} = \dfrac{1}{16}
\end{cases}
$$

在 SA 下，在线零售商不参与决策，制造商的模型如下：

$$
\max\limits_{(p)} \pi_m^{SA} = (1-p)p(1-\beta)
$$

从而可以得到 SA 下，制造商的均衡利润为：$\pi_m^{SA\,*} = \dfrac{1}{4}(1-\beta)$，在线零售商的均衡利润为：$\pi_e^{SA\,*} = \dfrac{1}{4}\beta$。

对比存在直销渠道时以及不存在直销渠道时制造商的均衡利润，有：

$$\pi_m^{W*} - \pi_m^{SW*} = \frac{\theta(2\theta + 7)}{8\theta + 64}$$

$$\pi_m^{A*} - \pi_m^{SA*} = \frac{\beta^2\theta(\beta - 1)}{4(\beta - 2)^2\theta + 16\beta - 16}$$

由于 $4(\beta - 2)^2\theta + 16\beta - 16 < 0$，所以得到 $\pi_m^{W*} > \pi_m^{SW*}$，$\pi_m^{A*} > \pi_m^{SA*}$ 从而定理得证。

定理 3.4 证毕。

9. 定理 3.5 的证明

对 π_e^{A*} 求关于平台费率 β 的一阶导数，有：

$$\frac{\partial \pi_e^{A*}}{\partial \beta} = \frac{2(1-\theta)\left[(2\beta-2+\beta^2)(\beta-2)^2\theta^2 - 2(4\beta+\beta^2-8)(1-\beta)^2\theta + 8(-1+\beta)^3\right]}{((\beta-2)^2\theta+4\beta-4)^3}$$

$$(C.3.15)$$

由于 $(\beta - 2)^2\theta + 4\beta - 4 < 0$，即 $\theta < \dfrac{4(1 - \beta)}{\beta^2 - 4\beta + 4}$，所以，正负只与式 (C.3.15) 分子的正负有关。令式 (C.3.15) 的分子为零，可以得到两个实数根，另外一个根不在有意义的区间内，舍去，从而可以得到 $\theta = \dfrac{(1 - \beta)(12\beta - 8 - \beta^3 - 3\beta^2 + \sqrt{\beta^6 - 2\beta^5 + 9\beta^4 - 24\beta^3 + 16\beta^2})}{\beta^4 - 2\beta^3 - 6\beta^2 + 16\beta - 8}$。由于其非常复杂，令 $g(\beta) = \dfrac{(1 - \beta)(12\beta - 8 - \beta^3 - 3\beta^2 + \sqrt{\beta^6 - 2\beta^5 + 9\beta^4 - 24\beta^3 + 16\beta^2})}{\beta^4 - 2\beta^3 - 6\beta^2 + 16\beta - 8}$。其中，$g(\beta) < \dfrac{4(1 - \beta)}{\beta^2 - 4\beta + 4}$ 恒成立的证明，可以参照定理 3.1 的证明过程，此处不再赘述。综上，可以得到以下结论，当 $\theta < g(\beta)$ 时，$\dfrac{\partial \pi_e^{A*}}{\partial \beta} > 0$，当 $g(\beta) < \theta < \dfrac{4(1 - \beta)}{\beta^2 - 4\beta + 4}$ 时，$\dfrac{\partial \pi_e^{A*}}{\partial \beta} < 0$，其中，$g(\beta) = \dfrac{(1 - \beta)(12\beta - 8 - \beta^3 - 3\beta^2 + \sqrt{\beta^6 - 2\beta^5 + 9\beta^4 - 24\beta^3 + 16\beta^2})}{\beta^4 - 2\beta^3 - 6\beta^2 + 16\beta - 8}$。

定理 3.5 证毕。

10. 定理 3.6 的证明

由引理 3.1、引理 3.2 可以得到在线零售商和制造商在代售模式和批发模式下的均衡利润，然后对比批发模式和代售模式下整个供应链的利润，即 $\pi_T^{W*} - \pi_T^{A*} = \pi_m^{W*} + \pi_e^{W*} - (\pi_m^{A*} + \pi_e^{A*})$，从而有：

$$\pi_T^{W*} - \pi_T^{A*} =$$

$$\frac{3(\theta+2)^2(4-\theta)(\beta^2\theta+4\beta-4\theta\beta+4\theta-4)^2-4(1-\beta)(1-\theta)(\theta+8)^2(\beta^3\theta-3\beta^2\theta+4\beta\theta-4\theta-4\beta+4)}{4[\beta^2\theta+(4-4\theta)\beta+4\theta-4]^2(\theta+8)^2}$$

很明显，正负只与分子相关，由于其非常复杂，但是仅有两个参数，即 β、θ，所以参照 Yan 等（2018）及 Jerath 等（2010）的研究，将其边界用图 C.3.4 表示，用 $\theta = h(\beta)$ 表示。另外，限制条件的边界也可以用图 C.3.4 表示，用 $\theta_3 = \dfrac{4(1-\beta)}{\beta^2 - 4\beta + 4}$ 表示。因此，从图 C.3.4 中，可以得到在区域 I 时，在线销售系统在代售合约下效率最高，在区域 II 时，在线销售系统在批发合约下效率最高，剩下区域是无意义区域，因此，当 $\theta < h(\beta)$ 时，$\pi_T^{W*} < \pi_T^{A*}$；当 $h(\beta) < \theta < \dfrac{4(1-\beta)}{\beta^2 - 4\beta + 4}$ 时，$\pi_T^{W*} > \pi_T^{A*}$。

定理 3.6 证毕。

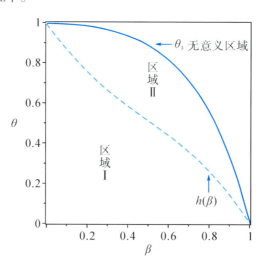

图 C.3.4　在线销售系统的效率

B. 第 4 章的证明过程

1. 引理 4.1 的证明

在方案 WN 下，在线零售商和制造商的利润函数分别为式（4.5）和式（4.6），使用逆向归纳法求制造商和在线零售商的最优决策。首先，在给定 w_e 的情况下，在线零售商确定 p_e 最大化式（4.5），因为 $\partial^2 \pi_e^{\mathrm{WN}} / \partial p_e^2 < 0$，由 $\partial \pi_e^{\mathrm{WN}} / \partial p_e = 0$，得：

$$p_e = \frac{1}{2} + \frac{1}{2} w_e \tag{B.4.1}$$

然后，制造商在预测到在线零售商的决策之后，确定 w_e 最大化式（4.6），将式（B.4.1）代入式（4.6），得：

$$\pi_m^{\mathrm{WN}} = w_e \left(\frac{1}{2} - \frac{1}{2} w_e \right) \tag{B.4.2}$$

由式（B.4.2）得 $\partial^2 \pi_m^{\mathrm{WN}} / \partial w_e^2 < 0$，所以，可由 $\partial \pi_m^{\mathrm{WN}} / \partial w_e = 0$ 得到：

$$w_e^{\mathrm{WN}*} = \frac{1}{2} \tag{B.4.3}$$

将式（B.4.3）代入式（B.4.1）可得 $p_e^{\mathrm{WN}*} = \frac{3}{4}$，因此，$q_e^{\mathrm{WN}*} = \frac{1}{4}$。

将 $w_e^{\mathrm{WN}*}$ 以及 $p_e^{\mathrm{WN}*}$ 分别代入式（4.5）和式（4.6），可以得到 $\pi_e^{\mathrm{WN}*} = \frac{1}{16}$，

$\pi_m^{\mathrm{WN}*} = \frac{1}{8}$。

引理 4.1 证毕。

2. 引理 4.2 的证明

在方案 WI 下，在线零售商、制造商和第三方零售商的利润函数分别为式（4.7）、式（4.9）以及式（4.8），使用逆向归纳法求最优决策。首先，在给定批发价 w_e 和 w_r 的情况下，在线零售商和第三方零售商分别确定最优市场价格。由于 $\partial^2 \pi_e^{\mathrm{WI}} / \partial p_e^2 < 0$ 以及 $\partial^2 \pi_r^{\mathrm{WI}} / \partial p_r^2 < 0$，所以，联立 $\partial \pi_e^{\mathrm{WI}} / \partial p_e = 0$ 和 $\partial \pi_r^{\mathrm{WI}} / \partial p_r = 0$，求纳什均衡，得：

$$p_e = \frac{2\beta\theta - 2\beta w_e + \beta w_r - 2\beta - 2\theta + 2w_e + w_r + 2}{\beta^2 \theta - 4\beta - \theta + 4} \tag{B.4.4}$$

$$p_r = \frac{\beta\theta^2 - \beta\theta w_e - \beta\theta - \theta^2 + \theta w_e + \theta + 2w_r}{\beta^2\theta - 4\beta - \theta + 4} \tag{B.4.5}$$

然后，制造商预测到下游在线零售商和第三方零售商的市场价格决策，确定批发价最大化其利润。将式（B.4.4）和式（B.4.5）代入式（4.9），求关于 w_e 和 w_r 的海塞矩阵，得：

$$\begin{bmatrix} \dfrac{2\theta - 4}{(1-\theta)(4-\beta\theta-\theta)} & \dfrac{2}{(1-\theta)(4-\beta\theta-\theta)} \\ \dfrac{2-2\beta}{(1-\theta)(\beta^2\theta-4\beta-\theta+4)} & \dfrac{2\beta\theta+2\theta-4}{(1-\theta)(\beta^2\theta-4\beta-\theta+4)\theta} \end{bmatrix}$$

因为 $D_1 = (2\theta-4)/[(1-\theta)(4-\beta\theta-\theta)] < 0$，$D_2 = 4/[(1-\theta)(\beta^2\theta-4\beta-\theta+4)\theta] > 0$，所以，海塞矩阵负定，制造商的利润函数关于 w_e 和 w_r 是凹函数，存在最优解，从而得：

$$w_e^{\mathrm{WI}*} = \frac{1}{2}(1-\theta\beta) \tag{B.4.6}$$

$$w_r^{\mathrm{WI}*} = \frac{1}{2}\theta(1-\beta) \tag{B.4.7}$$

将式（B.4.6）和式（B.4.7）代入式（B.4.4）、式（B.4.5）、式（4.3）以及式（4.4），可以得到最优的市场价格及相应的销售量分别为：

$$p_e^{\mathrm{WI}*} = \frac{6-(3+\beta)\theta}{8-(2+2\beta)\theta} \tag{B.4.8}$$

$$p_r^{\mathrm{WI}*} = \frac{[5-(2+\beta)\theta]\theta}{8-(2+2\beta)\theta} \tag{B.4.9}$$

$$q_e^{\mathrm{WI}*} = \frac{2-\beta\theta}{8-(2+2\beta)\theta} \tag{B.4.10}$$

$$q_r^{\mathrm{WI}*} = \frac{1}{8-(2+2\beta)\theta} \tag{B.4.11}$$

最后，将式（B.4.6）、式（B.4.7）、式（B.4.8）、式（B.4.9）、式（B.4.10）、式（B.4.11）代入式（4.7）、式（4.9）以及式（4.8），从而有 $\pi_e^{\mathrm{WI}*} = \dfrac{4+(1+\beta)\beta^2\theta^3-(7\beta^2+2\beta)\theta^2+(11\beta-4)\theta}{4(4-\beta\theta-\theta)^2}$，$\pi_m^{\mathrm{WI}*} = \dfrac{2+\beta^2\theta^2-(4\beta-1)\theta}{16-4\beta\theta-4\theta}$，和 $\pi_r^{\mathrm{WI}*} = \dfrac{(1+\beta)(1-\theta)\theta}{4(4-\beta\theta-\theta)^2}$。

引理4.2证毕。

3. 推论 4.1 的证明

在方案 WI 下，分别求式（B.4.6）、式（B.4.7）、式（B.4.8）、式（B.4.9）、式（B.4.10）、式（B.4.11）关于平台费率 β 的一阶导数，可以得到以下结论：

$$\frac{\partial w_e^{WI*}}{\partial \beta} = -\frac{1}{2}\theta < 0$$

$$\frac{\partial w_r^{WI*}}{\partial \beta} = -\frac{1}{2}\theta < 0$$

$$\frac{\partial p_e^{WI*}}{\partial \beta} = \frac{\theta(1-\theta)}{(\beta\theta + \theta - 4)^2} > 0$$

$$\frac{\partial p_r^{WI*}}{\partial \beta} = \frac{1}{2}\frac{\theta^2(1-\theta)}{(\beta\theta + \theta - 4)^2} > 0$$

$$\frac{\partial q_e^{WI*}}{\partial \beta} = \frac{1}{2}\frac{\theta(\theta - 2)}{(\beta\theta + \theta - 4)^2} < 0$$

$$\frac{\partial q_r^{WI*}}{\partial \beta} = \frac{2\theta}{(2\beta\theta + 2\theta - 8)^2} > 0$$

推论 4.1 证毕。

4. 推论 4.2 的证明

在方案 WI 下，分别求式（B.4.6）、式（B.4.7）、式（B.4.8）、式（B.4.9）、式（B.4.10）、式（B.4.11）关于折扣系数 θ 的一阶导数，可以得到以下结论：

$$\frac{\partial w_e^{WI*}}{\partial \theta} = -\frac{1}{2}\beta < 0$$

$$\frac{\partial w_r^{WI*}}{\partial \theta} = \frac{1}{2}(1-\beta) > 0$$

$$\frac{\partial p_e^{WI*}}{\partial \theta} = \frac{\beta - 3}{(\beta\theta + \theta - 4)^2} < 0$$

$$\frac{\partial p_r^{WI*}}{\partial \theta} = \frac{1}{2}\frac{20 + (\beta^2 + 3\beta + 2)\theta^2 - (8\beta + 16)\theta}{(\beta\theta + \theta - 4)^2} > 0$$

$$\frac{\partial q_e^{WI*}}{\partial \theta} = \frac{1-\beta}{(\beta\theta + \theta - 4)^2} > 0$$

$$\frac{\partial q_r^{WI*}}{\partial \theta} = \frac{2 + 2\beta}{(2\beta\theta + 2\theta - 8)^2} > 0$$

推论 4.2 证毕。

5. 引理 4.3 的证明

在方案 AN 下，制造商和在线零售商的利润函数分别为式（4.10）、式（4.11）。由于在线零售商不参与决策，市场价格由制造商确定，所以制造商确定市场价格最优化其利润。因为 $\partial^2 \pi_m^{AN}/\partial p_m^2 < 0$，由 $\partial \pi_m^{AN}/\partial p_m = 0$，得：

$$p_m^{AN*} = \frac{1 + c - \beta}{2 - 2\beta} \qquad (B.4.12)$$

由式（B.4.12）可以得到相应的最优销售量 $q_m^{AN*} = \frac{1 - c - \beta}{2 - 2\beta}$。将式（B.4.12）分别代入式（4.11）、式（4.10），可以得到在线零售商和制造商的最优利润，分别为 $\pi_e^{AN*} = \frac{(1 - \beta - c)(1 - \beta + c)\beta}{4(1 - \beta)^2}$，$\pi_m^{AN*} = \frac{(1 - \beta - c)^2}{4 - 4\beta}$。其中，为了参与方利润不为负，需要满足 $1 - c - \beta > 0$。

引理 4.3 证毕。

6. 引理 4.4 的证明

在方案 AI 下，在线零售商、制造商和第三方零售商的利润函数分别式（4.12）、式（4.13）、式（4.14）。使用逆向归纳法求最优决策。首先，在给定批发价 w_r 的情况下，制造商和第三方零售商分别确定最优市场价格。由于 $\partial^2 \pi_m^{AI}/\partial p_m^2 < 0$ 以及 $\partial^2 \pi_r^{AI}/\partial p_r^2 < 0$，所以，联立 $\partial \pi_m^{AI}/\partial p_m = 0$ 和 $\partial \pi_r^{WI}/\partial p_r = 0$，求纳什均衡，得：

$$p_m = \frac{2\beta\theta - 2\beta + 2c - 2\theta + 3w_r + 2}{\beta\theta - 4\beta - \theta + 4} \qquad (B.4.13)$$

$$p_r = \frac{\beta\theta^2 - \beta\theta + c\theta - \theta^2 + \theta w_r + \theta + 2w_r}{\beta\theta - 4\beta - \theta + 4} \qquad (B.4.14)$$

然后，在预测到市场价格的决策之后，制造商确定最优的批发价。因为 $\partial^2 \pi_m^{AI}/\partial w_r^2 < 0$，所以由 $\partial \pi_m^{AI}/\partial w_r = 0$，得：

$$w_r^{AI*} = \frac{(8 + \theta - \beta\theta - c\theta - 8\beta)\theta}{16 + 2\theta} \qquad (B.4.15)$$

将式（B.4.15）代入式（B.4.13）、式（B.4.14），以及需求函数式（4.1）和式（4.2）从而可以得到最优的市场价格和相应的最优销售量：

$$p_m^{AI*} = \frac{(1 + 3c - \beta)\theta + 8 + 8c - 8\beta}{2(1 - \beta)(8 + \theta)} \qquad (B.4.16)$$

$$p_r^{\mathrm{AI}*} = \frac{\left[(1 + c - \beta)\theta + 8 + 4c - 8\beta\right]\theta}{2(1 - \beta)(8 + \theta)} \qquad (\mathrm{B}.4.17)$$

$$q_m^{\mathrm{AI}*} = \frac{(\beta + c - 1)\theta^2 + (7\beta + c - 7)\theta - 8\beta - 8c + 8}{2(1 - \theta)(1 - \beta)(8 + \theta)} \qquad (\mathrm{B}.4.18)$$

$$q_r^{\mathrm{AI}*} = \frac{c(2 + \theta)}{(1 - \theta)(1 - \beta)(8 + \theta)} \qquad (\mathrm{B}.4.19)$$

将最优解式（B.4.15）、式（B.4.16）、式（B.4.17）代入到利润函数式（4.12）、式（4.13）、式（4.14），可以得到在线零售商、第三方零售商和制造商最优的利润分别为 $\pi_e^{\mathrm{AI}*} = \frac{\left[(5c^2 - \beta^2 + 2\beta - 1)\theta^3 + (23c^2 - 15\beta^2 + 30\beta - 15)\theta^2 - 48(1-\beta)^2\theta + 64(1-\beta-c)(1-\beta+c)\right]\beta}{4(1-\theta)(1-\beta)^2(8+\theta)^2}$,

$\pi_r^{\mathrm{AI}*} = \frac{(2+\theta)^2 c^2 \theta}{(1-\theta)(1-\beta)(8+\theta)^2}, \pi_m^{\mathrm{AI}*} = \frac{(8-\theta^2)(1-\beta-c)^2 + (14\beta - 14\beta c - 7\beta^2 - 3c^2 + 14c - 7)\theta}{4(1-\theta)(1-\beta)(8+\theta)}$。

为了保证所有的参与者利润不为负，应满足 $(\beta + c - 1)\theta^2 + (7\beta + c - 7)\theta - 8\beta - 8c + 8 > 0$。

引理 4.4 证毕。

7. 推论 4.3 的证明

在方案 AI 下，求式（B.4.15）、式（B.4.16）、式（B.4.17）、式（B.4.18）以及式（B.4.19）关于平台费率 β 的一阶导数，可以得到以下结论：

$$\frac{\partial w_r^{\mathrm{AI}*}}{\partial \beta} = -\frac{1}{2}\theta < 0$$

$$\frac{\partial p_m^{\mathrm{AI}*}}{\partial \beta} = \frac{(3\theta + 8)c}{2(1 - \beta)^2(8 + \theta)} > 0$$

$$\frac{\partial p_r^{\mathrm{AI}*}}{\partial \beta} = \frac{c\theta(4 + \theta)}{2(1 - \beta)^2(8 + \theta)} > 0$$

$$\frac{\partial q_m^{\mathrm{AI}*}}{\partial \beta} = \frac{c(\theta^2 + \theta - 8)}{2(1 - \beta)^2(8 + \theta)(1 - \theta)} < 0$$

$$\frac{\partial q_r^{\mathrm{AI}*}}{\partial \beta} = \frac{c(2 + \theta)}{(1 - \beta)^2(8 + \theta)(1 - \theta)} > 0$$

推论 4.3 证毕。

8. 推论 4.4 的证明

在方案 AI 下，求式（B.4.15）、式（B.4.16）、式（B.4.17）、式

（B.4.18）以及式（B.4.19）关于制造商销售效率 c 的一阶导数，可以得到以下结论：

$$\frac{\partial w_r^{AI*}}{\partial c} = -\frac{1}{2}\frac{\theta^2}{8+\theta} < 0$$

$$\frac{\partial p_m^{AI*}}{\partial c} = \frac{(3\theta+8)}{2(1-\beta)(8+\theta)} > 0$$

$$\frac{\partial p_r^{AI*}}{\partial c} = \frac{(\theta+4)\theta}{2(1-\beta)(8+\theta)} > 0$$

$$\frac{\partial q_m^{AI*}}{\partial c} = \frac{\theta^2+\theta-8}{2(1-\beta)(1-\theta)(8+\theta)} < 0$$

$$\frac{\partial q_r^{AI*}}{\partial c} = \frac{2+\theta}{(1-\beta)(1-\theta)(8+\theta)} > 0$$

推论 4.4 证毕。

9. 推论 4.5 的证明

在方案 AI 下，求式（B.4.15）、式（B.4.16）、式（B.4.17）、式（B.4.18）以及式（B.4.19）关于折扣系数 θ 的一阶导数，以及引理 4.3、引理 4.4 的限制条件，可以得出以下结论：

$$\frac{\partial w_r^{AI*}}{\partial\theta} = \frac{(1-\beta-c)\theta^2+16(1-\beta-c)\theta+64-64\beta}{2(8+\theta)^2} > 0$$

$$\frac{\partial p_m^{AI*}}{\partial\theta} = \frac{8c}{(1-\beta)(8+\theta)^2} > 0$$

$$\frac{\partial p_r^{AI*}}{\partial\theta} = \frac{(1-\beta-c)\theta^2+16(1-\beta+c)\theta+64-64\beta+32c}{2(1-\beta)(8+\theta)^2} > 0$$

$$\frac{\partial q_m^{AI*}}{\partial\theta} = -\frac{3c(8+\theta^2)}{(1-\theta)^2(1-\beta)(8+\theta)^2} < 0$$

$$\frac{\partial q_r^{AI*}}{\partial\theta} = \frac{c(\theta^2+4\theta+22)}{(1-\theta)^2(1-\beta)(8+\theta)^2} > 0$$

推论 4.5 证毕。

10. 定理 4.1 的证明

对比引理 4.1、引理 4.2 中制造商的均衡利润，可以得到：

$$\pi_m^{WN*} - \pi_m^{WI*} = \frac{1}{8} - \frac{2+\beta^2\theta^2-(4\beta-1)\theta}{16-4\beta\theta-4\theta} = \frac{(7\beta-3-2\beta^2\theta)\theta}{32-8\beta\theta-8\theta}$$

因为 $32 - 8\beta\theta - 8\theta > 0$，所以只需要考虑边界 $7\beta - 3 - 2\beta^2\theta = 0$，从而可以得到当 $\beta > \dfrac{7 - \sqrt{49 - 24\theta}}{4\theta}$ 时，$\pi_m^{\text{WN}*} > \pi_m^{\text{WI}*}$；当 $\beta < \dfrac{7 - \sqrt{49 - 24\theta}}{4\theta}$ 时，$\pi_m^{\text{WN}*} < \pi_m^{\text{WI}*}$。

定理 4.1 证毕。

11. 定理 4.2 的证明

对比引理 4.3、引理 4.4 中制造商的均衡利润，可以得到：

$$\pi_m^{\text{AI}*} - \pi_m^{\text{AN}*} = \left[\frac{(8-\theta^2)(1-\beta-c)^2}{4(1-\theta)(1-\beta)(8+\theta)} + \frac{(14\beta-14\beta c-7\beta^2-3c^2+14c-7)\theta}{4(1-\theta)(1-\beta)(8+\theta)}\right] -$$

$$\frac{(1-\beta-c)^2}{4-4\beta} = \frac{c^2\theta}{(1-\beta)(1-\theta)(8+\theta)} > 0。$$

所以，$\pi_m^{\text{AI}*} > \pi_m^{\text{AN}*}$ 恒成立。

定理 4.2 证毕。

12. 推论 4.6 的证明

在 AI 下，可以得到 $\dfrac{\partial \pi_e^{\text{AI}*}}{\partial \theta} = -\dfrac{\beta c^2(13\theta^3 + 16\theta^2 - 44\theta + 96)}{(1-\beta)^2(1-\theta)^2(8+\theta)^3} < 0$。

在 WI 下，可以得到 $\dfrac{\partial \pi_e^{\text{WI}*}}{\partial \theta} =$

$\dfrac{-\beta^2(1+\beta)^2\theta^3 + 12(\beta^3+\beta^2)\theta^2 - (45\beta^2+9\beta+4)\theta + 52\beta - 8}{4(4-\beta\theta-\theta)^3}$，因为分母大于零，所以只需要考虑 $-\beta^2(1+\beta)^2\theta^3 + 12(\beta^3+\beta^2)\theta^2 - (45\beta^2+9\beta+4)\theta + 52\beta - 8$ 的正负。由于其非常复杂，但是其只有两个参数 β 和 θ，参考 Jerath 等（2010）和 Yan 等（2018）的研究，将该边界画在图上，从而可以得到图 B.4.1，用 β^Δ 表示该边界。另外，当 $\beta < \dfrac{7 - \sqrt{49 - 24\theta}}{4\theta}$ 时，制造商引入第三方在线渠道，所以把该边界，即 $7\beta - 3 - 2\beta^2\theta = 0$ 也画在图 B.4.1 上。实线表示 β^Δ，虚线表示 $\beta = \dfrac{7 - \sqrt{49 - 24\theta}}{4\theta}$。从图 B.4.1 中，可以得到在 $\beta \in (0, 1)$ 和 $\theta \in (0, 1)$ 的区间内，$\beta^\Delta < \dfrac{7 - \sqrt{49 - 24\theta}}{4\theta}$。因此，当制造商引入第三方在线渠道时，如果 $\beta < \beta^\Delta$，则 $\partial \pi_e^{\text{WI}*} / \partial \theta < 0$；如果 $\beta > \beta^\Delta$，则 $\partial \pi_e^{\text{WI}*} / \partial \theta > 0$。

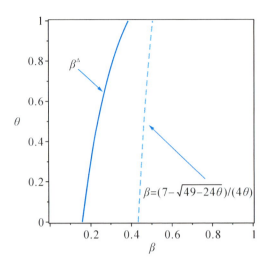

$$\text{图 B.4.1} \quad \beta^{\triangle} < (7 - \sqrt{49 - 24\theta})/(4\theta) \text{ 的证明}$$

推论 4.6 证毕。

13. 推论 4.7 的证明

在 AI 下，可以得到 $\dfrac{\partial \pi_m^{\text{AI}*}}{\partial \theta} = \dfrac{c^2(8 + \theta^2)}{(1 - \beta)(1 - \theta)^2(8 + \theta)^2} > 0$。

在 RI 下，可以得到 $\dfrac{\partial \pi_m^{\text{RI}*}}{\partial \theta} = \dfrac{-\beta^3\theta^2 - \beta^2\theta^2 + 8\beta^2\theta - 14\beta + 6}{4(4 - \beta\theta - \theta)^2}$。为了直观地呈现，与推论 6 相似，将边界 $-\beta^3\theta^2 - \beta^2\theta^2 + 8\beta^2\theta - 14\beta + 6 = 0$ 画在图 B.4.2 上。另外，当 $\beta < \dfrac{7 - \sqrt{49 - 24\theta}}{4\theta}$ 时，制造商引入第三方在线渠道，所以把该边界 $7\beta - 3 - 2\beta^2\theta = 0$ 也画在图 B.4.2 上。从图 B.4.2 上可以看到两个边界相交于 $(\theta, \beta) = \left(0, \dfrac{3}{7}\right)$。从图 B.4.2 中，可以看出，当制造商引入第三方在线渠道时，$-\beta^3\theta^2 - \beta^2\theta^2 + 8\beta^2\theta - 14\beta + 6 > 0$。因此，有 $\dfrac{\partial \pi_m^{\text{RI}*}}{\partial \theta} > 0$ 在制造商引入第三方在线渠道时恒成立。

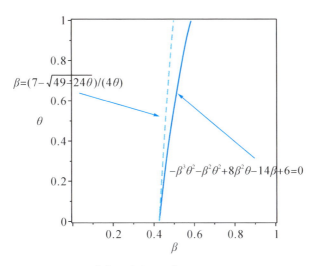

图 B.4.2 $-\beta^3\theta^2 - \beta^2\theta^2 + 8\beta^2\theta - 14\beta + 6 > 0$ 的证明

推论 4.7 证毕。

14. 定理 4.3 的证明

在 AI 下，有 $\dfrac{\partial \pi_r^{\text{AI}*}}{\partial \theta} = \dfrac{(2+\theta)c^2(22\theta + 16 - 11\theta^2)}{(1-\theta)^2(1-\beta)(8+\theta)^3} > 0$。所以，此时，第三方零售商总是应该提高在该渠道购物的消费者的效用，从而获取更多的利润。

在 WI 下，有 $\dfrac{\partial \pi_r^{\text{WI}*}}{\partial \theta} = \dfrac{(1-\beta)(\beta\theta - 7\theta + 4)}{(4 - \beta\theta - \theta)^3}$，从而可以得到当 $\theta > \dfrac{4}{7-\beta}$ 时，$\dfrac{\partial \pi_r^{\text{WI}*}}{\partial \theta} < 0$；当 $\theta < \dfrac{4}{7-\beta}$ 时，$\dfrac{\partial \pi_r^{\text{WI}*}}{\partial \theta} > 0$。所以，此时，第三方在线渠道应该将消费者的效用保持在一个合适的水平，即 $\theta = \dfrac{4}{7-\beta}$。

定理 4.3 证毕。

15. 推论 4.8 的证明

在 AI 下，有 $\dfrac{\partial \pi_r^{\text{AI}*}}{\partial \beta} = \dfrac{(2+\theta)^2 c^2\theta}{(1-\theta)(1-\beta)^2(8+\theta)^2} > 0$，所以第三方零售商偏好在线零售商设置更高的平台费率。

在 WI 下，有 $\dfrac{\partial \pi_r^{\text{WI}*}}{\partial \beta} = -\dfrac{\theta(1-\theta)(\beta\theta + 4 - 3\theta)}{4(4 - \beta\theta - \theta)^3} < 0$，所以第三方零售

商偏好在线零售商设置更低的平台费率。

推论 4.8 证毕。

16. 讨论 1、讨论 2、讨论 3、讨论 4 的证明

由于均衡利润的复杂性，在分析在线零售商和制造商关于销售模式的决策时，本章使用了数值分析的方法，因为书中已经给出了具体的过程，此处就不再赘述。

讨论 1、讨论 2、讨论 3、讨论 4 证毕。

C. 第 5 章的证明过程

1. 引理 5.1 的证明

在代售模式下，制造商和在线零售商的利润函数分别为式（5.3）和式（5.4）。使用逆向归纳法，首先，在线零售商确定二手商品的最优市场价格最大化式（5.4），因为 $\partial^2 \pi_e^A / \partial p_o^2 < 0$，由 $\partial \pi_e^A / \partial p_o = 0$，得：

$$p_o = \frac{1}{2} p_n (1 + \beta) \mu \tag{C.5.1}$$

其次，根据在线零售商的决策，制造商确定新品最优的市场价格最大化式（5.3）。将式（C.5.1）代入式（5.3），得到 $\partial^2 \pi_m^A / \partial p_n^2 < 0$，由 $\partial \pi_m^A / \partial p_n = 0$，得：

$$p_n^{A*} = \frac{(1 - \tau - \beta)(1 - \mu)}{(2 - \beta\mu - \mu)(1 - \beta)} \tag{C.5.2}$$

将式（C.5.2）代入式（C.5.1），可以得到：

$$p_o^{A*} = \frac{(1 - \tau - \beta)(1 - \mu)(1 + \beta)\mu}{2(2 - \beta\mu - \mu)(1 - \beta)} \tag{C.5.3}$$

将式（C.5.2）和式（C.5.3）代入需求函数式（5.1）和式（C.5.2），得到相应的最优销售量，分别为：

$$q_n^{A*} = \frac{1 - \beta + \tau}{2 - 2\beta} \tag{C.5.4}$$

$$q_o^{A*} = \frac{1 - \beta - \tau}{4 - 2\beta\mu - 2\mu} \tag{C.5.5}$$

将式（C.5.2）、式（C.5.3）、式（C.5.4）和式（C.5.5）分别代入式（5.3）和（5.4），可以得到制造商和在线零售商的最优利润，分别为：

$$\pi_m^{A*} = \frac{(1+2\mu\tau-\mu)\beta^2+(2\mu-2\mu\tau-2\tau-2)\beta-\mu-\tau^2\mu+\tau^2+2\tau+1}{2(2-\beta\mu-\mu)(1-\beta)}+Q$$

$$(C.5.6)$$

$$\pi_e^{A*} = \frac{(1-\mu)(1-\tau-\beta)(3\beta^3\mu-4\beta^2-\mu\tau\beta^2-\mu\beta^2+3\mu\beta+2\mu\tau\beta-4\tau\beta-4\beta+\mu\tau-\mu)}{4(2-\beta\mu-\mu)^2(1-\beta)^2}$$

$$(C.5.7)$$

为了保证所有的销售量不为负，需要保证 $\beta-1<\tau<1-\beta$。

引理 5.1 证毕。

2. 引理 5.2 的证明

在批发模式下，制造商和在线零售商的利润函数分别为式（5.5）和式（5.6）。使用逆向归纳法，首先，在线零售商确定二手商品的最优市场价格最大化式（5.6），因为 $\partial^2\pi_e^W/\partial p_o^2<0$，由 $\partial\pi_e^W/\partial p_o=0$，得：

$$p_o = \frac{1}{2}(2p_n-w)\mu \qquad (C.5.8)$$

其次，在线零售商再确定新品最优的市场价格最大化式（5.6），因为 $\partial^2\pi_e^W/\partial p_n^2<0$，由 $\partial\pi_e^W/\partial p_n=0$，得：

$$p_n^W = \frac{1}{2}(1+w) \qquad (C.5.9)$$

然后，根据在线零售商的决策，制造商确定新品最优的批发价最大化式（5.5）。将式（C.5.8）和式（C.5.9）代入式（5.5），得到 $\partial^2\pi_m^W/\partial w^2<0$，由 $\partial\pi_m^W/\partial w=0$，得：

$$w^{W*} = \frac{1}{2}(1-\tau)(1-\mu) \qquad (C.5.10)$$

将式（C.5.10）代入式（C.5.8）和式（C.5.9），可以得到新品和二手商品最优的市场价格分别为：

$$p_n^{W*} = \frac{1}{2}+\frac{(1-\tau)(1-\mu)}{4} \qquad (C.5.11)$$

$$p_o^{W*} = \frac{\mu}{2} \qquad (C.5.12)$$

将式（C.5.11）和式（C.5.12）代入需求函数式（5.1）和式（5.2），可以得到新品和二手商品相应的最优销售量，分别为：

$$q_n^{W*} = \frac{1+\tau}{4} \qquad (C.5.13)$$

$$q_o^{W*} = \frac{1-\tau}{4} \qquad (\text{C.5.14})$$

将式（C.5.10）、式（C.5.11）、式（C.5.12）、式（C.5.13）和式（C.5.14）分别代入式（5.5）和式（5.6），可以得到制造商和在线零售商的最优利润，分别为：

$$\pi_m^{W*} = \frac{(1-\mu)\tau^2 + 2\mu\tau + 2\tau - \mu + 1}{8} + Q \qquad (\text{C.5.15})$$

$$\pi_e^{W*} = \frac{(1-\mu)\tau^2 - 2\mu\tau + 2\tau + 3\mu + 1}{16} \qquad (\text{C.5.16})$$

引理 5.2 证毕。

3. 定理 5.1 的证明

在代售模式下，从式（5.3）可以得到制造商的线上利润函数为 $\pi_{\text{mon}}^A = q_n p_n(1-\beta)$，线下利润函数为 $\pi_{\text{moff}}^A = [Q + \tau(q_n + \mu q_o)] \times 1$。将引理 5.1 中的式（C.5.2）、式（C.5.3）、式（C.5.4）和式（C.5.5）代入上式，可以得到制造商最优的线上利润和线下利润，分别为：

$$\pi_{\text{mon}}^{A*} = \frac{(1-\tau-\beta)(1-\mu)(1+\tau-\beta)}{2(2-\beta\mu-\mu)(1-\beta)} \qquad (\text{C.5.17})$$

$$\pi_{\text{moff}}^{A*} = \frac{\mu\tau\beta^2 - (\mu\tau + \tau)\beta - \tau^2\mu + \tau^2 + \tau}{(2-\beta\mu-\mu)(1-\beta)} + Q \qquad (\text{C.5.18})$$

在代售模式下，为了保证所有的销售量不为负，需要保证 $\beta - 1 < \tau < 1 - \beta$。

首先，求式（C.5.17）中 π_{mon}^{A*} 关于 τ 的一阶导数，可以得到 $\frac{\partial \pi_{\text{mon}}^{A*}}{\partial \tau} = \frac{(\mu-1)\tau}{(2-\beta\mu-\mu)(1-\beta)}$，$\mu - 1 < 0$，因此，当 $\tau > 0$ 时，$\frac{\partial \pi_{\text{mon}}^{A*}}{\partial \tau} < 0$；否则，当 $\tau < 0$ 时，$\frac{\partial \pi_{\text{mon}}^{A*}}{\partial \tau} > 0$。

然后，求式（C.5.18）中 π_{moff}^{A*} 关于 τ 的一阶导数，可以得到 $\frac{\partial \pi_{\text{moff}}^{A*}}{\partial \tau} = \frac{\mu\beta^2 - (\mu+1)\beta - 2\mu\tau + 2\tau + 1}{(2-\beta\mu-\mu)(1-\beta)}$。由于分母总是大于零，所以只需考虑分子，如果 $\mu\beta^2 - (\mu+1)\beta - 2\mu\tau + 2\tau + 1 > 0$ 则可以得到 $\tau > \frac{1 + \mu\beta^2 - \beta\mu - \beta}{2(\mu-1)}$。由于 $1 + \mu\beta^2 - \beta\mu - \beta > 0$，而 $2(\mu-1) < 0$，所以，当

$\tau > 0$ 时，$\dfrac{\partial \pi_{\text{moff}}^{A*}}{\partial \tau} > 0$。当 $\tau < 0$ 时，比较 $\dfrac{1 + \mu\beta^2 - \beta\mu - \beta}{2(\mu - 1)}$ 与下界 $\beta - 1$ 的大

小，可以得到 $\dfrac{1 + \mu\beta^2 - \beta\mu - \beta}{2(\mu - 1)} - (\beta - 1) = \dfrac{(\beta - 1)(1 + \beta\mu - 2\mu)}{2(\mu - 1)}$。因此，

令 $\beta_1 = \dfrac{2\mu - 1}{\mu}$，当 $\beta < \beta_1$ 且 $\mu > \dfrac{1}{2}$ 时，$\dfrac{1 + \mu\beta^2 - \beta\mu - \beta}{2(\mu - 1)} < (\beta - 1)$，$\tau$ 总

是大于 $\dfrac{1 + \mu\beta^2 - \beta\mu - \beta}{2(\mu - 1)}$，$\dfrac{\partial \pi_{\text{moff}}^{A*}}{\partial \tau} > 0$ 恒成立；当 $\beta > \beta_1$ 且 $\mu > \dfrac{1}{2}$ 时，或者

当 $\mu < \dfrac{1}{2}$ 时，$\dfrac{1 + \mu\beta^2 - \beta\mu - \beta}{2(\mu - 1)} > (\beta - 1)$，令 $\tau_1 = \dfrac{1 + \mu\beta^2 - \beta\mu - \beta}{2(\mu - 1)}$，那么

$\tau < \tau_1$，$\dfrac{\partial \pi_{\text{moff}}^{A*}}{\partial \tau} < 0$，$\tau > \tau_1$，$\dfrac{\partial \pi_{\text{moff}}^{A*}}{\partial \tau} > 0$。

定理 5.1 证毕。

4. 定理 5.2 的证明

在批发模式下，从式（5.5）可以得到制造商的线上利润函数为 $\pi_{\text{mon}}^{W} = q_n w$，线下利润函数为 $\pi_{\text{moff}}^{W} = [Q + \tau(q_n + \mu q_o)] \times 1$。将引理 5.2 中的式（C.5.10）、式（C.5.11）、式（C.5.12）、式（C.5.13）、式（C.5.14）代入上式，可以得到制造商最优的线上利润和线下利润，分别为：

$$\pi_{\text{mon}}^{W*} = \frac{(1 - \mu)(1 - \tau^2)}{8} \tag{C.5.19}$$

$$\pi_{\text{moff}}^{W*} = \frac{(1 - \mu)\tau^2}{4} + \frac{(1 + \mu)\tau}{4} + Q \tag{C.5.20}$$

首先，求式（C.5.19）中 π_{mon}^{W*} 关于 τ 的一阶导数，可以得到 $\dfrac{\partial \pi_{\text{mon}}^{W*}}{\partial \tau} =$

$\dfrac{(\mu - 1)\tau}{4}$，$\mu - 1 < 0$，因此，当 $\tau > 0$ 时，$\dfrac{\partial \pi_{\text{mon}}^{W*}}{\partial \tau} < 0$；否则，当 $\tau < 0$ 时，

$\dfrac{\partial \pi_{\text{mon}}^{W*}}{\partial \tau} > 0$。

然后，求式（C.5.20）中 π_{moff}^{W*} 关于 τ 的一阶导数，可以得到 $\dfrac{\partial \pi_{\text{moff}}^{W*}}{\partial \tau} =$

$\dfrac{(1 - \mu)\tau}{2} + \dfrac{\mu}{4} + \dfrac{1}{4}$。如果 $\dfrac{(1 - \mu)\tau}{2} + \dfrac{\mu}{4} + \dfrac{1}{4} > 0$，则 $\tau > \dfrac{1 + \mu}{2(\mu - 1)}$。当

$\tau > 0$ 时，$\dfrac{\partial \pi_{\text{moff}}^{W*}}{\partial \tau} > 0$ 恒成立. 当 $\tau < 0$ 时，比较 $\dfrac{1 + \mu}{2(\mu - 1)}$ 与下界 -1 的大

小，可以得到 $\dfrac{1+\mu}{2(\mu-1)}-(-1)=\dfrac{1-3\mu}{2(1-\mu)}$。因此，当 $\mu > \dfrac{1}{3}$ 时，

$\dfrac{1+\mu}{2(\mu-1)} < -1$，$\tau$ 总是大于 $\dfrac{1+\mu}{2(\mu-1)}$，$\dfrac{\partial \pi_{\mathrm{moff}}^{W*}}{\partial \tau} > 0$ 恒成立；当 $\mu < \dfrac{1}{3}$ 时，

$\dfrac{1+\mu}{2(\mu-1)} > -1$，令 $\tau_2 = \dfrac{1+\mu}{2(\mu-1)}$，那么 $\tau < \tau_2$，$\dfrac{\partial \pi_{\mathrm{moff}}^{W*}}{\partial \tau} < 0$，$\tau > \tau_2$，

$\dfrac{\partial \pi_{\mathrm{moff}}^{W*}}{\partial \tau} > 0$。

定理 5.2 证毕。

5. 定理 5.3 的证明

在代售模式下，为了保证所有的销售量不为负，需要保证 $\beta - 1 < \tau < 1 - \beta$。为了保证两种销售模式具有可对比性，所以两种销售模式下都假设 $\beta - 1 < \tau < 1 - \beta$。

根据定理 5.1、定理 5.2 中的式（C.5.18）和式（C.5.20），通过比较可以得到

$$\pi_{\mathrm{moff}}^{A*} - \pi_{\mathrm{moff}}^{W*} = \frac{\left[(\tau\beta^2 - \beta^2 - \tau + 1)\mu^2 + (3\beta^2 - \tau\beta^2 - 2\tau\beta - 2\beta - \tau - 1)\mu + 2\tau\beta - 2\beta + 2\tau + 2\right]\tau}{4(2 - \beta\mu - \mu)(1 - \beta)},$$

该式子的正负主要取决于分母 $\left[(\tau\beta^2 - \beta^2 - \tau + 1)\mu^2 + (3\beta^2 - \tau\beta^2 - 2\tau\beta - 2\beta - \tau - 1)\mu + 2\tau\beta - 2\beta + 2\tau + 2\right]\tau$，即 $(\tau\beta^2 - \beta^2 - \tau + 1)\mu^2 + (3\beta^2 - \tau\beta^2 - 2\tau\beta - 2\beta - \tau - 1)\mu + 2\tau\beta - 2\beta + 2\tau + 2$ 的正负和 τ 的正负。如果 $(\tau\beta^2 - \beta^2 - \tau + 1)\mu^2 + (3\beta^2 - \tau\beta^2 - 2\tau\beta - 2\beta - \tau - 1)\mu + 2\tau\beta - 2\beta + 2\tau + 2 > 0$，则需要 $\tau > \dfrac{\beta^2\mu^2 - 3\beta^2\mu + 2\beta\mu - \mu^2 + 2\beta + \mu - 2}{(1 + \beta)(1 - \mu)(2 - \beta\mu + \mu)}$。由于分母总是正值，分子总是负值，则该临界值 $\dfrac{\beta^2\mu^2 - 3\beta^2\mu + 2\beta\mu - \mu^2 + 2\beta + \mu - 2}{(1 + \beta)(1 - \mu)(2 - \beta\mu + \mu)} < 0$。所以当 $\tau > 0$ 时，$\pi_{\mathrm{moff}}^{A*} > \pi_{\mathrm{moff}}^{W*}$ 恒成立。当 $\tau < 0$ 时，比较 $\dfrac{\beta^2\mu^2 - 3\beta^2\mu + 2\beta\mu - \mu^2 + 2\beta + \mu - 2}{(1 + \beta)(1 - \mu)(2 - \beta\mu + \mu)}$ 与下界 $\beta - 1$ 的大小，可以得到 $\dfrac{\beta^2\mu^2 - 3\beta^2\mu + 2\beta\mu - \mu^2 + 2\beta + \mu - 2}{(1 + \beta)(1 - \mu)(2 - \beta\mu + \mu)} - (\beta - 1) = \dfrac{(\beta^2\mu^2 - \beta^2\mu + \beta\mu - \mu^2\beta + 2\beta - 2\mu^2)(1 - \beta)}{(1 + \beta)(1 - \mu)(2 - \beta\mu + \mu)}$，所以其正负主要取决于 $\beta^2\mu^2 - \beta^2\mu + \beta\mu - \mu^2\beta + 2\beta - 2\mu^2$。在 $\beta \in (0,1)$ 的区间内，可以得到当 $\beta < \dfrac{2 + \mu - \mu^2 - \sqrt{4 + 4\mu + 9\mu^4 - 10\mu^3 - 3\mu^2}}{2\mu - 2\mu^2}$ 时 [β 的另一个解不在 $\beta \in$

$(0，1)$ 内，舍去$]$，$\dfrac{\beta^2\mu^2 - 3\beta^2\mu + 2\beta\mu - \mu^2 + 2\beta + \mu - 2}{(1+\beta)(1-\mu)(2-\beta\mu+\mu)} < (\beta-1)$，因此，$\tau > \dfrac{\beta^2\mu^2 - 3\beta^2\mu + 2\beta\mu - \mu^2 + 2\beta + \mu - 2}{(1+\beta)(1-\mu)(2-\beta\mu+\mu)}$ 恒成立，然而 $\tau < 0$，所以 $\pi_{\mathrm{moff}}^{A*} < \pi_{\mathrm{moff}}^{W*}$ 恒成立。当 $\beta > \dfrac{2 + \mu - \mu^2 - \sqrt{4 + 4\mu + 9\mu^4 - 10\mu^3 - 3\mu^2}}{2\mu - 2\mu^2}$ 时，

$\dfrac{\beta^2\mu^2 - 3\beta^2\mu + 2\beta\mu - \mu^2 + 2\beta + \mu - 2}{(1+\beta)(1-\mu)(2-\beta\mu+\mu)} > (\beta-1)$，则可以得到 $\tau > $

$\dfrac{\beta^2\mu^2 - 3\beta^2\mu + 2\beta\mu - \mu^2 + 2\beta + \mu - 2}{(1+\beta)(1-\mu)(2-\beta\mu+\mu)}$ 时，$\pi_{\mathrm{moff}}^{A*} < \pi_{\mathrm{moff}}^{W*}$，当 $\tau < $

$\dfrac{\beta^2\mu^2 - 3\beta^2\mu + 2\beta\mu - \mu^2 + 2\beta + \mu - 2}{(1+\beta)(1-\mu)(2-\beta\mu+\mu)}$ 时，$\pi_{\mathrm{moff}}^{A*} > \pi_{\mathrm{moff}}^{W*}$ 恒成立。

令 $\beta_2 = \dfrac{2 + \mu - \mu^2 - \sqrt{4 + 4\mu + 9\mu^4 - 10\mu^3 - 3\mu^2}}{2\mu - 2\mu^2}$，

$\tau_3 = \dfrac{\beta^2\mu^2 - 3\beta^2\mu + 2\beta\mu - \mu^2 + 2\beta + \mu - 2}{(1+\beta)(1-\mu)(2-\beta\mu+\mu)}$，则可以得到定理 5.3。

定理 5.3 证毕。

6. 定理 5.4 的证明

在代售模式下，为了保证所有的销售量不为负，需要保证 $\beta - 1 < \tau < 1 - \beta$。为了保证两种销售模式具有可对比性，所以两种销售模式下都假设 $\beta - 1 < \tau < 1 - \beta$。

根据定理 5.1、定理 5.2 中的式（C.5.17）和式（C.5.19），通过比较可以得到 $\pi_{\mathrm{mon}}^{A*} - \pi_{\mathrm{mon}}^{W*} = \dfrac{(1-\mu)\left[(\beta^2\mu - 2\beta - \mu - 2)\tau^2 + (4-\mu)\beta^2 - 6\beta + \mu + 2\right]}{8(2-\beta\mu-\mu)(1-\beta)}$。从中可以看出其正负只和 $(\beta^2\mu - 2\beta - \mu - 2)\tau^2 + (4-\mu)\beta^2 - 6\beta + \mu + 2$ 相关，因为 $\beta^2\mu - 2\beta - \mu - 2$ 小于零，如果 $(4-\mu)\beta^2 - 6\beta + \mu + 2$ 也小于零，即 $\beta > \dfrac{2 + \mu}{4 - \mu}[\beta$ 的另一个解不在 $\beta \in (0，1)$ 内，舍去$]$，则 $\pi_{\mathrm{mon}}^{W*} > \pi_{\mathrm{mon}}^{A*}$ 恒成立。当 $\beta < \dfrac{2 + \mu}{4 - \mu}$ 时，即 $(4-\mu)\beta^2 - 6\beta + \mu + 2 > 0$ 时，根据判别式，$(\beta^2\mu - 2\beta - \mu - 2)\tau^2 + (4-\mu)\beta^2 - 6\beta + \mu + 2$ 关于 τ 为变量的函数总有两个实数根，又其二阶导数 $\beta^2\mu - 2\beta - \mu - 2 < 0$，所以开口向下，$\tau$ 的两个边界分别带入上式，得到两个值相等为 $\beta(1-\beta)(2-\beta)(\beta\mu + \mu - 2)$，总是小

于零。很明显，$\tau = 0$ 是该函数的对称轴，把其带入该函数，可以得到 $(4 - \mu)\beta^2 - 6\beta + \mu + 2$，因为该式子总是大于零，所以可以得到关于 τ 的该函数在 $\beta - 1 < \tau < 1 - \beta$ 内总有两个不等的实根，即 $\tau = \dfrac{\sqrt{2 + 4\beta^2 + \mu - \beta^2\mu - 6\beta}}{\sqrt{2\beta + \mu + 2 - \beta^2\mu}}$ 或者 $\tau = -\dfrac{\sqrt{2 + 4\beta^2 + \mu - \beta^2\mu - 6\beta}}{\sqrt{2\beta + \mu + 2 - \beta^2\mu}}$。令 $\tau_5 = \dfrac{\sqrt{2 + 4\beta^2 + \mu - \beta^2\mu - 6\beta}}{\sqrt{2\beta + \mu + 2 - \beta^2\mu}}$，$\tau_4 = -\dfrac{\sqrt{2 + 4\beta^2 + \mu - \beta^2\mu - 6\beta}}{\sqrt{2\beta + \mu + 2 - \beta^2\mu}}$，$\beta_3 = \dfrac{2 + \mu}{4 - \mu}$。

整理可得，当 $\beta > \beta_3$ 时，$\pi_{\mathrm{mon}}^{W*} > \pi_{\mathrm{mon}}^{A*}$；当 $\beta < \beta_3$ 时，如果 $\tau > \tau_5$ 或者 $\tau < \tau_4$，则 $\pi_{\mathrm{mon}}^{W*} > \pi_{\mathrm{mon}}^{A*}$，如果 $\tau_4 < \tau < \tau_5$，则 $\pi_{\mathrm{mon}}^{W*} < \pi_{\mathrm{mon}}^{A*}$。

定理 5.4 证毕。

7. 定理 5.5 的证明

在代售模式下，为了保证所有的销售量不为负，需要保证 $\beta - 1 < \tau < 1 - \beta$。进一步，为了保证两种销售模式具有可比性，所以在以下所有的对比过程中，两种销售模式下都假设 $\beta - 1 < \tau < 1 - \beta$，并且该限制条件也使下面的对比更具有现实意义。

根据引理 5.1 和引理 5.2，可以得到：

$$\pi_m^{A*} - \pi_m^{W*} = \frac{\left\{\begin{array}{c}[(\beta^2-1)\mu^2-(1+2\beta+\beta^2)\mu+2\beta+2]\tau^2+[2(1-\beta^2)\mu^2+(6\beta^2-4\beta-2)\mu-4\beta+4]\tau+\\ (\beta^2-1)\mu^2-(5\beta^2-6\beta+1)\mu+4\beta^2-6\beta+2\end{array}\right\}}{8(2-\beta\mu-\mu)(1-\beta)}。$$

由于分母都是正值，所以只需要确定分子的正负。令 $f(\tau)$ 表示分子，下面来确定 $f(\tau)$ 的正负。

首先，确定 $f(\tau)$ 的根的情况以及图像。计算 $f(\tau)$ 的判别式，可以得到 $16(1 - \beta)(2 - \beta\mu - \mu)(\beta - \mu)^2 > 0$，所以 $f(\tau)$ 总有两个实数根，令 τ_6，τ_7 分别表示两个实根，则，

$$\tau_6 = \frac{\beta^2\mu^2 - 3\beta^2\mu - 2\beta\mu + \mu^2 + 2\beta + \mu - 2 - \sqrt{(\beta-\mu)^2(1-\beta)(2-\beta\mu-\mu)}}{(1+\beta)(1-\mu)(2-\beta\mu+\mu)}$$

$$\tau_7 = \frac{\beta^2\mu^2 - 3\beta^2\mu - 2\beta\mu + \mu^2 + 2\beta + \mu - 2 + \sqrt{(\beta-\mu)^2(1-\beta)(2-\beta\mu-\mu)}}{(1+\beta)(1-\mu)(2-\beta\mu+\mu)}$$

其中，$\tau_7 - \tau_6 = \dfrac{4\sqrt{(\beta-\mu)^2(1-\beta)(2-\beta\mu-\mu)}}{(1+\beta)(1-\mu)(2-\beta\mu+\mu)}$，所以 $\tau_7 > \tau_6$。再计算

$$\frac{\partial^2 f(\tau)}{\partial \tau^2} = (\beta^2 - 1)\mu^2 - (1 + 2\beta + \beta^2)\mu + 2\beta + 2 = (1 - \mu)(2 - \beta\mu + \mu)(1 + \beta) >$$

0，所以 $f(\tau)$ 总是开口向上。

其次，求对称轴是否在有意义的区间内。求 $f(\tau)$ 的一阶导，并等于零，可以得到对称轴 $\tau^* = \dfrac{(\beta - 1)[2 + (1 + \beta)\mu^2 - (1 + 3\beta)\mu]}{(1 - \mu)(2 - \beta\mu + \mu)(1 + \beta)}$，将对称轴与上下界对比。对称轴 τ^* 与上界对比，可以发现 $(1 - \beta) - \tau^* = \dfrac{(\mu + 2 - \beta\mu)(2 - \beta\mu - \mu)(1 - \beta)}{(1 + \beta)(1 - \mu)(2 - \beta\mu + \mu)} > 0$；对称轴 τ^* 与下界对比，可以发现 $(\beta - 1) - \tau^* = \dfrac{(1 - \beta)[(\mu - \mu^2)\beta^2 - (2 + \mu - \mu^2)\beta - 2\mu^2]}{(1 + \beta)(1 - \mu)(2 - \beta\mu + \mu)}$，由于分母是正，所以其正负只和 $(\mu - \mu^2)\beta^2 - (2 + \mu - \mu^2)\beta - 2\mu^2$ 相关，通过分析，在 $\beta \in (0, 1)$ 的范围内只有一个解，用 β_0 表示，$\beta_0 = \dfrac{2 + \mu - \mu^2 - \sqrt{9\mu^4 - 10\mu^3 - 3\mu^2 + 4\mu + 4}}{2\mu(1 - \mu)}$。综上，可以得到当 $\beta < \beta_0$ 时，对称轴在区间 $(-\infty, \beta - 1]$ 内；当 $\beta > \beta_0$ 时，对称轴在区间 $(\beta - 1, 1 - \beta)$ 内。

然后，求 $f(\beta - 1)$ 和 $f(1 - \beta)$ 的正负。把 τ 的下界 $\beta - 1$ 带入 $f(\tau)$ 得 $(1 - \beta)[(2\mu^2 - 4\mu - 2)\beta^2 - 8\beta\mu + 4\mu^2]$，可以看出 $f(\beta - 1)$ 的正负只需要考虑 $(2\mu^2 - 4\mu - 2)\beta^2 + 8\beta\mu - 4\mu^2$ 的正负，通过分析，在 $\beta \in (0, 1)$ 的范围内可以得到两个解，用 β_4 和 β_5 来表示，当 $\beta < \beta_4$ 时，$f(\beta - 1) < 0$；当 $\beta_4 < \beta < \beta_5$ 时，$f(\beta - 1) > 0$；当 $\beta > \beta_5$ 时，$f(\beta - 1) < 0$。其中，具体的值如下，$\beta_4 = \dfrac{(\sqrt{2} - \sqrt{2}\mu - 2)\mu}{\mu^2 - 2\mu - 1}$，$\beta_5 = \dfrac{(\sqrt{2}\mu - \sqrt{2} - 2)\mu}{\mu^2 - 2\mu - 1}$，且可以很容易得到 $\beta_5 - \beta_4 = \dfrac{2\sqrt{2}(1 - \mu)\mu}{2\mu + 1 - \mu^2} > 0$，即 $\beta_5 > \beta_4$。把 τ 的上界 $1 - \beta$ 带入 $f(\tau)$ 得 $(1 - \beta)(2 - \beta\mu - \mu)[(\mu - 1)\beta^2 - 4\beta + 4]$，可以看出 $f(1 - \beta)$ 的正负只需要考虑 $(\mu - 1)\beta^2 - 4\beta + 4$ 的正负，通过分析，在 $\beta \in (0, 1)$ 的范围内只有一个解，令 β_6 表示该解，当 $\beta < \beta_6$ 时，$f(1 - \beta) > 0$；当 $\beta > \beta_6$ 时，$f(1 - \beta) < 0$，其中 $\beta_6 = \dfrac{2\sqrt{2 - \mu} - 2}{1 - \mu}$。

下面，比较 β_0，β_4，β_5，β_6 的大小，并得出结论，其中 $\beta_5 > \beta_4$。由

于以上四个边界太复杂，但是只有两个参数 β 和 μ，所以可以参考 Yan 等（2018）以及 Jerath 和 Zhang（2010）的研究，把四个边界都画在图中进行对比，如图 C.5.1 所示。另外，可以得到四个边界在点（0，0）和（1，1）相交，则通过图 C.5.1，可以得到 $\beta_6 > \beta_5 > \beta_4 > \beta_0$ 在区间 $\beta \in$（0，1）内恒成立。由此，可以得到如下结论，当 $\beta < \beta_0$ 时，对称轴的位置不在有意义的区间（$\beta - 1$，$1 - \beta$）内，在（$-\infty$，$\beta - 1$] 内，且 $f(\beta - 1) < 0$，$f(1 - \beta) > 0$，此时，$f(\tau)$ 单调递增，只有一个解在有意义的区间内，即 τ_7，所以，当 $\beta < \beta_0$ 时，如果 $\tau < \tau_7$，则 $\pi_m^{A*} < \pi_m^{W*}$，如果 $\tau > \tau_7$，则 $\pi_m^{A*} > \pi_m^{W*}$；当 $\beta_0 < \beta < \beta_4$ 时，尽管对称轴在有意义的区间内，且 $f(\beta - 1) < 0$，$f(1 - \beta) > 0$，即图像先降低后增加，此时，仍然只有一个解在有意义的区间内，即 τ_7，所以结论与上一个结论相同；当 $\beta_4 < \beta < \beta_5$ 时，对称轴在有意义的区间内，且 $f(\beta - 1) > 0$，$f(1 - \beta) > 0$，图像表现为先降低后增加，可以发现有两个解在区间内，即 τ_6，τ_7，所以如果 $\tau > \tau_7$ 或者 $\tau < \tau_6$，则 $\pi_m^{A*} > \pi_m^{W*}$，如果 $\tau_6 < \tau < \tau_7$，则 $\pi_m^{A*} < \pi_m^{W*}$；当 $\beta_5 < \beta < \beta_6$ 时，对称轴在区间内，且 $f(\beta - 1) < 0$，$f(1 - \beta) > 0$，即图像先降低后增加，只有一个解在有意义的区间内，即 τ_7，所以，当 $\beta_5 < \beta < \beta_6$ 时，如果 $\tau < \tau_7$，则 $\pi_m^{A*} < \pi_m^{W*}$，如果 $\tau > \tau_7$，则 $\pi_m^{A*} > \pi_m^{W*}$；当 $\beta > \beta_6$ 时，由于对称轴在区间内，且 $f(\beta - 1) < 0$，$f(1 - \beta) < 0$，所以可以得到 $\pi_m^{A*} < \pi_m^{W*}$ 恒成立。

整理结论，可以得到定理 5.5，即当 $\beta < \beta_4$ 时，溢出效应系数仅存在一个边界，即如果 $\tau < \tau_7$，则制造商选择批发模式，如果 $\tau > \tau_7$，制造商选择代售模式；当 $\beta_4 < \beta < \beta_5$ 时，溢出效应系数存在两个边界，如果 $\tau > \tau_7$ 或者 $\tau < \tau_6$，则制造商选择代售模式，如果 $\tau_6 < \tau < \tau_7$，则选择批发模式；当 $\beta_5 < \beta < \beta_6$ 时，溢出效应系数又仅存在一个边界，如果 $\tau < \tau_7$，则制造商选择批发模式，如果 $\tau > \tau_7$，则制造商选择代售模式；当 $\beta > \beta_6$ 时，制造商总是选择批发模式。另外，因为 τ_6 和 τ_7 的分母总是正值，而其分子只有两个参数 β 和 μ，将其分子分别表示在图 C.5.1 上，可以观察到 $\tau_6 < 0$ 恒成立，$\tau_7 < 0$ 在 $\beta < \beta_4$ 时也恒成立。

定理 5.5 证毕。

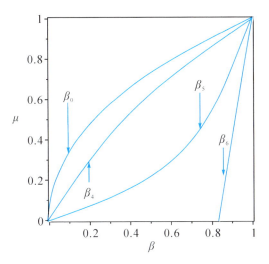

图 C.5.1 β_0，β_4，β_5，β_6 四个边界的比较

8. 定理 5.6 的证明

在代售模式下，在线零售商的第一部分利润函数为 $\pi_{\mathrm{ef}}^A = q_n p_n \beta$，第二部分利润的函数为 $\pi_{\mathrm{es}}^A = q_o p_o$。将式（C.5.2）、式（C.5.3）、式（C.5.4）和式（C.5.5）分别代入上式，可以得到最优的第一部分和第二部分利润，分别为：

$$\pi_{\mathrm{ef}}^{A*} = \frac{\beta(1-\tau-\beta)(1-\mu)(1+\tau-\beta)}{2(2-\beta\mu-\mu)(1-\beta)^2} \qquad (\mathrm{C}.5.21)$$

$$\pi_{\mathrm{es}}^{A*} = \frac{\beta(1-\tau-\beta)^2(1-\mu)(1+\beta)\mu}{4(2-\beta\mu-\mu)^2(1-\beta)} \qquad (\mathrm{C}.5.22)$$

因为本章主要关注的是新品和二手商品线上销售都存在的情况，所以，在代售模式下，为了保证所有的销售量不为负，需要保证 $\beta-1 < \tau < 1-\beta$。

首先，求式（C.5.21）中 π_{ef}^{A*} 关于 τ 的一阶导数，可以得到 $\dfrac{\partial \pi_{\mathrm{ef}}^{A*}}{\partial \tau} = \dfrac{(\mu-1)\tau\beta}{(2-\beta\mu-\mu)(1-\beta)^2}$，$\mu-1 < 0$，因此，当 $\tau > 0$ 时，$\dfrac{\partial \pi_{\mathrm{ef}}^{A*}}{\partial \tau} < 0$；否则，当 $\tau < 0$ 时，$\dfrac{\partial \pi_{\mathrm{ef}}^{A*}}{\partial \tau} > 0$。

另外，求式（C.5.22）中 π_{es}^{A*} 关于 τ 的一阶导数，可以得到 $\dfrac{\partial \pi_{\mathrm{es}}^{A*}}{\partial \tau} =$

$$- \frac{(1 - \tau - \beta)(1 - \mu)(1 + \beta)\mu}{2(2 - \beta\mu - \mu)^2(1 - \beta)} < 0_。$$

定理 5.6 证毕。

9. 定理 5.7 的证明

在批发模式下，在线零售商的第一部分利润函数为 $\pi_{ef}^W = q_n(p_n - w)$，第二部分利润函数为 $\pi_{es}^W = q_o p_o$。将引理 5.2 中的式（C.5.10）、式（C.5.11）、式（C.5.12）、式（C.5.13）、式（C.5.14）代入上式，在线零售商第一部分和第二部分的最优利润分别为：

$$\pi_{ef}^{W*} = \frac{(1 + \tau)(1 + \mu - \mu\tau + \tau)}{16} \qquad (C.5.23)$$

$$\pi_{es}^{W*} = \frac{(1 - \tau)\mu}{8} \qquad (C.5.24)$$

在批发模式下，$-1 < \tau < 1$。

首先，求式（C.5.23）中 π_{ef}^{W*} 关于 τ 的一阶导数，可以得到 $\frac{\partial \pi_{ef}^{W*}}{\partial \tau} = \frac{1}{8} + \frac{(1 - \mu)\tau}{8} > 0$。

另外，求式（C.5.24）中 π_{es}^{W*} 关于 τ 的一阶导数，可以得到 $\frac{\partial \pi_{es}^{W*}}{\partial \tau} = -\frac{\mu}{8} < 0$。

定理 5.7 证毕。

10. 定理 5.8 的证明

与上问相同，有限制条件 $\beta - 1 < \tau < 1 - \beta$。

根据式（C.5.21）和式（C.5.23），有：

$\pi_{ef}^{A*} - \pi_{ef}^{W*} =$

$$\frac{\left\{ \begin{array}{l} [8 + (1 - \tau^2)\mu^2 + (\tau^2 + 2\tau - 7)\mu]\beta^3 + [(\tau^2 - 1)\mu^2 + (\tau^2 - 2\tau + 13)\mu - 2\tau^2 - 4\tau - 18]\beta^2 \\ + [(\tau - 1)\mu^2 + (3\tau - 5)\mu - 4\tau + 12](1 + \tau)\beta - (1 + \tau)(\mu - 2)(\tau\mu - \mu - \tau - 1) \end{array} \right\}}{16(2 - \beta\mu - \mu)(1 - \beta)^2}$$

其中，分母都是正值，所以只需要确定分子的正负。令 $g(\tau)$ 表示分子，下面来确定 $g(\tau)$ 的正负。

首先，确定 $g(\tau)$ 的根的情况以及图像。计算 $g(\tau)$ 的判别式，可以得到 $4(1 - \beta)^2[(\mu^4 - 8\mu^3 + 16\mu^2 - 8\mu)\beta^4 + (4\mu^3 - 24\mu + 16)\beta^3 + (-2\mu^4 + 4\mu^3 +$

$20\mu^2 - 48\mu + 32)\beta^2 + (-12\mu^3 + 40\mu^2 - 32\mu)\beta + \mu^2(2-\mu)^2]$，其中判别式的正负与式子 $(\mu^4 - 8\mu^3 + 16\mu^2 - 8\mu)\beta^4 + (4\mu^3 - 24\mu + 16)\beta^3 + (-2\mu^4 + 4\mu^3 + 20\mu^2 - 48\mu + 32)\beta^2 + (-12\mu^3 + 40\mu^2 - 32\mu)\beta + \mu^2(2-\mu)^2$ 相同，尽管该式子比较复杂，但是可以发现只有两个参数 β 和 μ，所以可以参考 Yan 等（2018）以及 Jerath 和 Zhang（2010）的研究，将该式子表示在图中，见图 C.5.2。令两个边界分别为 $\widehat{\beta^1}$ 和 β^7，其中 $\beta^7 > \widehat{\beta^1}$。观察图 C.5.2，可以发现，当 $\beta < \widehat{\beta^1}$ 时，判别式大于零；当 $\widehat{\beta^1} < \beta < \beta^7$ 时，判别式小于零；当 $\beta > \beta^7$ 时，判别式大于零。当该式子判别式大于零时，可以求出两个实数根，令 τ_8，τ_9 分别表示两个实根，其中，$\tau_8 < \tau_9$，则：

$$\tau_8 = \frac{\left[\begin{array}{l}(1-\beta)(\beta^2-1)\mu - 2(1-\beta)^2 - \\ (1-\beta)\sqrt{\begin{array}{l}(\mu^4-8\mu^3+16\mu^2-8\mu)\beta^4+(4\mu^3-24\mu+16)\beta^3 \\ +(-2\mu^4+4\mu^3+20\mu^2-48\mu+32)\beta^2+(-12\mu^3+40\mu^2-32\mu)\beta+\mu^2(\mu-2)^2\end{array}}\end{array}\right]}{\left[(1+\beta)(1-\mu)(2+2\beta-\mu+2\beta\mu-\beta^2\mu)\right]}$$

$$\tau_9 = \frac{\left[\begin{array}{l}(1-\beta)(1-\beta^2)\mu + 2(1-\beta)^2 - \\ (1-\beta)\sqrt{\begin{array}{l}(\mu^4-8\mu^3+16\mu^2-8\mu)\beta^4+(4\mu^3-24\mu+16)\beta^3 \\ +(-2\mu^4+4\mu^3+20\mu^2-48\mu+32)\beta^2+(-12\mu^3+40\mu^2-32\mu)\beta+\mu^2(\mu-2)^2\end{array}}\end{array}\right]}{\left[(1+\beta)(1-\mu)(2+2\beta-\mu+2\beta\mu-\beta^2\mu)\right]}$$

进一步，求 $\dfrac{\partial^2 g(\tau)}{\partial \tau^2} = -(1+\beta)(1-\mu)(2+2\beta-\mu+2\beta\mu-\beta^2\mu) < 0$，所以 $g(\tau)$ 总是开口向下。

其次，分析对称轴是否在有意义的区间 $(\beta-1, 1-\beta)$ 内。求 $g(\tau)$ 的一阶导，并等于零，可以得到对称轴 $\tau^* = \dfrac{\beta^3\mu - \beta^2\mu - 2\beta^2 - \beta\mu + 4\beta + \mu - 2}{(1+\beta)(1-\mu)(2+2\beta-\mu+2\beta\mu-\beta^2\mu)}$，将对称轴与上下界对比。对称轴 τ^* 与上界对比，可以发现 $(1-\beta) - \tau^* = \dfrac{(1-\beta)[(\mu^2-\mu)\beta^3 + (2-\mu^2)\beta^2 + (2-\mu^2-3\mu)\beta + (2-\mu)^2]}{(1+\beta)(1-\mu)(2+2\beta-\mu+2\beta\mu-\beta^2\mu)} > 0$；对称轴 τ^* 与下界对比，可以发现 $(\beta-1) - \tau^* = \dfrac{(1-\beta)[(\mu-\mu^2)\beta^3 - (2-\mu^2-2\mu)\beta^2 - (6-\mu^2-3\mu)\beta + 2\mu-\mu^2]}{(1+\beta)(1-\mu)(2+2\beta-\mu+2\beta\mu-\beta^2\mu)}$，由于分母是正，所以其正负只和 $(\mu-\mu^2)\beta^3 - (2-\mu^2-2\mu)\beta^2 - (6-\mu^2-3\mu)\beta + 2\mu-\mu^2$ 相关，同样，可以发现其只有两个参数 β 和 μ，所以参考

Yan 等（2018）以及 Jerath 和 Zhang（2010）的研究，将该式子也表示在图 C.5.2 中。通过观察图 C.5.2，可以发现，当 $\beta > \widehat{\beta^2}$ 时，$(\beta - 1) < \tau^*$，对称轴在区间内；当 $\beta < \widehat{\beta^2}$ 时，$(\beta - 1) > \tau^*$，对称轴不在区间内。

然后，求 $g(\beta - 1)$ 和 $g(1 - \beta)$ 的正负，将两个点分别带入 $g(\tau)$，可以得到 $g(\beta - 1) = -\beta(1 - \beta)^2(2 - \beta\mu - \mu)(\beta + 2\mu - \beta\mu) < 0$，以及 $g(1 - \beta) = -(1 - \beta)^2(2 + \beta\mu - \beta)(2 - \beta\mu - \mu)(2 - \beta) < 0$。

最后，比较 $\widehat{\beta^1}$，$\widehat{\beta^2}$，β^7 的大小，通过观察图 C.5.2，可以发现，$\widehat{\beta^1} < \widehat{\beta^2} < \beta^7$。进一步，可以得到当 $\beta < \widehat{\beta^1}$ 时，其有两个实数根，但是对称轴在区间外，又因为 $g(\beta - 1) < 0$，以及 $g(1 - \beta) < 0$，且开口向下，所以，此时 $\pi_{\mathrm{ef}}^{A*} < \pi_{\mathrm{ef}}^{W*}$；当 $\widehat{\beta^1} < \beta < \beta^7$ 时，没有实数根，再加上 $g(\beta - 1) < 0$，以及 $g(1 - \beta) < 0$，且开口向下，所以 $\pi_{\mathrm{ef}}^{A*} < \pi_{\mathrm{ef}}^{W*}$；当 $\beta > \beta^7$ 时，有两个实数根，且对称轴在区间内，再加上 $g(\beta - 1) < 0$，以及 $g(1 - \beta) < 0$，且开口向下，所以必存在 τ_8，τ_9；如果 $\tau > \tau_9$ 或者 $\tau < \tau_8$，则 $\pi_{\mathrm{ef}}^{W*} > \pi_{\mathrm{ef}}^{A*}$，如果 $\tau_8 < \tau < \tau_9$，$\pi_{\mathrm{ef}}^{A*} > \pi_{\mathrm{ef}}^{W*}$。因此整理以上结论，可以得到定理 5.8。

定理 5.8 证毕。

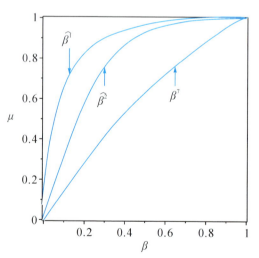

图 C.5.2　$\widehat{\beta^1}$，$\widehat{\beta^2}$，β^7 三个边界的比较

11. 定理 5.9 的证明

与上问相同，有限制条件 $\beta - 1 < \tau < 1 - \beta$。

根据式（C.5.22）和式（C.5.24），有：

$$\pi_{\mathrm{es}}^{W*}-\pi_{\mathrm{es}}^{A*}=\mu\frac{\left\{\begin{array}{l}\left[-2+(\tau-1)\mu^2+2\mu\right]\beta^3+\left[(\tau-1)\mu^2+2\mu-4\tau+2\right]\beta^2-\\ \left[\mu^2-(2\tau+2)\mu+2\tau-2\right](\tau-1)\beta-(\tau-1)\left[\mu^2-(2\tau+2)\mu+2\tau+2\right]\end{array}\right\}}{8(2-\beta\mu-\mu)^2(1-\beta)},$$

其中，分母是正值，只需要确定分子的正负。令 $h(\tau)$ 表示分子，下面来确定 $h(\tau)$ 的正负。

首先，确定 $h(\tau)$ 的根的情况以及图像。计算 $h(\tau)$ 的判别式，可以得到 $\left[(\beta-1)(\beta+1)^2\mu^2+4(\beta+1)^2\mu-8\beta^2-4\beta-4\right](2-\beta\mu-\mu)^2(\beta-1)>0$，判别式大于零，所以 $h(\tau)$ 总有两个实数根，解 $h(\tau)=0$，得到两个实数根，令 τ_{10}，$\widehat{\tau_1}$ 分别表示两个实根，其中，$\tau_{10}<\widehat{\tau_1}$，则：

$$\tau_{10}=\frac{\sqrt{\left[(\beta-1)(\beta+1)^2\mu^2+4(\beta+1)^2\mu-8\beta^2-4\beta-4\right](2-\beta\mu-\mu)^2(\beta-1)}}{4(1+\beta)(\mu-1)}$$
$$-\beta^3\mu^2+(4-\mu^2)\beta^2-(4-\mu^2)\beta+\mu^2$$

$$\widehat{\tau_1}=\frac{-\sqrt{\left[(\beta-1)(\beta+1)^2\mu^2+4(\beta+1)^2\mu-8\beta^2-4\beta-4\right](2-\beta\mu-\mu)^2(\beta-1)}}{4(1+\beta)(1-\mu)}$$
$$-\beta^3\mu^2+(4-\mu^2)\beta^2-(4-\mu^2)\beta+\mu^2$$

进一步，求 $\dfrac{\partial^2h(\tau)}{\partial\tau^2}=2\mu+2\beta\mu-2\beta-2<0$，所以 $h(\tau)$ 总是开口向下。

其次，分析对称轴是否在有意义的区间 $(\beta-1,1-\beta)$ 内。求 $h(\tau)$ 的一阶导数，并令其等于零，可以得到对称轴 $\tau^*=\dfrac{\left[\beta^2\mu^2+(2\mu^2-4)\beta+\mu^2\right](\beta-1)}{4(1+\beta)(1-\mu)}$。将对称轴与上下界对比：对称轴 τ^* 与上界对比，可以发现 $(1-\beta)-\tau^*=\dfrac{\left[\beta^2\mu^2+(2\mu^2-4)\beta+\mu^2\right](1-\beta)}{4(1+\beta)(1-\mu)}>0$；对称轴 τ^* 与下界对比，可以发现 $(\beta-1)-\tau^*=\dfrac{\left[\beta^2\mu^2+(2\mu^2+4\mu-8)\beta+\mu^2+4\mu-4\right](1-\beta)}{4(1+\beta)(1-\mu)}$，该式子的正负只与 $\beta^2\mu^2+(2\mu^2+4\mu-8)\beta+\mu^2+4\mu-4$ 相关。当该式子大于零，则对称轴不在区间内，当该式子小于零，则不在区间内。

然后，求 $h(\beta-1)$ 和 $h(1-\beta)$ 的正负，可以得到 $h(1-\beta)=\beta(1-\beta)(2-\beta\mu-\mu)^2>0$ 以及 $h(\beta-1)=\left[-\beta^3\mu^2-(4\mu-8)\beta^2-(-3\mu^2+4\mu+4)\beta+2\mu^2\right](1-\beta)$。其中，$h(\beta-1)$ 的正负只与 $-\beta^3\mu^2-(4\mu-8)\beta^2-$

$(-3\mu^2 + 4\mu + 4)\beta + 2\mu^2$ 相关，可以发现其只有两个参数 β 和 μ，所以参考 Yan 等（2018）以及 Jerath 和 Zhang（2010）的研究，将该式子表示在图中，见图 C.5.3。通过观察图 C.5.3，可以发现，其有两个边界，即 β_8，β_9。当 $\beta < \beta_8$ 时，$h(\beta-1) > 0$；当 $\beta_8 < \beta < \beta_9$ 时，$h(\beta-1) < 0$；当 $\beta > \beta_9$ 时，$h(\beta-1) > 0$。其中，$\beta_8 < \beta_9$。

下面比较边界的大小。将边界 $\beta^2\mu^2 + (2\mu^2 + 4\mu - 8)\beta + \mu^2 + 4\mu - 4 = 0$ 以及 β_8，β_9 画在同一个图中，如图 C.5.3 所示。通过观察图 C.5.3，可以发现，当 $\beta < \beta_8$ 时，无论对称轴是否在区间内，由于开口向下，且 $h(\beta-1)$ 和 $h(1-\beta)$ 都大于零，所以 $\pi_{es}^{W*} > \pi_{es}^{A*}$；当 $\beta_8 < \beta < \beta_9$，对称轴总在区间内 $[\beta^2\mu^2 + (2\mu^2 + 4\mu - 8)\beta + \mu^2 + 4\mu - 4 > 0]$，而 $h(\beta-1) < 0$，$h(1-\beta) > 0$，且开口向下，所以可以得到：如果 $\tau > \tau_{10}$，则 $\pi_{es}^{W*} > \pi_{es}^{A*}$；如果 $\tau < \tau_{10}$，则 $\pi_{es}^{W*} < \pi_{es}^{A*}$。当 $\beta > \beta_9$ 时，对称轴总在区间内 $[\beta^2\mu^2 + (2\mu^2 + 4\mu - 8)\beta + \mu^2 + 4\mu - 4 > 0]$，$h(\tau)$ 开口向下，且 $h(\beta-1)$ 和 $h(1-\beta)$ 都大于零，所以 $\pi_{es}^{W*} > \pi_{es}^{A*}$。整理以上结论，可以得到定理 5.9。

定理 5.9 证毕。

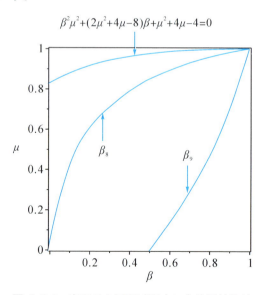

图 C.5.3　定理 5.9 证明过程中三个边界的比较

12. 定理 5.10 的证明

在代售模式下，为了保证所有的销售量不为负，需要保证 $\beta - 1 < \tau <$

$1 - \beta$。进一步，为了保证两种销售模式具有可比性，所以在以下所有的对比过程中，两种销售模式下都假设 $\beta - 1 < \tau < 1 - \beta$，并且该限制条件也使下面的对比更具有现实意义。

根据引理 1、引理 2，可以得到：

$$\pi_e^{W*} - \pi_e^{A*} =$$

$$\frac{\left\{\begin{array}{l}\left[-(1-\beta)^2(1+\beta)^2\mu^3+(\beta^3+3\beta^2-5\beta+9)(1+\beta)\mu^2+(-4\beta^3-4\beta^2-12\beta+12)\mu+4\beta^2+8\beta+4\right]\tau^2\\+\left[-2(1-\beta)^2(1+\beta)^2\mu^3+(2\beta^3-2\beta^2-2\beta+2)(1+\beta)\mu^2+(-8\beta^2+16\beta-8)\mu+8\beta^2-16\beta+8\right]\tau\\+3(1-\beta)^2(1+\beta)^2\mu^3+(-11\beta^3+15\beta^2+3\beta-7)(1+\beta)\mu^2+(12\beta^4-4\beta^3-24\beta^2+12\beta+4)\mu\\-16\beta^3+36\beta^2-24\beta+4\end{array}\right\}}{16(2\beta+\mu-\beta^2\mu-2)^2}$$

用 $k(\tau)$ 表示分子，由于分母是正值，所示只需要确定 $k(\tau)$ 的正负。下面来确定 $k(\tau)$ 的正负。

首先，确定 $k(\tau)$ 的根的情况以及图像。计算 $k(\tau)$ 的判别式，可以得到 $-16\left[(\beta^4-2\beta^2+1)\mu^3+(-3\beta^4+2\beta^3+\beta^2-8\beta-4)\mu^2+(3\beta^4-2\beta^3+11\beta^2+12\beta)\mu-4\beta^3-8\beta^2\right](2-\beta\mu-\mu)^2(1-\beta)^2(1-\mu)>0$（其证明过程与以上定理画图证明的过程相同，此处不再赘述），所以其总是有两个实数根，用 τ_{11} 和 τ_{12} 表示，化简后有

$$\tau_{11}=\frac{\left\{2\sqrt{\begin{array}{l}\left[\begin{array}{l}(\beta^4-2\beta^2+1)\mu^3+(-3\beta^4+2\beta^3+\beta^2-8\beta-4)\mu^2+\\(3\beta^4-2\beta^3+11\beta^2+12\beta)\mu-4\beta^3-8\beta^2\end{array}\right](2-\beta\mu-\mu)^2(\mu-1)\\+(1-\mu)(1-\beta)\left[4+(1-\beta)^2\mu^2\right]\end{array}}\right\}(\beta-1)}{(1+\beta)\left[(1+\beta)(1-\beta)^2\mu^2+(-4\beta^2+4\beta-8)\mu+4\beta+4\right](1-\mu)}$$

$$\tau_{12}=\frac{\left\{-2\sqrt{\begin{array}{l}\left[\begin{array}{l}(\beta^4-2\beta^2+1)\mu^3+(-3\beta^4+2\beta^3+\beta^2-8\beta-4)\mu^2+\\(3\beta^4-2\beta^3+11\beta^2+12\beta)\mu-4\beta^3-8\beta^2\end{array}\right](2-\beta\mu-\mu)^2(\mu-1)\\+(1-\mu)(1-\beta)\left[4+(1-\beta)^2\mu^2\right]\end{array}}\right\}(\beta-1)}{(1+\beta)\left[(1+\beta)(1-\beta)^2\mu^2+(-4\beta^2+4\beta-8)\mu+4\beta+4\right](1-\mu)}$$

其中，$\tau_{12}>\tau_{11}$。进一步，求 $\frac{\partial^2 k(\tau)}{\partial \tau^2}=\left[(1+\beta)(1-\beta)^2\mu^2+(-4\beta^2+4\beta-8)\mu+4\beta+4\right](1+\beta)(1-\mu)$，该式子的正负只与 $(1+\beta)(1-\beta)^2\mu^2+(-4\beta^2+4\beta-8)\mu+4\beta+4$ 相关。当该式子大于零，则开口向上；当该式子小于零，则开口向下。

其次，分析对称轴是否在有意义的区间 $(\beta-1,1-\beta)$ 内。求

$k(\tau)$ 的 一 阶 导，并 等 于 零，可 以 得 到 对 称 轴 $\tau^* =$
$-\dfrac{[\beta^2\mu^2 + 2\mu^2\beta + \mu^2 + 4](\beta-1)^2}{[(1+\beta)(1-\beta)^2\mu^2 + (-4\beta^2 + 4\beta - 8)\mu + 4\beta + 4](1+\beta)}$。将对称
轴与上下界对比：对称轴 τ^* 与上界对比，可以发现 $(1-\beta) - \tau^* =$
$\dfrac{[-\beta^3\mu + (2+2\mu)\beta^2 + (2+\mu)\beta + 4 - 2\mu](1-\beta)(2-\beta\mu-\mu)}{[(1+\beta)(1-\beta)^2\mu^2 + (-4\beta^2 + 4\beta - 8)\mu + 4\beta + 4](1+\beta)}$，式 子
中 $-\beta^3\mu + (2+2\mu)\beta^2 + (2+\mu)\beta + 4 - 2\mu > 0$，式子的正负只与分母中的
$(1+\beta)(1-\beta)^2\mu^2 + (-4\beta^2 + 4\beta - 8)\mu + 4\beta + 4$ 相关，而 $(1+\beta)$
$(1-\beta)^2\mu^2 + (-4\beta^2 + 4\beta - 8)\mu + 4\beta + 4$ 与上一段中确定 $k(\tau)$ 开口向上向
下的式子相同。整理，可以得到，当 $k(\tau)$ 开口向上，有 $(1-\beta) > \tau^*$；
当 $k(\tau)$ 开口向下，有 $(1-\beta) < \tau^*$。对称轴 τ^* 与下界对比，可以发现
$(\beta-1) - \tau^* = \dfrac{[-\beta^4\mu^2 + (4\mu-\mu^2)\beta^3 - (4-\mu^2)\beta^2 - (12-\mu^2-4\mu)\beta - 8\mu](1-\beta)}{[(1+\beta)(1-\beta)^2\mu^2 + (-4\beta^2 + 4\beta - 8)\mu + 4\beta + 4](1+\beta)}$，该
式子的正负与分子中的 $-\beta^4\mu^2 + (4\mu-\mu^2)\beta^3 - (4-\mu^2)\beta^2 - (12-\mu^2-4\mu)\beta -$
8μ 相关，也与分母中的 $(1+\beta)(1-\beta)^2\mu^2 + (-4\beta^2 + 4\beta - 8)\mu + 4\beta + 4$ 相
关，即与上一段中确定 $k(\tau)$ 开口向上向下的式子相同。对 $-\beta^4\mu^2 + (4\mu -$
$\mu^2)\beta^3 - (4-\mu^2)\beta^2 - (12-\mu^2-4\mu)\beta - 8\mu$ 进行分析，同样，可以将其表示
在图中，同时，将 $k(\tau)$ 开口向上向下的边界也表示在图中，即图 C.5.4。
观察图 C.5.4，可以得到一个边界，即 β_{10}。将以上分析整理，可以得到，
当 $\beta > \beta_{10}$ 时，$k(\tau)$ 开口向上，从而，$(\beta-1) < \tau^*$；当 $\beta < \beta_{10}$ 时，如果
$k(\tau)$ 开口向上，则 $(\beta-1) > \tau^*$，如果 $k(\tau)$ 开口向下，则 $(\beta-1) < \tau^*$。

然后，求 $k(\beta-1)$ 和 $k(1-\beta)$ 的正负，可以得到 $k(1-\beta) > 0$ 以及
$k(\beta-1) > 0$，证明方法与上面的证明方法相同，此处不再赘述。

最后，整理以上分析，可以发现，当 $\beta < \beta_{10}$ 时，如果 $k(\tau)$ 开口向上，
则 $(\beta-1) > \tau^*$（对称轴不在区间内），且 $k(1-\beta) > 0$ 以及 $k(\beta-1) >$
0，所以 $\pi_e^{W*} > \pi_e^{A*}$。当 $\beta < \beta_{10}$ 时，如果 $k(\tau)$ 开口向下，不但 $(\beta-1) <$
τ^* 而且 $(1-\beta) < \tau^*$（对称轴不在区间内），且 $k(1-\beta) > 0$ 以及 $k(\beta-1) >$
0，所以 $\pi_e^{W*} > \pi_e^{A*}$。当 $\beta > \beta_{10}$ 时，$k(\tau)$ 总是开口向上，$(\beta-1) < \tau^* <$
$(1-\beta)$（对称轴在区间内），且 $k(1-\beta) > 0$ 以及 $k(\beta-1) > 0$，所以
$k(\tau)$ 总是存在两个实数根在区间内，从而有：如果 $\tau > \tau_{12}$ 或者 $\tau < \tau_{11}$，
则 $\pi_e^{W*} > \pi_e^{A*}$，如果 $\tau_{11} < \tau < \tau_{12}$，则 $\pi_e^{W*} < \pi_e^{A*}$。整理，即可得到定
理 5.10。

定理 5.10 证毕。

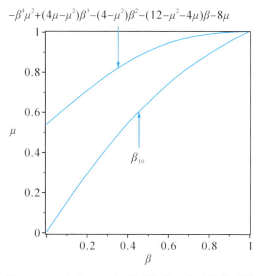

$$-\beta^4\mu^2+(4\mu-\mu^2)\beta^3-(4-\mu^2)\beta^2-(12-\mu^2-4\mu)\beta-8\mu$$

图 C.5.4　定理 5.10 证明过程中两个边界的比较

13. $\beta_{10} < \beta_5$ 恒成立的证明

为了方便对比定理 5.5 和定理 5.10，需要对比 β_5 和 β_{10} 的大小，将图 C.5.1 中的 β_5 和图 C.5.4 中的 β_{10} 进行比较，很容易可以发现 $\beta_{10} < \beta_5$ 恒成立。

$\beta_{10} < \beta_5$ 恒成立证毕。

在线零售商展示的二手商品的质检报告见图 C.5.5。

图 C.5.5　在线零售商展示的二手商品的质检报告

D. 第6章的证明过程

1. 引理 6.1 的证明

在方案 WM 下,制造商和在线零售商的利润函数分别为式 (6.2)、式 (6.3),通过使用逆向归纳法解决最优决策的问题。首先,在给定制造商的批发价和服务水平的情况下,在线零售商决策市场价格。因为 $\partial^2 \pi_e^{WM} / \partial p^2 < 0$,由 $\partial \pi_e^{WM} / \partial p = 0$,得:

$$p = \frac{\gamma w + s\theta + \alpha}{2\gamma} \qquad (D.6.1)$$

然后,在预测到在线零售商的决策之后,制造商同时决策批发价和服务水平。将式 (D.6.1) 代入式 (6.2),求关于 w 和 s 的海塞矩阵,得:

$$\begin{bmatrix} -\gamma & \dfrac{\theta}{2} \\ \dfrac{\theta}{2} & -1 \end{bmatrix}$$

因为 $D_1 = -\gamma < 0$,$D_2 = \theta^2/\gamma < 4$ 需要满足,即要满足 $t < 4$(因为 $t = \theta^2/\gamma$),海塞矩阵负定,制造商的利润函数关于 w 和 s 是凹函数,存在最优解,根据 $t = \theta^2/\gamma$,可以得到:

$$w^{WM*} = \frac{2\alpha}{4\gamma - \theta^2} = 2\frac{\alpha}{\gamma}\frac{1}{4-t} \qquad (D.6.2)$$

$$s^{WM*} = \frac{\theta\alpha}{4\gamma - \theta^2} = \frac{\alpha\theta}{\gamma}\frac{1}{4-t} \qquad (D.6.3)$$

其次,式 (D.6.2) 和式 (D.6.3) 代入式 (D.6.1) 和需求函数式 (6.1),从而可以得到:

$$p^{WM*} = 3\frac{\alpha}{\gamma}\frac{1}{4-t} \qquad (D.6.4)$$

$$q^{WM*} = \frac{\alpha}{4-t} \qquad (D.6.5)$$

最后,将式 (D.6.2)、式 (D.6.3)、式 (D.6.4)、式 (D.6.5) 代入式 (6.2)、式 (6.3),从而可以得到制造商和在线零售商的均衡利润:

$$\pi_m^{WM*} = \frac{\alpha^2}{\gamma} \frac{1}{8 - 2t} \tag{D.6.6}$$

$$\pi_e^{WM*} = \frac{\alpha^2}{\gamma} \frac{1}{(4 - t)^2} \tag{D.6.7}$$

引理 6.1 证毕。

2. 引理 6.2 的证明

在方案 WE 下，制造商和在线零售商的利润函数分别为式（6.4）、式（6.5），通过使用逆向归纳法解决最优决策的问题。首先，在给定制造商的批发价的情况下，在线零售商决策市场价格和服务水平。求式（6.5）关于 p 和 s 的海塞矩阵，得：

$$\begin{bmatrix} -2\gamma & \theta \\ \theta & -1 \end{bmatrix}$$

因为 $D_1 = -2\gamma < 0$，$D_2 = \theta^2/\gamma < 2$ 需要满足，即要满足 $t < 2$（因为 $t = \theta^2/\gamma$），海塞矩阵负定，在线零售商的利润函数关于 p 和 s 是凹函数，存在最优解，可以得到：

$$p = \frac{\gamma w - \theta^2 w + \alpha}{2 - \theta^2} \tag{D.6.8}$$

$$s = \frac{\theta\alpha - \theta\gamma w}{2\gamma - \theta^2} \tag{D.6.9}$$

其次，将式（D.6.8）和式（D.6.9）代入式（6.4），由于 $\partial^2 \pi_m^{WE}/\partial w^2 < 0$，由 $\partial \pi_m^{WE}/\partial w = 0$，得：

$$w^{WE*} = \frac{\alpha}{2\gamma} \tag{D.6.10}$$

然后，将式（D.6.10）代入式（D.6.8）、式（D.6.9）和需求函数式（6.1），且 $t = \theta^2/\gamma$，可以得到最优的市场价格、服务水平和相应的销售量：

$$p^{WE*} = \frac{\alpha}{\gamma} \frac{3 - t}{4 - 2t} \tag{D.6.11}$$

$$s^{WE*} = \frac{\alpha\theta}{\gamma} \frac{1}{4 - 2t} \tag{D.6.12}$$

$$q^{WE*} = \frac{\alpha}{4 - 2t} \tag{D.6.13}$$

最后，将式（D.6.10）、式（D.6.11）、式（D.6.12）、式（D.6.13）代入式（6.4）、式（6.5），从而可以得到制造商和在线零售商的均衡利润：

$$\pi_m^{WE*} = \frac{\alpha^2}{\gamma} \frac{1}{8 - 4t} \qquad (D.6.14)$$

$$\pi_e^{WE*} = \frac{\alpha^2}{\gamma} \frac{1}{16 - 8t} \qquad (D.6.15)$$

引理 6.2 证毕。

3. 引理 6.3 的证明

在方案 AM 下，制造商和在线零售商的利润函数分别为式（6.6）、式（6.7）。在线零售商不参与决策，制造商确定市场价格和服务水平。求式（6.6）关于 p 和 s 的海塞矩阵，得：

$$\begin{bmatrix} -2\gamma(1-\beta) & \theta(1-\beta) \\ \theta(1-\beta) & -1 \end{bmatrix}$$

因为 $D_1 = -2\gamma(1-\beta) < 0$，$D_2 = 2\gamma(1-\beta) - \theta^2(1-\beta)^2$ 要满足大于零，即要满足 $t < \dfrac{2}{1-\beta}$（因为 $t = \theta^2/\gamma$），海塞矩阵负定，制造商的利润函数关于 p 和 s 是凹函数，存在最优解，可以得到：

$$s^{AM*} = \frac{\alpha\theta(1-\beta)}{\gamma} \frac{1}{2 - (1-\beta)t} \qquad (D.6.16)$$

$$p^{AM*} = \frac{\alpha}{\gamma} \frac{1}{2 - (1-\beta)t} \qquad (D.6.17)$$

$$q^{AM*} = \frac{\alpha}{2 - (1-\beta)t} \qquad (D.6.18)$$

最后，将式（D.6.16）、式（D.6.17）、式（D.6.18）代入式（6.6）、式（6.7），从而可以得到制造商和在线零售商的均衡利润：

$$\pi_m^{AM*} = \frac{\alpha^2}{\gamma} \frac{1-\beta}{4 - 2(1-\beta)t} \qquad (D.6.19)$$

$$\pi_e^{AM*} = \frac{\beta\alpha^2}{\gamma} \frac{1}{[2 - (1-\beta)t]^2} \qquad (D.6.20)$$

引理 6.3 证毕。

4. 引理 6.4 的证明

在方案 AE 下，制造商和在线零售商的利润函数分别为式（6.8）、式（6.9）。首先，制造商决策市场价格。由于 $\partial^2\pi_m^{AE}/\partial p^2 < 0$，由 $\partial\pi_m^{AE}/\partial p = 0$，得：

$$p = \frac{s\theta + \alpha}{2\gamma} \qquad (D.6.21)$$

然后，将式（D.6.21）代入式（6.9），得到 $\partial^2 \pi_e^{\mathrm{AE}} / \partial s^2 < 0$，所以由 $\partial \pi_e^{\mathrm{AE}} / \partial s = 0$，且 $t = \theta^2 / \gamma$，得：

$$s^{\mathrm{AE}*} = \frac{\alpha\theta\beta}{\gamma} \frac{1}{2 - \beta t} \tag{D.6.22}$$

将式（D.6.22）代入式（D.6.21）以及需求函数式（6.1），从而可以得到：

$$p^{\mathrm{AE}*} = \frac{\alpha}{\gamma} \frac{1}{2 - \beta t} \tag{D.6.23}$$

$$q^{\mathrm{AE}*} = \frac{\alpha}{2 - \beta t} \tag{D.6.24}$$

最后，将式（D.6.22）、式（D.6.23）、式（D.6.24）代入式（6.8）、式（6.9），可以得到制造商和在线零售商的均衡利润：

$$\pi_m^{\mathrm{AE}*} = \frac{\alpha^2}{\gamma} \frac{1 - \beta}{(2 - \beta t)^2} \tag{D.6.25}$$

$$\pi_e^{\mathrm{AE}*} = \frac{\beta\alpha^2}{\gamma} \frac{1}{4 - 2\beta t} \tag{D.6.26}$$

引理 6.4 证毕。

关于基本模型中 t 的范围的说明。

由引理 6.1、引理 6.2、引理 6.3 中海塞矩阵的范围以及 $t > 0$，可以得到 t 的最小范围为 $t \in (0, 2)$。

5. 定理 6.1 的证明

在批发模式下，针对制造商，可以得到：

$$\pi_m^{\mathrm{WM}*} - \pi_m^{\mathrm{WE}*} = \frac{\alpha^2}{\gamma} \frac{1}{8 - 2t} - \frac{\alpha^2}{\gamma} \frac{1}{8 - 4t} < 0$$

从而可以得到制造商偏好由在线零售商承担服务。

在批发模式下，针对在线零售商，有：

$$\pi_e^{\mathrm{WM}*} - \pi_e^{\mathrm{WE}*} = \frac{\alpha^2}{\gamma} \frac{1}{(4 - t)^2} - \frac{\alpha^2}{\gamma} \frac{1}{16 - 8t} = \frac{\alpha^2}{\gamma} \frac{-4t - t^2}{(4 - t)^2 (16 - 8t)} < 0$$

从而可以得到在线零售商也偏好由自己承担服务。

定理 6.1 证毕。

6. 定理 6.2 的证明

在代售模式下，针对制造商，有：

$$\pi_m^{AM*} - \pi_m^{AE*} = \frac{\alpha^2}{\gamma} \frac{1-\beta}{4-2(1-\beta)t} - \frac{\alpha^2}{\gamma} \frac{1-\beta}{(2-\beta t)^2}$$

$$= \frac{3t\,\alpha^2(1-\beta)\left(\frac{1}{6}\beta^2 t + \frac{1}{3} - \beta\right)}{\gamma(2-t+\beta t)(2-\beta t)^2} > 0$$

因为 $\beta \in \left(0, \frac{1}{3}\right)$ 且 $t \in (0, 2)$，从而可以得到制造商偏好由自己承担服务。

在代售模式下，针对在线零售商，可以得到：

$$\pi_e^{AM*} - \pi_e^{AE*} = \frac{\beta\alpha^2}{\gamma} \frac{1}{[2-(1-\beta)t]^2} - \frac{\beta\alpha^2}{\gamma} \frac{1}{4-2\beta t}$$

$$= \frac{t\beta\alpha^2}{\gamma} \frac{2-6\beta+2-(1-\beta)^2 t}{[2-(1-\beta)t]^2(4-2\beta t)} > 0$$

从而可以得到在线零售商也偏好由制造商承担服务。

定理 6.2 证毕。

7. 定理 6.3 的证明

要想证明定理 6.3，只需要比较批发模式下由在线零售商承担服务时与代售模式下由制造商承担服务时在线零售商的利润。根据定理 6.1 和定理 6.3，可以得到：

$$\pi_e^{WE*} - \pi_e^{AM*} = \frac{\alpha^2}{\gamma} \frac{1}{16-8t} - \frac{\beta\alpha^2}{\gamma} \frac{1}{[2-(1-\beta)t]^2}$$

$$= \frac{\alpha^2}{8\gamma} \frac{(1-\beta)^2 t^2 - (4-12\beta)t + 4 - 16\beta}{(2-t)(2-t+\beta t)^2} \qquad (D.6.27)$$

从式（D.6.27）可以看出，分母为正值，所以可以得到一个边界 $(1-\beta)^2 t^2 - (4-12\beta)t + 4 - 16\beta = 0$。解该边界，可以得到 $t = -\frac{2(2\sqrt{\beta^3}+3\beta-1)}{\beta^2-2\beta+1}$ 或者 $t = \frac{2(2\sqrt{\beta^3}-3\beta+1)}{\beta^2-2\beta+1}$。因为这个边界只有两个参数，所以我们可以把其表示在图上，如本书正文中图 6.1，从而可以更加清楚地表达定理 6.3。另外，我们从边界中也可以得到当 $t=0$ 时，$\beta = \frac{1}{4}$，整理可以得到定理 6.3。

定理 6.3 证毕。

8. 定理 6.4 的证明

要想证明定理 6.4，只需要比较批发模式下由在线零售商承担服务时与代售模式下由制造商承担服务时制造商的利润。根据定理 6.1 和定理 6.3，可以得到：

$$\pi_m^{\mathrm{WE}*} - \pi_m^{\mathrm{AM}*} = \frac{\alpha^2}{\gamma} \frac{1}{8-4t} - \frac{\alpha^2}{\gamma} \frac{1-\beta}{4-2(1-\beta)t} = \frac{\alpha^2}{\gamma} \frac{4\beta + (1-\beta)t - 2}{[2-(1-\beta)t](2-t)}$$

$$(\mathrm{D}.6.28)$$

从式（D.6.28）可以看出，分母为正值，所以可以得到一个边界 $4\beta + (1-\beta)t - 2 = 0$。解该边界，可以得到 $t = \dfrac{2(1-2\beta)}{1-\beta}$。因为这个边界只有两个参数，所以我们可以把其表示在图上，如本书正文中图 6.2，从而可以更加清楚地表达定理 6.4。根据本书正文中图 6.2，可以求解当 $\beta = \dfrac{1}{3}$ 时，$t = 1$，整理，即可得到定理 6.4。

定理 6.4 证毕。

9. 定理 6.5 的证明

对比定理 6.3 和定理 6.4，或者本书正文中图 6.1 和图 6.2 画在同一张图中，即本书正文中的图 6.3，即可以得到定理 6.5。

定理 6.5 证毕。

10. 定理 6.6 的证明

求 $\pi_e^{\mathrm{AM}*}$ 关于平台费率 β 的一阶导数，可以得到：

$$\frac{\partial \pi_e^{\mathrm{AM}*}}{\partial \beta} = \frac{\alpha^2(2-t-\beta t)}{\gamma(2-t+\beta t)^3} \qquad (\mathrm{D}.6.29)$$

从式（D.6.29）中可以得到，$2-t+\beta t > 0$，所以令边界 $2-t-\beta t = 0$，即 $t = \dfrac{2}{1+\beta}$，从而可以得 $t < \dfrac{2}{1+\beta}$ 时，$\dfrac{\partial \pi_e^{\mathrm{AM}*}}{\partial \beta} > 0$，但是当服务效率 $t \geqslant \dfrac{2}{1+\beta}$ 时，$\dfrac{\partial \pi_e^{\mathrm{AM}*}}{\partial \beta} < 0$。

定理 6.6 证毕。

11. 定理 6.7 的证明

在批发模式下，供应链的收益为：

$$\pi_m^{\mathrm{WE}*} + \pi_e^{\mathrm{WE}*} = \frac{\alpha^2}{\gamma} \frac{1}{16-8t} + \frac{\alpha^2}{\gamma} \frac{1}{8-4t} = \frac{\alpha^2}{\gamma} \frac{3}{16-8t}$$

很明显，供应链的收益随着服务效率 t 的增加而增加。

在代售模式下，供应链的收益为：

$$\pi_m^{AM*} + \pi_e^{AM*} = \frac{\alpha^2}{\gamma}\frac{1-\beta}{4-2(1-\beta)t} + \frac{\beta\alpha^2}{\gamma}\frac{1}{[2-(1-\beta)t]^2} = \frac{\alpha^2}{2\gamma}\frac{2-(1-\beta)^2 t}{[2-(1-\beta)t]^2}$$

求关于平台费率 β 和服务效率 t 的导数，可以得到：

$$\frac{\partial(\pi_m^{AM*}+\pi_e^{AM*})}{\partial\beta} = -\frac{\alpha^2}{2\gamma}\frac{2t\beta}{[2-(1-\beta)t]^3} < 0$$

$$\frac{\partial(\pi_m^{AM*}+\pi_e^{AM*})}{\partial t} = -\frac{\alpha^2}{2\gamma}\frac{(1-\beta)(\beta^2 t - 2\beta t + t - 2 - 2\beta)}{[2-(1-\beta)t]^3} < 0$$

所以可以得到定理 6.7。

定理 6.7 证毕。

12. 定理 6.8 的证明

对比批发模式和代售模式下供应链的整体收益，得到：

$$\pi_m^{WE*} + \pi_e^{WE*} - (\pi_m^{AM*} + \pi_e^{AM*}) = \frac{\alpha^2}{\gamma}\frac{3}{16-8t} - \frac{\alpha^2}{2\gamma}\frac{2-(1-\beta)^2 t}{[2-(1-\beta)t]^2} =$$

$$-\frac{\alpha^2}{\gamma}\frac{4+(1-\beta)^2 t^2 + (4\beta - 4 - 8\beta^2)t}{[2-(1-\beta)t]^2(2-t)}$$

进一步，我们可以得到一个边界 $4+(1-\beta)^2 t^2 + (4\beta - 4 - 8\beta^2)t = 0$，在 t 的区间内，可以得到 $t = \frac{2(2\beta^2 + 1 - \beta - 2\sqrt{\beta^4 + \beta^2 - \beta^3})}{(1-\beta)^2}$。整理。即可到定理 6.8。

定理 6.8 证毕。

13. t 对于需求的有效性的证明

由引理 6.1、引理 6.2、引理 6.3、引理 6.4，可以得到本书中的均衡需求，分别求关于 t 的一阶导数，从而可以得到 $\frac{\partial q^{WM*}}{\partial t} = \frac{\alpha}{(4-t)^2} > 0$，

$\frac{\partial q^{WE*}}{\partial t} = \frac{2\alpha}{(4-2t)^2} > 0$，$\frac{\partial q^{AM*}}{\partial t} = \frac{\alpha(1-\beta)}{[2-(1-\beta)t]^2} > 0$，$\frac{\partial q^{AE*}}{\partial t} = \frac{\alpha\beta}{(2-\beta t)^2} > 0$。因此，无论在何种情况下，$t$ 越大，服务效率越高，物流服务越可以提高需求量。

t 对于需求的有效性证毕。

14. 定理 6.9 的证明

由引理 6.3、引理 6.4，可以分别得到：

$$\pi_m^{AM*} - \pi_m^{AE*} = \frac{\alpha^2}{\gamma} \frac{1-\beta}{4-2(1-\beta)t} - \frac{\alpha^2}{\gamma} \frac{1-\beta}{(2-\beta t)^2} = \frac{3t\,\alpha^2(1-\beta)\left(\frac{1}{6}\beta^2 t + \frac{1}{3} - \beta\right)}{\gamma(2-t+\beta t)(2-\beta t)^2}$$

$$(D.6.30)$$

$$\pi_e^{AM*} - \pi_e^{AE*} = \frac{\beta\alpha^2}{\gamma} \frac{1}{[2-(1-\beta)t]^2} - \frac{\beta\alpha^2}{\gamma} \frac{1}{4-2\beta t} = \frac{t\,\beta\alpha^2}{\gamma} \frac{2-6\beta+2-(1-\beta)^2 t}{[2-(1-\beta)t]^2(4-2\beta t)}$$

$$(D.6.31)$$

显然，只有 $\frac{1}{6}\beta^2 t + \frac{1}{3} - \beta$ 会影响式（D.6.30）的正负，只有 $2 - 6\beta + 2 - (1-\beta)^2 t$ 会影响式（D.6.31）正负，从中分别计算 β 的值，可以得到 $\beta = \frac{3 - \sqrt{9 - 2t}}{t}$ 以及 $\beta = \frac{t - 3 + \sqrt{9 - 2t}}{t}$，因为参数的范围，其他解略去。

有以上边界，可以得到当 $\beta > \frac{3 - \sqrt{9 - 2t}}{t}$ 时，$\pi_m^{AM*} < \pi_m^{AE*}$；当 $\beta > \frac{t - 3 + \sqrt{9 - 2t}}{t}$ 时，$\pi_e^{AM*} < \pi_e^{AE*}$。进一步，对比两个边界，可以发现 $\frac{t - 3 + \sqrt{9 - 2t}}{t}$ 总是大于 $\frac{3 - \sqrt{9 - 2t}}{t}$，所以，当 $\frac{3 - \sqrt{9 - 2t}}{t} < \beta < \frac{t - 3 + \sqrt{9 - 2t}}{t}$ 时，$\pi_m^{AM*} < \pi_m^{AE*}$，而 $\pi_e^{AM*} > \pi_e^{AE*}$。当 $\frac{t - 3 + \sqrt{9 - 2t}}{t} < \beta < 1$ 时，$\pi_m^{AM*} < \pi_m^{AE*}$，且 $\pi_e^{AM*} < \pi_e^{AE*}$。整理以上结论，定理 9 由此得证。

定理 6.9 证毕。

15. 定理 6.10 的证明

针对在线零售商，由定理 6.9 可得，当 $\frac{t - 3 + \sqrt{9 - 2t}}{t} < \beta < 1$ 时，双方都偏好由在线零售商来承担物流服务，从而有：

$$\pi_e^{AE*} - \pi_e^{WE*} = \frac{\beta\alpha^2}{\gamma} \frac{1}{4 - 2\beta t} - \frac{\alpha^2}{\gamma} \frac{1}{16 - 8t} = \frac{\alpha^2}{8\gamma} \frac{8\beta - 2 - 3\beta t}{(4 - 2\beta t)(16 - 8t)}$$

$$(D.6.32)$$

由式（D.6.32）得，当 $\dfrac{2(4\beta - 1)}{3\beta} < t < 2$ 时，$\pi_e^{\mathrm{AE}*} < \pi_e^{\mathrm{WE}*}$，反之，$\pi_e^{\mathrm{AE}*} > \pi_e^{\mathrm{WE}*}$。

针对制造商，由定理6.9得到，当 $\dfrac{t - 3 + \sqrt{9 - 2t}}{t} < \beta < 1$ 时，双方都偏好由在线零售商来承担物流服务，因此有：

$$\pi_m^{\mathrm{AE}*} - \pi_m^{\mathrm{WE}*} = \frac{\alpha^2}{\gamma}\frac{1 - \beta}{(2 - \beta t)^2} - \frac{\alpha^2}{\gamma}\frac{1}{8 - 4t} = \frac{\alpha^2(4 - \beta^2 t^2 - 8\beta - 4t + 8\beta t)}{4\gamma(2 - t)(2 - \beta t)^2}$$

$$(\mathrm{D}.6.33)$$

由式（D.6.33）得，当 $t < (7 + \beta - \sqrt{\beta^2 - 114\beta + 113})/32$ 或者 $t > (7 + \beta + \sqrt{\beta^2 - 114\beta + 113})/32$ 时，$\pi_m^{\mathrm{AE}*} < \pi_m^{\mathrm{WE}*}$，反之，$\pi_m^{\mathrm{AE}*} > \pi_m^{\mathrm{WE}*}$。整理以上结论，可以得到定理6.10。

定理6.10证毕。

E. 第7章的证明过程

由于第7章的证明相对简单，将部分证明保留在了正文中，方便读者阅读。